Olbrich
Unternehmungskultur und Unternehmungswert

GABLER EDITION WISSENSCHAFT

Moderne Finanzwirtschaft & Unternehmensbewertung

Herausgegeben von
Professor Dr. Manfred Jürgen Matschke

In dieser Schriftenreihe werden betriebswirtschaftliche Forschungsergebnisse zu aktuellen Fragestellungen der betrieblichen Finanzwirtschaft im ganzen und der Unternehmensbewertung im besonderen präsentiert. Die Reihe richtet sich an Leser in Wissenschaft und Praxis. Sie ist als Veröffentlichungsplattform für alle herausragenden Arbeiten auf den genannten Gebieten offen, unabhängig davon, wo sie entstanden sind.

Michael Olbrich

Unternehmungskultur und Unternehmungswert

Mit einem Geleitwort
von Prof. Dr. Manfred Jürgen Matschke

DeutscherUniversitätsVerlag

Die Deutsche Bibliothek - CIP-Einheitsaufnahme

Olbrich, Michael:
Unternehmungskultur und Unternehmungswert / Michael Olbrich.
Mit einem Geleitw. von Manfred Jürgen Matschke.
- Wiesbaden : Dt. Univ.-Verl. ; Wiesbaden : Gabler, 1999
(Gabler Edition Wissenschaft : Moderne Finanzwirtschaft & Unternehmensbewertung)
Zugl.: Greifswald, Univ., Diss., 1998
ISBN 3-8244-6889-1

Lektorat: Ute Wrasmann / Cornelia Reichenbach

Der Gabler Verlag und der Deutsche Universitäts-Verlag sind Unternehmen
der Bertelsmann Fachinformation GmbH.

http://www.gabler-online.de
http://www.duv.de

Druck und Buchbinder: Rosch-Buch, Scheßlitz
Printed in Germany

ISBN 3-8244-6889-1

Geleitwort

Die vorliegende Studie ist im November 1998 von der Rechts- und Staatswissenschaftlichen Fakultät der Ernst-Moritz-Arndt-Universität Greifswald als Dissertationsschrift angenommen worden. Sie befaßt sich mit einem Phänomen, das in der Betriebswirtschaftslehre lange Zeit ausgeblendet war und erst seit dem Beginn der achtziger Jahre ins Blickfeld der betriebswirtschaftlichen Forschung geraten ist, obwohl seine Bedeutung für das Geschehen in Unternehmungen wesentlich ist: dem Phänomen der Unternehmungskultur.

Für die Analyse der Erfolgswirkungen von Unternehmungskulturen sind Unternehmungsakquisitionen besonders exemplarisch; denn bei einem derartigen Vorgang treffen in markanter Weise die Unternehmungskulturen von übernehmender und übernommener Unternehmung zusammen und entscheiden ganz wesentlich über Erfolg oder Mißerfolg.

Die vorliegende Schrift weist, verglichen mit dem Forschungsstand, einen neuartigen Blickwinkel und Standpunkt auf. Die Kulturwirkungen werden nicht länger als ein Problembereich unter mehreren *nach* der Übernahme und *bei* der Integration des Akquisitionsobjekts in die Käuferunternehmung angesehen, sondern als ein Problem, das schon bei der *Ermittlung des Wertes*, den das Übernahmeobjekt für einen präsumtiven Käufer hat, Berücksichtigung finden muß. Denn der Wert einer Unternehmung reflektiert die zukünftigen Erfolge, so daß alle erfolgsbestimmenden, also auch die unternehmungskulturellen, Faktoren Eingang in die Wertermittlung finden müssen.

Mit der bloßen Feststellung, daß bei der entscheidungsorientierten Bewertung einer Unternehmung auch die Wirkungen der jeweiligen Unternehmungskulturen in den beteiligten Unternehmungen beachtet werden müssen, ist das Problem freilich nicht gelöst. Es schließt sich vielmehr sogleich die Frage an, *wie* dies zu geschehen hat.

Die Aufgabe der vorliegenden Dissertationsschrift war es daher, einerseits zu analysieren, wie sich der Einfluß der Unternehmungskultur auf den Übernahmeerfolg im einzelnen darstellt, und – darauf aufbauend – andererseits Wege herauszuarbeiten, wie diese Kulturwirkungen in die Bestimmung des Entscheidungswertes der Unternehmung für einen präsumtiven Käufer Eingang finden können.

Mit Blick auf den ersten Teil der Aufgabenstellung legt Herr Olbrich überzeugend dar, weshalb Unternehmungsakquisitionen so häufig den hochgesteckten Erwartungen, positive Synergieeffekte zu realisieren, aufgrund der Wirkungen von Kulturkollisionen nicht entsprechen (können). Mit Blick auf den zweiten Teil der Aufgabenstellung wird mit Hilfe einer von ihm entwickelten Heuristik, verstanden als Strukturierungsregel, gezeigt, wie die (in der Regel negativen) Unternehmungskulturwirkungen auf der Basis eines zahlungsstromorientierten Erfolgsbegriffs bei der Ermittlung des Unternehmungswertes erfaßt werden können.

Die vorliegende Schrift behandelt eine sehr komplexe Aufgabenstellung und leistet einen gleichermaßen theoretisch interessanten wie praktisch relevanten Beitrag zur Unternehmungsbewertung. Ich wünsche ihr eine weitgehende Beachtung in Forschung und Praxis.

PROF. DR. MANFRED JÜRGEN MATSCHKE

Vorwort

Das Zusammentreffen verschiedenartiger Kulturen stellt eines der gravierendsten Probleme im Rahmen der Unternehmungsakquisition dar. Die vorliegende Arbeit sucht dem Unternehmungskäufer aufzuzeigen, inwiefern eine „Kulturkollision" seine Übernahmeziele zu konterkarieren vermag, wie er dieser Gefahr begegnen kann und welche Konsequenzen sich daraus für die Bestimmung seines Entscheidungswertes ergeben.

„Unternehmungskultur und Unternehmungswert" entstand während meiner Tätigkeit als Mitarbeiter am Lehrstuhl für Allgemeine Betriebswirtschaftslehre und Betriebliche Finanzwirtschaft, insbesondere Unternehmensbewertung der Ernst-Moritz-Arndt-Universität zu Greifswald und wurde 1998 von der Rechts- und Staatswissenschaftlichen Fakultät als Dissertation angenommen.

Danken möchte ich meinem verehrten akademischen Lehrer, Herrn PROF. DR. MANFRED J. MATSCHKE, der meine Arbeit sehr gefördert, wertvolle Anregungen gegeben und stets für eine außerordentlich motivierende Lehrstuhlkultur gesorgt hat. Auch Herrn PROF. DR. GERHARD SPECKBACHER gilt mein aufrichtiger Dank für die Übernahme und rasche Erstellung des Zweitgutachtens. Ebenfalls bedanke ich mich bei Herrn DR. THOMAS HERING und Frau DIPL.-KFF. GRAZYNA M. BIELICKA, die die gesamte Arbeit gelesen und detailliert kommentiert haben, sowie bei Frau CAND. RER. POL. CLAUDIA ROTHE für ihre ausführliche und zuverlässige Katalogisierung des benötigten Schrifttums.

Meine lieben Eltern, DR. CHRISTIAN OLBRICH und ROSEMARIE OLBRICH, haben meinen schulischen und akademischen Werdegang jederzeit rückhaltlos unterstützt. Besonders ihnen spreche ich hiermit meinen herzlichen Dank aus.

DR. MICHAEL OLBRICH

Inhaltsverzeichnis

Abkürzungsverzeichnis

A.	Auflage
a.L.	am Lech
a.M.	am Main
Abs.	Absatz
Art.	Artikel
Bd.	Band
BGB	Bürgerliches Gesetzbuch
BGBl.	Bundesgesetzblatt
ders.	derselbe
f.	folgende
ff.	fortfolgende
Fn.	Fußnote
GG	Grundgesetz
HGB	Handelsgesetzbuch
hrsg.	herausgegeben
Hrsg.	Herausgeber
KStG	Körperschaftsteuergesetz
max	Maximum
min	Minimum
No.	Number
Nr.	Nummer
RGBl.	Reichsgesetzblatt
S.	Seite
Sp.	Spalte
UmwG	Umwandlungsgesetz
UmwStG	Umwandlungssteuergesetz
usf.	und so fort
vgl.	vergleiche

Symbolverzeichnis

a_j	Handlungsmöglichkeit j bei Nichteinigung auf eine Konfliktlösung
a_{opt}	optimale Handlungsmöglichkeit bei Nichteinigung auf eine Konfliktlösung
A	Menge der Handlungsmöglichkeiten bei Nichteinigung auf eine Konfliktlösung
b_j	Handlungsmöglichkeit j bei Einigung auf eine Konfliktlösung
b_{opt}	optimale Handlungsmöglichkeit bei Einigung auf eine Konfliktlösung
B	Menge der Handlungsmöglichkeiten bei Einigung auf eine Konfliktlösung
B*	Bewertungsprogramm
$E(a_j)$	Erfolg der Handlungsmöglichkeit j bei Nichteinigung auf eine Konfliktlösung
$E(a_{opt})$	Erfolg der optimalen Handlungsmöglichkeit bei Nichteinigung auf eine Konfliktlösung
$E(b_j)$	Erfolg der Handlungsmöglichkeit j bei Einigung auf eine Konfliktlösung
e	gleichbleibende Zahlungsüberschüsse
e_t	Zahlungsüberschüsse in Periode t
e_t^{bnV}	Zahlungsüberschüsse aufgrund des betriebsnotwendigen Vermögens in der Periode t
e_t^{nbnV}	Zahlungsüberschüsse aufgrund des nicht betriebsnotwendigen Vermögens in der Periode t
f	Funktion
i	Kalkulationszinssatz
k	Anzahl der Handlungsmöglichkeiten bei Nichteinigung auf eine Konfliktlösung
K	Kulturpolitik
km_j	kulturpolitische Maßnahme j
m	Anzahl der kulturpolitischen Maßnahmen
n	Anzahl der konfliktlösungsrelevanten Sachverhalte
N	Anzahl der Perioden der Liquidation nicht betriebsnotwendigen Vermögens
p	Anzahl der Handlungsmöglichkeiten bei Einigung auf eine Konfliktlösung
P_E	Einigungspreis
P_G	Grenzpreis der Käuferunternehmung

s_j	Extension des konfliktlösungsrelevanten Sachverhaltes j
$(s_1, \ldots, s_j, \ldots, s_n)^*$	Kombination der Extensionen der konfliktlösungsrelevanten Sachverhalte, bei der der Erfolg des Bewertungsprogramms dem Erfolg des Basisprogramms entspricht oder ihn minimal übersteigt
S	Menge aller potentiellen Einigungslösungen
$\mathcal{S}_j$	konfliktlösungsrelevanter Sachverhalt j
t	Periode
T	Anzahl der Perioden der Unternehmungsfortführung
W	Entscheidungswert
ZEW	Zukunftserfolgswert
ZEW_A	Zukunftserfolgswert des isolierten Akquisitionsobjektes
ZEW_{AK}	Zukunftserfolgswert der nach der Akquisition entstehenden neuen wirtschaftlichen Einheit aus Akquisitionsobjekt und Käuferunternehmung
ZEW_K	Zukunftserfolgswert der isolierten Käuferunternehmung
ZEW_{KKS}	Zukunftserfolgswert unter der Prämisse, daß es zu keinerlei negativen Kultursynergien zwischen den Übernahmeparteien kommt
ZEW_{SE}	Einfluß des Synergieeffektes auf den Entscheidungswert des Käufers
ZEWM	kulturkollisionsbedingte Zukunftserfolgswertminderung
$ZEWM_{ANV}$	aus den aggregierten negativen Verbundeffekten resultierende Zukunftserfolgswertminderung
$ZEWM^{opt}_{ANV}$	Wertbeeinträchtigung, die sich aus der optimalen Kulturpolitik der akquirierenden Gesellschaft ergibt
$ZEWM^{VK}_{ANV}$	Wertbeeinträchtigung, die sich aus der zwischen den Konfliktparteien vereinbarten Kulturpolitik ergibt
$ZEWM_{PNV}$	aus den primären negativen Verbundeffekten resultierende Zukunftserfolgswertminderung
$ZEWM_{SNV}$	aus den sekundären negativen Verbundeffekten resultierende Zukunftserfolgswertminderung

Abbildungsverzeichnis

I. Der Brückenschlag zwischen Kultur und Wert der Unternehmung

Unternehmungskultur und Unternehmungswert wurden in der Betriebswirtschaftslehre bislang weitgehend unabhängig voneinander betrachtet, da die ihnen jeweils zugrundeliegenden ökonomischen Fragestellungen vordergründig keinerlei Abhängigkeiten aufweisen. So versteht man unter dem Begriff des „Wertes" eines Gutes eine Objekt-Subjekt-Objekt-Beziehung, die ausdrückt, welchen Nutzen das betrachtete Gut – das Bewertungsobjekt – einem bestimmten Individuum – dem Bewertungssubjekt – im Hinblick auf ein Vergleichsobjekt gewähren kann. Die Wertfindung ist somit stets subjektbezogen, da sie sowohl von der Zielsetzung als auch vom Entscheidungsfeld des Bewertungssubjektes abhängt: So resultiert der Nutzen eines Gutes aus dem Grad, in dem es zur Erfüllung der individuellen Ziele des Bewertungssubjektes beiträgt, und die Wahl des Vergleichsobjektes ergibt sich aus den jeweiligen Handlungsmöglichkeiten, die dem Bewertungssubjekt offenstehen.[1]

Handelt es sich bei dem Bewertungsobjekt um eine Unternehmung, so ergibt sich ihr Wert folglich aus dem Nutzenausmaß, das sich das Bewertungssubjekt bezogen auf ein Vergleichsobjekt aus ihrem Eigentum verspricht. Der Nutzen der Unternehmung soll im weiteren als „Unternehmungserfolg" bezeichnet werden; er beschreibt den mit der Unternehmung erreichbaren Grad der Erfüllung der jeweiligen Ziele des Bewertungssubjektes.[2] Die im Einzelfall vom Bewertungssubjekt angestrebten Ziele können dabei sowohl finanzieller Natur sein – wie beispielsweise die Gewinnerzielung – als auch nichtfinanziellen Charakter haben, wie die Zurverfügungstellung von Arbeitsplätzen, der Zuwachs an Macht, sozialem Prestige und ähnlichem.[3]

---

1 Vgl. BUSSE VON COLBE, Zukunftserfolg (1957), S. 17 f.; ENGELS, Betriebswirtschaftliche Bewertungslehre (1962), S. 1, 12 und 17 f.; MÜNSTERMANN, Wert und Bewertung (1966), S. 3; MATSCHKE, Kompromiß als betriebswirtschaftliches Problem (1969), S. 57 f.; MATSCHKE, Gesamtwert der Unternehmung (1972), S. 147; SIEBEN, Entscheidungswert in der Funktionenlehre (1976), S. 497; MOXTER, Grundsätze (1983), S. 23 f.; MATSCHKE, Ermittlung mehrdimensionaler Entscheidungswerte (1993), S. 3. Der Versuch der Ermittlung eines vom Bewertungssubjekt losgelösten, „objektiven Wertes" – wie ihn beispielsweise MELLEROWICZ, Wert der Unternehmung (1952), S. 12 und 59 f. unternimmt – ist daher nicht zweckmäßig; vgl. zu dieser Problematik insbesondere BUSSE VON COLBE, Zukunftserfolg (1957), S. 14-19; ENGELS, Betriebswirtschaftliche Bewertungslehre (1962), S. 6-21; JAENSCH, Wert und Preis (1966), S. 4-17; MÜNSTERMANN, Wert und Bewertung (1966), S. 21-28.

2 Vgl. SIEBEN, Beratungsfunktion (1977), S. 62 f.; SIEBEN/ZAPF, Grundlage unternehmerischer Entscheidungen (1981), S. 3.

3 Zu den verschiedenen, mit einer Unternehmung verfolgten Zielsetzungen des Bewertungssubjektes vgl. BUSSE VON COLBE, Subjektive Unternehmungsbewertung (1957), S. 118 f.; ders., Zukunftserfolg (1957), S. 18; MÜNSTERMANN, Wert und Bewertung (1966), S. 27 f.

Den weiteren Ausführungen zur Problematik der Wertermittlung soll in dieser Arbeit der Bewertungsanlaß der Unternehmungsakquisition, also der Übernahme einer Unternehmung mittels des Erwerbs ihrer Anteile oder ihrer Vermögensgüter, zugrunde gelegt werden.[4] Dabei wird die Perspektive eines präsumtiven Käufers als Bewertungssubjekt eingenommen, der mit dem Unternehmungserwerb ausschließlich finanzielle Ziele in Form der Erwirtschaftung von Gewinnen verfolgt. Die Unternehmung stellt sich dadurch folglich als Investitionsobjekt dar, das seinem Eigentümer Nutzen in Form zukünftiger Nettozahlungen verspricht, die sowohl in bezug auf ihre jeweilige Höhe als auch im Hinblick auf die zeitliche Struktur ihres Auftretens unsicher sind.[5] Die Ermittlung des Unternehmungswertes entspricht damit der Bewertung der unsicheren Zahlungsströme, die die Unternehmung ihrem Eigner in der Zukunft gewähren wird.[6] Der so bestimmte Wert der Unternehmung ist als potentieller Preis des Bewertungsobjektes interpretierbar; von einem „potentiellen" Preis ist dabei deshalb zu sprechen, weil die Höhe des für die Unternehmung zu leistenden Entgeltes nicht allein von ihrem Wert, sondern auch beispielsweise vom jeweiligen Verhandlungsgeschick und der Marktmacht von Anbieter und Nachfrager abhängig ist.[7]

---

[4] Vgl. zum Begriff der Unternehmungsakquisition SIEBEN/LUTZ, Akquisition und Planung (1981), S. 15; PAUSENBERGER, Akquisitionsplanung (1989), Sp. 18 f.; SIEBEN/SIELAFF, Unternehmensakquisition (1989), S. 1; BLEX/MARCHAL, Risiken im Akquisitionsprozeß (1990), S. 86; ZIMMERER, Unternehmensakquisition (1993), Sp. 4294. Gelegentlich findet sich in der Literatur – vgl. beispielsweise GERPOTT, Integration von internationalen Akquisitionen (1990), S. 414; MATUSCHKA, Risiken von Akquisitionen (1990), S. 104 – für die Unternehmungsakquisition auch der Begriff des „Firmenkaufs" oder der „Firmenakquisition". Eine derartige Bezeichnung ist irreführend, denn es geht bei diesem Vorgang nicht allein um den Kauf des Namens, also der Firma (vgl. § 17 HGB) der Unternehmung, sondern um die Übernahme der Unternehmung selbst.

[5] Vgl. SIEBEN, Bewertungs- und Investitionsmodelle (1967), S. 126; BALLWIESER, Unternehmensbewertung und Komplexitätsreduktion (1990), S. 26.

[6] Vgl. BALLWIESER, Unternehmensbewertung und Komplexitätsreduktion (1990), S. 169. Zum Fall der Unternehmungsbewertung bei sowohl finanziellen als auch nichtfinanziellen Zielen des Bewertungssubjektes vgl. SIEBEN/ZAPF, Grundlage unternehmerischer Entscheidungen (1981), S. 21-28.

[7] Vgl. JAENSCH, Wert und Preis (1966), S. 7-9; MÜNSTERMANN, Wert und Bewertung (1966), S. 79; MOXTER, Grundsätze (1983), S. 5; SIEBEN/SIELAFF, Unternehmensakquisition (1989), S. 49. Nicht gefolgt werden kann hier der in der Literatur – vgl. beispielsweise BUSSE VON COLBE, Zukunftserfolg (1957), S. 9; MÜNSTERMANN, Wert und Bewertung (1966), S. 11 – häufig geäußerten Meinung, es gäbe für Unternehmungen keinen Markt und daher auch keinen Marktpreis. Die im Wirtschaftsleben zu beobachtenden Käufe respektive Verkäufe von Unternehmungen zeigen, daß es durchaus zu einem Zusammentreffen von Angebot und Nachfrage in bezug auf Unternehmungen und damit zu Marktprozessen kommt. Die dabei entstehenden Märkte weisen allerdings keine polypolistische Struktur auf; vielmehr entspricht die Anbieterseite meist einem Monopol oder Oligopol und die Nachfragerseite einem Monopson oder Oligopson. Nichtsdestotrotz handelt es sich bei ihnen dennoch um Märkte für das Gut „Unternehmung", und die auf ihnen ausgehandelten Preise stellen Marktpreise dar. Vgl. zu diesem Aspekt auch JAENSCH, Wert und Preis (1966), S. 3 f.

Unter dem Begriff der „Kultur", der der lateinischen Bezeichnung „cultura" für „Landbau" sowie „Pflege des Körpers und des Geistes" entlehnt ist, soll hier die Gesamtheit der Grundannahmen, Wertvorstellungen und Normen verstanden werden, die eine Gruppe von Menschen erlernt hat, um ihre Probleme sowohl im Hinblick auf die interne Integration – also ihre innere Abstimmung und ihren Zusammenhalt – als auch in bezug auf die externe Adaption – das heißt ihre Anpassung an die Außenwelt – zu meistern. Der Terminus der „Unternehmungskultur" beschreibt dementsprechend jene Muster von erlernten Grundannahmen, Werten und Normen, die von den Mitgliedern einer Unternehmung geteilt werden, um die Schwierigkeiten der externen Adaption und internen Integration, denen sie sich gegenübersehen, zu bewältigen.[8]

Die Unternehmungskultur wirkt sich damit auf zwei verschiedenen Wegen auf die Situation der Unternehmung aus: Einerseits bestimmt sie die Art und Weise des Umgangs der Unternehmungsmitglieder untereinander und beeinflußt so die Effizienz der innerbetrieblichen Abläufe; andererseits lenkt sie das Auftreten des Betriebes[9] auf den Absatz- und Beschaffungsmärkten und steuert seine Reaktion gegenüber ökonomischen, juristischen, technologischen und gesellschaftlichen Entwicklungen. Durch derartige Wirkungen sowohl auf die internen Prozesse als auch auf das betriebliche Verhalten gegenüber der Umwelt hat die Kultur[10] eine erhebliche Ausstrahlung auf die Höhe der Gewinne, die die Unternehmung durch ihre wirtschaftlichen Aktivitäten realisiert.[11] Steht eine Unternehmung zum Verkauf, beeinflußt die Kultur damit auch ihre Attraktivität für potentielle Käufer.[12]

---

[8] Vgl. zu den Begriffen der Kultur und der Unternehmungskultur SCHEIN, Role of the Founder (1983), S. 13 f.; ders., Culture and Leadership (1992), S. 12; ferner auch SACKMANN, Unsichtbare Einflußgröße (1983), S. 395 f.; PÜMPIN, Unternehmenskultur und Unternehmenserfolg (1984), S. 14; HEINEN, Betriebswirtschaftslehre und Unternehmenskultur (1985), S. 986; KOBI/WÜTHRICH, Unternehmenskultur (1986), S. 34; HINTERHUBER/HOLLEIS, Verbindung von Unternehmensstrategie und Unternehmenskultur (1988), S. 3; WILKINS/DYER, Theories of Culture Change (1988), S. 522; NAHAVANDI/MALEKZADEH, Acculturation in Acquisitions (1988), S. 80; DESHPANDE/WEBSTER, Organizational Culture (1989), S. 4. Zur Abgrenzung der Unternehmungskultur von den Begriffen der Unternehmungsidentität, der Unternehmungsphilosophie und des Betriebsklimas vgl. KOBI/WÜTHRICH, Unternehmenskultur (1986), S. 35 f.; MEFFERT/HAFNER, Unternehmenskultur und Unternehmensführung (1987), S. 43; HINTERHUBER/WINTER, Corporate Identity (1991), S. 192-197; ROLLBERG, Strategische Unternehmensführung (1996), S. 43 f.

[9] Der Begriff des Betriebes soll in der vorliegenden Arbeit synonym mit dem Begriff der Unternehmung verwandt werden.

[10] Mit dem Begriff der „Kultur" soll im folgenden stets die Kultur der Unternehmung gemeint sein.

[11] Vgl. zum Zusammenhang von Unternehmungskultur und Unternehmungserfolg DEAL/KENNEDY, Corporate Cultures (1982), S. 15-19; FREIMUTH, Organisationskultur (1985), S. 89; HINTERHUBER/HOLLEIS, Verbindung von Unternehmensstrategie und Unternehmenskultur (1988), S. 5; ADAMER/HINTERHUBER/KAINDL, Unternehmungskultur (1992), S. 64-66.

[12] Dies gilt grundsätzlich nur insoweit, als der Käufer das Ziel der Gewinnerwirtschaftung verfolgt, wovon hier aber ausgegangen wird, vgl. S. 2.

Handelt es sich um einen institutionellen Käufer, der das Akquisitionsobjekt nach erfolgter Übernahme in seinen Betrieb integrieren möchte, ist eine weitere Kulturwirkung zu beachten. Diese rührt daher, als es durch den Integrationsvorgang zu einem Zusammentreffen zwischen der Kultur der Käuferunternehmung und der des Akquisitionsobjektes kommt und damit zu einem Nebeneinander unterschiedlicher, meist inkompatibler Muster von Grundannahmen, Werten und Normen der Mitglieder des durch die Akquisition entstandenen Unternehmungsverbundes. Eine derartige, von SIEBEN/SIELAFF[13] als das „gravierendste Problem" der Integration bezeichnete Konfrontation zwischen differierenden kulturellen Vorstellungen wirkt sich auf die Effizienz der innerbetrieblichen Abläufe und das Verhalten des Unternehmungsverbundes in seiner Umwelt aus; sein zukünftiger Erfolg und damit die Attraktivität des Akquisitionsobjektes werden folglich ebenfalls von den Wirkungen des Kulturzusammentreffens beeinflußt.

Die grundsätzliche Abhängigkeit des Akquisitionserfolges von der jeweiligen Kultur des Akquisitionsobjektes und der Käuferunternehmung ist in der Betriebswirtschaftslehre seit längerer Zeit bekannt und wird im Schrifttum[14] ausführlich diskutiert. Es ist allerdings festzustellen, daß die Kulturproblematik im Rahmen von Akquisitionen dabei in aller Regel eine Betrachtung getrennt von der Frage der auf Zahlungsüberschüssen basierenden Wertfindung erfährt: So wird die Abschätzung der Kulturwirkungen als *ein* Problembereich verstanden und die Ermittlung des Wertes der zum Verkauf stehenden Unternehmung dagegen als eine andere, davon losgelöste Fragestellung interpretiert.[15]

---

[13] SIEBEN/SIELAFF, Unternehmensakquisition (1989), S. 44.

[14] Vgl. beispielsweise LEVINSON, Merger Failures (1970), S. 142-147; SIEBEN/ZAPF, Grundlage unternehmerischer Entscheidungen (1981), S. 69; BLEICHER, Unternehmungspolitik und Unternehmungskultur (1984), S. 494; PRITCHETT, Managing the Shockwaves (1985); S. 13-15; WALTER, Culture Collisions (1985), S. 301-314; SCHWEIGER/IVANCEVICH/POWER, Managing Human Resources (1987), S. 127-138; KRÜGER, Management (1988), S. 372-374; NAHAVANDI/MALEKZADEH, Acculturation in Acquisitions (1988), S. 79-90; SIEHL/LEDFORD/SILVERMAN/FAY, Postmerger Integration (1988), S. 51-57; BUONO/BOWDITCH, Human Side of Acquisitions (1989), S. 134 f.; SIEBEN/SIELAFF, Unternehmensakquisition (1989), S. 43 f.; HINTERHUBER, Wettbewerbsstrategie (1990), S. 223; KRYSTEK, Unternehmungskultur als kritischer Erfolgsfaktor (1991), S. 135-143; ders., Akquisition (1992), S. 539-565. Vgl. hierzu auch die empirischen Ergebnisse von SHIRLEY, Human Side of Merger Planning (1977), S. 35-39; MÖLLER, Erfolg von Unternehmenszusammenschlüssen (1983), S. 108-119 und 290-292; SALES/MIRVIS, Issues in Acquisition (1984), S. 107-133; BUONO/BOWDITCH/LEWIS, Anatomy of a Merger (1985), S. 477-500; BUONO/BOWDITCH/NURICK, Hidden Costs (1986), S. 313-333; HUNT/LEES/GRUMBAR/VIVIAN, Human Factor (1987), S. 53-58 und 75-79; BUONO/BOWDITCH, Human Side of Acquisitions (1989), S. 152-192.

[15] Eine derartige Position nehmen beispielsweise GROVES-RAINES/BRYANT, Human Resource Planning (1988), S. 43; KRYSTEK/MINKE, Strategische Allianzen (1990), S. 32; MATUSCHKA, Risiken von Akquisitionen (1990), S. 108; MÜLLER-STEWENS, Personalwirtschaftliche Problemfelder (1991), S. 158 f. sowie NIEHUES, Unternehmensbewertung (1993), S. 2244 f. ein.

Einer solchen Sichtweise kann hier nicht gefolgt werden: Wenn die Kultur durch ihre geschilderten Wirkungen Einfluß auf den Akquisitionserfolg und damit auf den Grad der Zielerfüllung des Käufers nimmt, so ist dieser Kultureinfluß bei der Ermittlung des Wertes, den eine zum Verkauf stehende Unternehmung für ihren präsumtiven Erwerber hat, entsprechend zu beachten. Offen bleibt dabei allerdings, auf welche Art und Weise dies verwirklicht werden kann, handelt es sich bei der Unternehmungskultur doch um ein qualitatives Phänomen, dessen quantitative Wirkungen im Vorfeld nur schwer abzuschätzen sind. Angesichts der Problematik, *daß* der Kultureinfluß bei der Wertfindung beachtet werden muß, aber Unklarheit darüber herrscht, *wie* dies zu realisieren ist, verfolgt die vorliegende Arbeit die Zielsetzung, die bei einer Übernahme möglichen Kulturwirkungen einer eingehenden Analyse zu unterziehen und – darauf aufbauend – theoretisch herauszuarbeiten, auf welchem Wege diese Wirkungen bei der Bestimmung des Wertes eines Akquisitionsobjektes Berücksichtigung finden können.

Als Grundlage der folgenden Untersuchung bedarf es daher zunächst im zweiten Kapitel einer näheren Betrachtung der Theorie der Unternehmungsbewertung und des Konzeptes der Unternehmungskultur. Dabei werden sowohl die Funktionen der Unternehmungsbewertung, die interessierende Konfliktsituation, der Entscheidungswert sowie das Zukunftserfolgswertverfahren dargestellt als auch die Wurzeln, Wirkungsweise, Stärke, Elemente und Entwicklung der Unternehmungskultur erläutert. Das sich daran anschließende dritte Kapitel nimmt eine eingehende Analyse der Unternehmungsakquisition vor, und zwar in bezug auf die verschiedenen möglichen Ziele sowie die Phasen eines Unternehmungskaufes und im Hinblick auf die Kultur als Erfolgsfaktor bei Übernahmen. Dabei soll gezeigt werden, daß zwar nicht die einzelne Kultur des Akquisitionsobjektes, wohl aber die Kulturkollision eine besondere Berücksichtigung bei der Bewertung der Unternehmung finden muß. Im vierten Kapitel wird daher ein heuristisches Vorgehen dargestellt, durch das die Wirkung der Kulturkollision Eingang in die Ermittlung des Entscheidungswertes des Käufers findet. Dabei wird der Kollisionseinfluß in zwei Teileffekte zerlegt und im Rahmen eines Modells erläutert, inwiefern die Effekte mit dem Zukunftserfolgswert des Akquisitionsobjektes in Zusammenhang stehen. Im Anschluß daran soll herausgearbeitet werden, wie das Ausmaß dieser Wirkungen der Kulturkollision abgeschätzt und sowohl im Rahmen der Bestimmung eines eindimensionalen als auch eines mehrdimensionalen Entscheidungswertes berücksichtigt werden kann. Die Arbeit schließt mit einer zusammenfassenden Darstellung der gewonnenen Ergebnisse.

II. Die theoretischen Grundlagen

1. Die Unternehmungsbewertung

1.1 Die Funktionen der Unternehmungsbewertung

Wurde im vorangegangenen Kapitel allgemein von *dem* Unternehmungswert gesprochen, so soll diese Sichtweise hier einer differenzierteren Darstellung weichen, denn der zu ermittelnde Unternehmungswert ist stets abhängig von der jeweiligen Funktion, das heißt der Aufgabenstellung, die der Bewertende zu erfüllen hat. Eine derartige funktionale, zweckorientierte Unternehmungsbewertung, die den Konflikt zwischen der objektiven und subjektiven Unternehmungsbewertung überwindet[1], unterscheidet – neben diversen Nebenfunktionen[2] – drei Hauptfunktionen, und zwar die Beratungsfunktion, die Vermittlungsfunktion und die Argumentationsfunktion.

Im Rahmen der *Beratungsfunktion* ist es die Aufgabe des Bewerters, „für eine an einer bestimmten Disposition über die zu bewertende Unternehmung interessierte Partei die Grenze ihrer Konzessionsbereitschaft zu ermitteln"[3]. Der dabei bestimmte Wert stellt den Entscheidungswert der betreffenden Partei im Hinblick auf die betrachtete Unternehmung dar. Er zeigt dem Bewertungssubjekt bei gegebenem Entscheidungsfeld und gegebenem Zielsystem, unter welchem Komplex von Bedingungen die Realisation einer vorgesehenen Handlung den ohne diese Handlung erreichbaren Grad der Zielerfüllung gerade noch nicht mindert.[4]

---

1 Zum Verhältnis zwischen objektiver, subjektiver und funktionaler Unternehmungsbewertung vgl. SIEBEN, Entscheidungswert in der Funktionenlehre (1976), S. 494-496; MATSCHKE, Arbitriumwert (1979), S. 5-7; LUTZ, Konsens und Dissens (1981), S. 147; MATSCHKE, Unternehmungsbewertung (1992), S. 869; ders., Konzeptionen (1993), S. 1240 f.

2 Nebenfunktionen der Unternehmungsbewertung sind insbesondere die Bilanzfunktion, die Vertragsgestaltungsfunktion und die Steuerbemessungsfunktion: Aufgabe des Bewerters im Rahmen der Bilanzfunktion ist es, eine Unternehmung anhand von handelsrechtlichen Normen im Jahresabschluß abzubilden. Im Falle der Vertragsgestaltungsfunktion werden Wertgrößen bei der Formulierung von Gesellschaftsverträgen festgelegt, um damit die gemeinsamen Interessen der Gesellschafter abzusichern. Dient die Unternehmungsbewertung der Steuerbemessungsfunktion, hat der Bewerter die Aufgabe, unter Beachtung fiskalischer Grundsätze Steuerbemessungsgrundlagen zu ermitteln. Vgl. hierzu SIEBEN, Entscheidungswert in der Funktionenlehre (1976), S. 493 f.; SIELAFF, Steuerbemessungsfunktion (1977), S. 105-119; LUTZ, Konsens und Dissens (1981), S. 149; SIEBEN, Funktionen der Bewertung (1983), S. 539.

3 SIEBEN, Entscheidungswert in der Funktionenlehre (1976), S. 492.

4 Vgl. MATSCHKE, Gesamtwert der Unternehmung (1972), S. 147; ders., Entscheidungswert (1975), S. 26 f.; SIEBEN/SCHILDBACH, Bewertung ganzer Unternehmungen (1979), S. 455.

Der Entscheidungswert weist damit folglich vier charakteristische Merkmale auf: Er stellt eine kritische Größe dar (Merkmal des Grenzwertes) und wird in bezug auf eine bestimmte vorgesehene Handlung ermittelt (Merkmal der Handlungsbezogenheit); darüber hinaus bezieht sich der Entscheidungswert auf ein bestimmtes Entscheidungssubjekt und dessen Zielsystem (Merkmal der Subjekt- und Zielsystembezogenheit) und gilt lediglich im Hinblick auf die zur betrachteten Handlung als Alternativen bestehenden Entscheidungsmöglichkeiten (Merkmal der Entscheidungsfeldbezogenheit).[5]

Ist allein die Höhe des zu zahlenden Preises für die Änderung der Eigentumsverhältnisse der betreffenden Unternehmung von Bedeutung, so entspricht der Entscheidungswert dem Grenzpreis des Bewertungssubjektes, das heißt demjenigen Preis, den der Unternehmungskäufer gerade noch zahlen kann und den der Unternehmungsverkäufer mindestens erhalten muß, wenn er durch die interessierende Transaktion keinen Nachteil hinnehmen möchte.[6]

Im Rahmen der *Vermittlungsfunktion* ist es die Aufgabe des Bewerters, als Schiedsgutachter zwischen in bezug auf den Unternehmungswert konfligierenden Parteien unparteiisch zu vermitteln, um so einen Interessenausgleich zwischen ihnen zu bewirken oder zumindest zu erleichtern.[7]

Der aufgrund dieser Zielsetzung vom Schiedsgutachter bestimmte Arbitrium-, Schiedsspruch- oder Vermittlungswert soll einen gerechten Kompromiß darstellen, der für alle Konfliktparteien zumutbar ist und ihre jeweiligen unterschiedlichen Interessenlagen angemessen wahrt. Dies setzt zunächst voraus, daß ein Einigungsbereich zwischen ihnen existiert, also die Grenze der Konzessionsbereitschaft des präsumtiven Käufers der Unternehmung über der des Verkäufers liegt. Der Arbitriumwert muß dann durch den Schiedsgutachter folglich innerhalb dieses Einigungsbereiches positioniert werden und ist dabei so zu wählen, daß die Differenz zwischen den unterschiedlichen Entscheidungswerten nach Maßgabe eines Gerechtigkeitspostulats auf die konfligierenden Parteien aufgeteilt wird.[8]

---

5 Vgl. MATSCHKE, Gesamtwert der Unternehmung (1972), S. 147; ders., Entscheidungswert (1975), S. 26; ders., Wertarten nach ihrer Aufgabenstellung (1992), S. 876.

6 Vgl. MATSCHKE, Gesamtwert der Unternehmung (1972), S. 149; MOXTER, Grundsätze (1983), S. 9; MATSCHKE, Wertarten nach ihrer Aufgabenstellung (1992), S. 876.

7 Vgl. MATSCHKE, Schiedsspruchwert der Unternehmung (1971), S. 508; SIEBEN, Entscheidungswert in der Funktionenlehre (1976), S. 493; MATSCHKE, Arbitriumwert (1979) S. 18 f.; SIEBEN/SCHILDBACH, Bewertung ganzer Unternehmungen (1979), S. 456; MATSCHKE, Bewertung ertragsschwacher Unternehmungen (1984), S. 562; ders., Wertarten nach ihrer Aufgabenstellung (1992), S. 876.

8 Vgl. MATSCHKE, Kompromiß als betriebswirtschaftliches Problem (1969), S. 57 und 66 f.; ders., Schiedsspruchwert der Unternehmung (1971), S. 511-513; ders., Arbitriumwert (1979)

Im Rahmen der *Argumentationsfunktion* obliegt es dem Bewerter, für eine bestimmte Konfliktpartei Unternehmungswerte zu ermitteln, die diese gezielt einsetzen kann, um ein für sie im Hinblick auf die Bedingungen des Eigentumsübergangs der Unternehmung günstiges Verhandlungsergebnis zu erreichen. Derartige Argumentationswerte dienen der sie anwendenden Partei folglich dazu, ihre eigene Verhandlungsposition zu verbessern und die der Gegenpartei entsprechend zu schwächen; Ziel ist es, dadurch den interessierenden Eigentumsübergang zu Konditionen zu realisieren, die möglichst nah an der Konzessionsgrenze der Gegenseite und entsprechend fern vom eigenen Entscheidungswert liegen. Um ihre Stellung in der Verhandlung zu ihren Gunsten auszubauen, offenbart die jeweilige Konfliktpartei daher der Gegenseite nicht ihren tatsächlichen Grenzwert, sondern teilt dem Verhandlungspartner vielmehr Argumentationswerte mit, die als vermeintliche Entscheidungswerte oder Arbitriumwerte präsentiert werden.[9]

Da in der vorliegenden Arbeit die Perspektive eines präsumtiven Käufers eingenommen wird, der eine zum Verkauf stehende Unternehmung zu bewerten sucht, ist der Entscheidungswert dieses Bewertungssubjektes im Hinblick auf das Akquisitionsobjekt der für die weitere Untersuchung interessierende Unternehmungswert. Er wird daher im folgenden einer eingehenderen Betrachtung unterzogen, wobei – nach einer Charakterisierung der in dieser Arbeit zugrunde gelegten Konfliktsituation – zunächst das allgemeine Modell des Entscheidungswertes nach MATSCHKE und daran anschließend der Zukunftserfolgswert als spezieller Entscheidungswert dargestellt werden.

1.2 Die interessierende Konfliktsituation

Da der Entscheidungswert der Unternehmung die Grenze der Konzessionsbereitschaft einer Partei in einer bestimmten Konfliktsituation darstellt, soll zunächst erläutert werden, welche Arten von Konfliktsituationen generell unterschieden werden können und von welcher speziellen Konfliktsituation in der vorliegenden Arbeit

S. 18 f.; SIEBEN/SCHILDBACH, Bewertung ganzer Unternehmungen (1979), S. 456 f; MATSCHKE, Wertarten nach ihrer Aufgabenstellung (1992), S. 876 f.

9 Vgl. MATSCHKE, Argumentationswert (1976), S. 518-521; ders., Argumentationsfunktion (1977), S. 91; SIEBEN/SCHILDBACH, Bewertung ganzer Unternehmungen (1979), S. 457; MATSCHKE, Unternehmungsbewertung in dominierten Konfliktsituationen (1981), S. 116; ders., Wertarten nach ihrer Aufgabenstellung (1992), S. 877. Zur Verwendung traditioneller Unternehmungsbewertungsverfahren zu Argumentationszwecken vgl. MATSCHKE/MUCHEYER, Argumentation in der Preisverhandlung (1977), S. 157-183. Vgl. zur Argumentationswertermittlung ferner auch WAGENHOFER, Bestimmung von Argumentationspreisen (1988), S. 340-359.

ausgegangen wird. Grundsätzlich kann differenziert werden zwischen Konfliktsituationen vom Typ des Kaufs/Verkaufs und vom Typ der Fusion, dominierten und nicht dominierten Konfliktsituationen, disjungierten und jungierten Konfliktsituationen sowie eindimensionalen und mehrdimensionalen Konfliktsituationen.

So versteht man unter der Konfliktsituation vom Typ des Kaufs/Verkaufs jene Bewertungsanlässe, bei denen die Eigentumsverhältnisse der betrachteten Unternehmung insofern geändert werden, als eine der Konfliktparteien (Verkäufer) ihr Eigentum an dem Bewertungsobjekt zugunsten der anderen Konfliktpartei (Käufer) aufgibt und dafür vom Käufer eine – im Regelfall monetäre – Gegenleistung erhält.[10] Um eine Konfliktsituation vom Typ der Fusion handelt es sich dagegen dann, wenn die konfligierenden Parteien mehrere Unternehmungen vereinigen wollen und die Eigentümer dieser Unternehmungen dabei Eigentum an der entstehenden neuen wirtschaftlichen Einheit erhalten sollen.[11]

Die Differenzierung zwischen dominierten und nicht dominierten Konfliktsituationen dient dazu, die Machtverteilung zwischen den Konfliktparteien im Hinblick auf die Durchsetzbarkeit einer Änderung der Eigentumsverhältnisse des Bewertungsobjektes zu charakterisieren.[12] Von einer nicht dominierten Konfliktsituation spricht man dabei dann, wenn es keiner der konfligierenden Parteien möglich ist, die Eigentumsverhältnisse der zu bewertenden Unternehmung alleine, also ohne Berücksichtigung des Willens der anderen Konfliktpartei, zu verändern.[13] Um eine dominierte Konfliktsituation handelt es sich entsprechend bei Fällen, in denen eine der beteiligten Par-

---

10 Vgl. MATSCHKE, Entscheidungswert (1975), S. 31. Die Konfliktsituation vom Typ des Kaufs/Verkaufs umfaßt damit folglich nicht allein Kaufvorgänge im Sinne von § 433 BGB, sondern beispielsweise auch Enteignungen gemäß Art. 14 Abs. III GG oder Barabfindungen ausscheidender Minderheitsaktionäre nach Maßgabe des UmwG; vgl. hierzu auch MATSCHKE, Entscheidungswert (1975), S. 32 f. Auch die Bewertung einer Unternehmung im Rahmen des Zugewinnausgleichs gemäß § 1372 BGB kann als eine Konfliktsituation vom Typ des Kaufs/Verkaufs interpretiert werden: So kommt es in einer derartigen Bewertungssituation zwar nicht zu einer Änderung der Eigentumsverhältnisse der Unternehmung, doch ist die dabei vorliegende Problemstruktur im Grundsatz mit derjenigen im Falle der Abfindung eines ausscheidenden Gesellschafters vergleichbar. Vgl. zum Bewertungsanlaß des Zugewinnausgleichs insbesondere OLBRICH, Bewertung beim Zugewinnausgleich (1982), S. 247-250; MEYER, Zugewinnausgleich bei freiberuflicher Praxis (1996).

11 Vgl. MATSCHKE, Entscheidungswert (1975), S. 31. Die Konfliktsituation vom Typ der Fusion liegt daher nicht allein bei Verschmelzungen gemäß § 2 UmwG vor, bei denen die Eigentümer der fusionierenden Unternehmungen Eigentümer an dem dadurch entstehenden Unternehmungsverbund werden, sondern beispielsweise auch bei Abspaltungen zur Aufnahme nach § 123 Abs. II UmwG. Vgl. hierzu auch MATSCHKE, Entscheidungswert (1975), S. 33 f.

12 Vgl. MATSCHKE, Arbitriumwert (1979), S. 31.

13 Vgl. MATSCHKE, Arbitriumwert (1979), S. 31; ders., Unternehmungsbewertung in dominierten Konfliktsituationen (1981), S. 117.

teien eine Veränderung der Eigentumsverhältnisse des Bewertungsobjektes auch gegen den erklärten Willen der anderen Konfliktpartei realisieren kann.[14]

Mit der Unterscheidung zwischen jungierten und disjungierten Konfliktsituationen erfolgt eine Charakterisierung der Verhandlungssituation im Hinblick darauf, ob die beteiligten Konfliktparteien nur innerhalb dieses einen Konfliktfalles agieren oder darüber hinaus parallel noch an weiteren Konfliktsituationen vom Typ des Kaufs/Verkaufs oder vom Typ der Fusion beteiligt sind. So spricht man von einer jungierten oder verbundenen Konfliktsituation, wenn sich eine oder beide Verhandlungsseiten gleichzeitig noch in anderen Kauf/Verkaufs- oder Fusionskonfliktsituationen befinden und sich daraus Rückkopplungen für die betrachtete Verhandlungssituation ergeben.[15] Eine disjungierte oder unverbundene Konfliktsituation liegt dagegen dann vor, wenn die Gegenseiten nur in diesem einen Verhandlungsfall agieren oder, falls sie parallel auch an weiteren Konfliktsituationen beteiligt sind, zumindest keine Abhängigkeiten zwischen diesen zusätzlichen Konfliktsituationen und dem betrachteten Verhandlungsfall bestehen.[16]

Das Merkmal der Dimensionalität der Konfliktsituation beschreibt die Anzahl der in einem Verhandlungsfall bestehenden konfliktlösungsrelevanten Sachverhalte, das heißt jener Parameter, deren Ausprägungen letztendlich für eine Einigung zwischen den Konfliktparteien von Bedeutung sind. Unter eindimensionalen Konfliktsituationen versteht man folglich solche Verhandlungssituationen, bei denen eine Einigung der Parteien lediglich von einem konfliktlösungsrelevanten Sachverhalt – im Falle einer Konfliktsituation vom Typ des Kaufs/Verkaufs die Höhe des Preises, im Falle einer Konfliktsituation vom Typ der Fusion die Verteilung der Kapitalanteile – abhängt.[17] Von einer mehrdimensionalen Konfliktsituation spricht man dagegen dann, wenn ein Verhandlungsfall vorliegt, in dem neben der Preishöhe oder der Anteilsaufteilung auch noch andere konfliktlösungsrelevante Sachverhalte – wie beispielsweise der Umfang der Unternehmung oder das Ausmaß der Verantwortung des Verkäufers bei festgestellten Umweltaltlasten – existieren, deren Extensionen für eine Einigung zwischen den Konfliktparteien von Bedeutung sind.[18]

---

[14] Vgl. MATSCHKE, Arbitriumwert (1979), S. 33; ders., Unternehmungsbewertung in dominierten Konfliktsituationen (1981), S. 117.

[15] Vgl. MATSCHKE, Entscheidungswert (1975), S. 35.

[16] Vgl. MATSCHKE, Entscheidungswert (1975), S. 34 f.

[17] Vgl. MATSCHKE, Entscheidungswert (1975), S. 38 f.; ders., Ermittlung mehrdimensionaler Entscheidungswerte (1993), S. 4.

[18] Vgl. MATSCHKE, Entscheidungswert (1975), S. 38-55; ders., Ermittlung mehrdimensionaler Entscheidungswerte (1993), S. 5.

Die einzelnen konfliktlösungsrelevanten Sachverhalte lassen sich dabei differenzieren in originäre und derivative konfliktlösungsrelevante Sachverhalte.[19] Unter die erste Kategorie fallen dabei all jene Parameter, die das Entscheidungsfeld des Bewertungssubjektes unmittelbar verändern, wie unter anderem die bereits angeführten Sachverhalte „Unternehmungsumfang" und „Ausmaß der Altlastenverantwortung". Von derivativen Sachverhalten spricht man dagegen bei Parametern, die lediglich dazu dienen, Ausprägungen der originären Sachverhalte zu begründen und daher nur mittelbar entscheidungsfeldverändernd wirken. Derivative Sachverhalte stehen damit in einer Mittel-Zweck-Beziehung zu originären Sachverhalten; die Beziehung zwischen den einzelnen originären Parametern ist dagegen als Komplementaritätsverhältnis zu charakterisieren, da die Konfliktparteien gezwungen sind, sich bezüglich der Ausprägungen der unterschiedlichen originären konfliktlösungsrelevanten Sachverhalte zu verständigen, um zu einer Einigung zu gelangen.

Da sich die vorliegende Arbeit auf den Bewertungsanlaß der Unternehmungsakquisition konzentriert und dabei die Perspektive eines präsumtiven Käufers eingenommen wird, der sich nicht in mehreren, sondern lediglich in dieser einen, das Akquisitionsobjekt betreffenden Verhandlungssituation befindet, handelt es sich bei der im folgenden zugrunde gelegten Konfliktsituation folglich um eine nicht dominierte, disjungierte Konfliktsituation vom Typ des Kaufs/Verkaufs. Im Hinblick auf die Anzahl der konfliktlösungsrelevanten Sachverhalte sollen dabei sowohl der Fall der eindimensionalen als auch der Fall der mehrdimensionalen Konfliktsituation betrachtet werden.

Eine graphische Darstellung der möglichen Ausprägungen der Konfliktsituation gibt Abbildung 1. Die jeweiligen Eigenschaften des in dieser Arbeit interessierenden Bewertungsanlasses sind dabei durch eine graue Unterlegung gekennzeichnet.

---

[19] Vgl. für das Weitere MATSCHKE, Entscheidungswert (1975), S. 56-69; ders., Ermittlung mehrdimensionaler Entscheidungswerte (1993), S. 6 f.

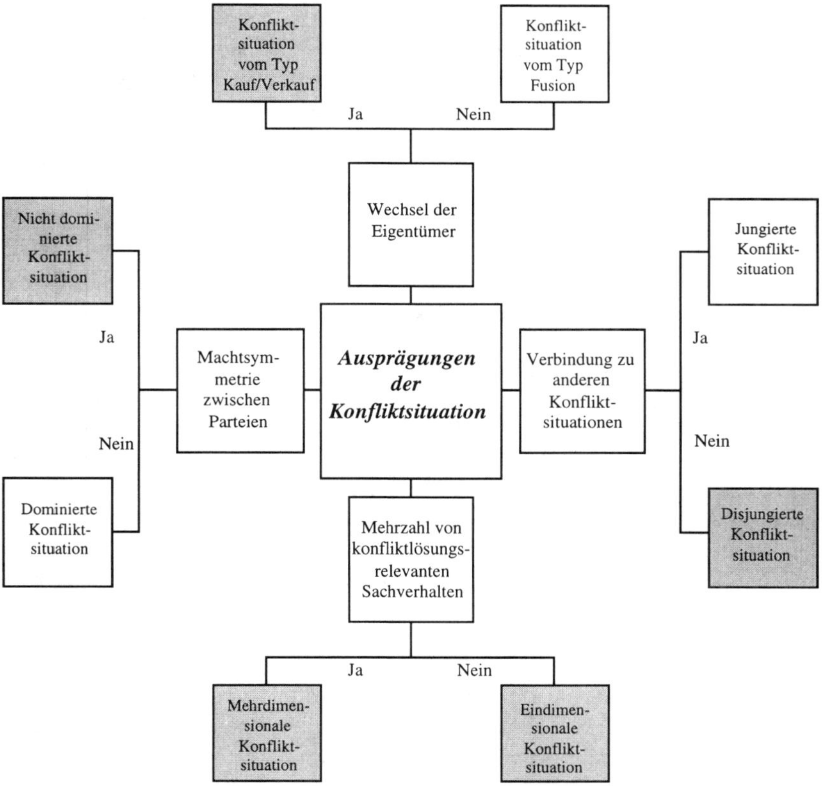

Abbildung 1: Die möglichen Ausprägungen der Konfliktsituation

1.3 Das Modell des Entscheidungswertes

Grundidee des Modells des Entscheidungswertes nach MATSCHKE[20] ist ein zweistufiges Vorgehen, in dessen Rahmen zunächst das für das Bewertungssubjekt erreichbare Erfolgsniveau ohne eine Einigung über die Veränderung der Eigentumsverhältnisse der Unternehmung bestimmt wird. In einem zweiten Schritt werden jene Aus-

[20] Vgl. im folgenden MATSCHKE, Entscheidungswert (1975), S. 387-390; ders., Ermittlung mehrdimensionaler Entscheidungswerte (1993), S. 8-10.

prägungen der konfliktlösungsrelevanten Sachverhalte ermittelt, die aus der Sicht des Bewertungssubjektes vorzuziehen, abzulehnen oder indifferent zu beurteilen sind, da sich bei einer Einigung der Verhandlungspartner auf derartige Parametergrößen ein höheres, niedrigeres oder gleich hohes Erfolgsniveau für diese Konfliktpartei ergibt. Die Grenze der Konzessionsbereitschaft, also den Entscheidungswert des Bewertungssubjektes bilden dabei all jene Ausprägungen der konfliktlösungsrelevanten Sachverhalte, die im Falle einer Einigung das gleiche, oder – im Falle von Unstetigkeitsbeziehungen – das minimal höhere Erfolgsniveau versprechen.

Ohne eine Einigung über die Veränderung der Eigentumsverhältnisse des Bewertungsobjektes kann die betrachtete Konfliktpartei wählen zwischen den Handlungsmöglichkeiten aus der Alternativenmenge $A = \{a_1, ..., a_j, ..., a_k\}$. Dabei ordnet das Bewertungssubjekt jeder Handlungsmöglichkeit $a_j \in A$ aufgrund der erwarteten Ergebniskonstellation und nach Maßgabe seiner Präferenzen einen bestimmten Erfolg $E(a_j)$ zu.[21] Ein rational agierendes Bewertungssubjekt wird dabei stets jene Handlungsmöglichkeit auswählen, die den maximalen Erfolg verspricht, so daß im Hinblick auf die optimale Alternative a_{opt} folglich gilt: $E(a_{opt}) = \max\{E(a_j) \mid a_j \in A\}$. Diese optimale Handlungsmöglichkeit a_{opt} wird als Basisprogramm[22] bezeichnet; ihren Erfolg $E(a_{opt})$ muß das Bewertungssubjekt – sofern es rational handelt – nach einer Einigung über die Änderung der Eigentumsverhältnisse der Unternehmung mindestens wieder erreichen.

Eine derartige Einigung kann lediglich dann zustandekommen, wenn sich die konfligierenden Parteien verständigt haben über die konfliktlösungsrelevanten Sachverhalte $\mathcal{S}_1, ..., \mathcal{S}_j, ..., \mathcal{S}_n$, die die Extensionen $s_1, ..., s_j, ..., s_n$ annehmen können. Jede der sich gegenseitig ausschließenden Kombinationen $(s_1, ..., s_j, ..., s_n)$ der Ausprägungen dieser Parameter stellt eine potentielle Einigungslösung dar; die Menge aller potentiellen Einigungslösungen ist $S = \{(s_1, ..., s_j, ..., s_n)\}$. Verständigen sich die Konfliktparteien auf die Lösung $(s_1, ..., s_n) \in S$, so kann das Bewertungssubjekt unter einer Menge $B(s_1, ..., s_j, ..., s_n) = \{b_1, ..., b_j, ..., b_p\}$ von Handlungsmöglichkeiten $b_j(s_1, ..., s_j, ..., s_n)$ wählen, denen es einen bestimmten Erfolg $E(b_j(s_1, ..., s_j, ..., s_n))$ zuordnet. Ein rational agierendes Bewertungssubjekt entscheidet sich dabei für diejenige Handlungsmöglichkeit $b_j(s_1, ..., s_j, ..., s_n)$, deren Erfolg maximal ist. Der Erfolg

21 Zur Problematik, Handlungsmöglichkeiten bestimmte Erfolge zuzuordnen, vgl. MATSCHKE, Entscheidungswert (1975), S. 75-113.

22 Das Basisprogramm bildet damit jene Kombination der Investitions- und Finanzierungsmöglichkeiten, die den Erfolg des Bewertungssubjektes ohne Einigung über die Veränderung der Eigentumsverhältnisse des Bewertungsobjektes maximiert. Die betrachtete Unternehmung ist folglich Bestandteil des Basisprogramms des präsumtiven Verkäufers, nicht aber des Käufers. Vgl. hierzu SIEBEN, Bewertungs- und Investitionsmodelle (1967), S. 33 f., der das Basisprogramm „Optimalprogramm" oder „optimales Programm" nennt, sowie MATSCHKE, Kompromiß als betriebswirtschaftliches Problem (1969), S. 59; ders., Gesamtwert der Unternehmung (1972), S. 153; ders., Entscheidungswert (1975), S. 252-255.

$E(b_j(s_1, ..., s_j, ..., s_n))$ dieser optimalen Alternative $b_{opt}(s_1, ..., s_j, ..., s_n)$ ist nach Maßgabe der Gleichung $E(b_{opt}(s_1, ..., s_j, ..., s_n)) = \max\{E(b_j(s_1, ..., s_j, ..., s_n)) \mid b_j(s_1, ..., s_j, ..., s_n) \in B(s_1, ..., s_j, ..., s_n)\} =: f(s_1, ..., s_j, ..., s_n)$ eine Funktion f der Konfliktlösung $(s_1, ..., s_j, ..., s_n)$. Ob eine Konfliktlösung $(s_1, ..., s_j, ..., s_n)$ für das Bewertungssubjekt annehmbar ist und damit zu einer Verständigung zwischen den konfligierenden Parteien führen kann, hängt dabei von der Höhe des Erfolges $E(b_{opt}(s_1, ..., s_j, ..., s_n))$ im Vergleich zum Erfolg $E(a_{opt})$ seines Basisprogramms ab. So kommen für die betrachtete Verhandlungsseite nur jene Konfliktlösungen als Einigungslösungen in Betracht, für die jeweils $E(b_{opt}(s_1, ..., s_j, ..., s_n)) \geq E(a_{opt})$ gilt.

Diejenigen Handlungsmöglichkeiten $b_{opt}(s_1, ..., s_j, ..., s_n)$, deren Erfolg $E(b_{opt}(s_1, ..., s_j, ..., s_n))$ dem Erfolg $E(a_{opt})$ des Basisprogramms gerade entspricht oder – bei Unstetigkeit der Funktion $E(b_{opt}(s_1, ..., s_j, ..., s_n)) = f(s_1, ..., s_j, ..., s_n)$ – ihn minimal übersteigt, stellen das Bewertungsprogramm $B^* := \{b_{opt}(s_1, ..., s_j, ..., s_n)^* \mid E(b_{opt}(s_1, ..., s_j, ..., s_n)^*) = \min\{E(b_{opt}(s_1, ..., s_j, ..., s_n)) \mid E(b_{opt}(s_1, ..., s_j, ..., s_n)) \geq E(a_{opt})$ sowie $(s_1, ..., s_j, ..., s_n) \in S$, $b_{opt}(s_1, ..., s_j, ..., s_n) \in B(s_1, ..., s_j, ..., s_n)$ und $a_{opt} \in A\}\}$ des Bewertungssubjektes dar.[23] Die Grenze der Konzessionsbereitschaft des Bewertungssubjektes und damit sein Entscheidungswert W im Hinblick auf die betrachtete Unternehmung sind daher diejenigen Kombinationen $(s_1, ..., s_j, ..., s_n)$ der Ausprägungen der konfliktlösungsrelevanten Sachverhalte, bei denen die Erfolge $E(b_{opt}(s_1, ..., s_j, ..., s_n))$ dem Erfolg $E(a_{opt})$ des Basisprogramms entsprechen oder ihn minimal übersteigen: $W := \{(s_1, ..., s_j, ..., s_n)^* \mid E(b_{opt}(s_1, ..., s_j, ..., s_n)^*) = \min\{E(b_{opt}(s_1, ..., s_j, ..., s_n)) \mid E(b_{opt}(s_1, ..., s_j, ..., s_n)) \geq E(a_{opt})$ sowie $(s_1, ..., s_j, ..., s_n) \in S$, $b_{opt}(s_1, ..., s_j, ..., s_n) \in B(s_1, ..., s_j, ..., s_n)$ und $a_{opt} \in A\}\}$.

1.4 Der Zukunftserfolgswert als spezieller Entscheidungswert

Verglichen mit dem allgemeinen Modell des Entscheidungswertes nach MATSCHKE, bei dem es sich um ein Totalmodell handelt, stellt das Zukunftserfolgswertverfahren eine spezielle Art der Entscheidungswertermittlung[24] dar, die nur für jene Bewer-

[23] Das Bewertungsprogramm stellt also eine Kombination der Investitions- und Finanzierungsmöglichkeiten bei einer Einigung über die Veränderung der Eigentumsverhältnisse des Bewertungsobjektes dar, so daß die betrachtete Unternehmung stets Bestandteil des Bewertungsprogramms des Käufers, nicht aber des Verkäufers ist. Vgl. zum Begriff des Bewertungsprogramms SIEBEN, Bewertungs- und Investitionsmodelle (1967), S. 33 f., der das Bewertungsprogramm auch als „Alternativprogramm“ bezeichnet, sowie MATSCHKE, Kompromiß als betriebswirtschaftliches Problem (1969), S. 61; ders., Gesamtwert der Unternehmung (1972), S. 153; ders., Entscheidungswert (1975), S. 252 f. und 255-257.

[24] Vgl. MATSCHKE, Entscheidungswert (1975), S. 23-25.

tungssubjekte zweckmäßig ist, die ausschließlich finanzielle Ziele[25] in Form einer Maximierung der Einzahlungsüberschüsse anstreben. Die Wertfindung beruht dabei nicht auf einer Total-, sondern lediglich einer Partialbetrachtung: Es wird im Rahmen des Zukunftserfolgswertverfahrens nicht das Bewertungsprogramm dem Basisprogramm gegenübergestellt, sondern das einzelne Bewertungsobjekt allein mit der günstigsten Alternativinvestition verglichen.[26] Das Zukunftserfolgswertverfahren führt dadurch zu einer Reduktion der Komplexität des Bewertungskalküls; aus Gründen der Vereinfachung soll es daher der in dieser Arbeit vorzunehmenden Analyse des Kultureinflusses auf den Unternehmungswert als Methode der Entscheidungswertermittlung zugrunde gelegt werden.

Unter dem Zukunftserfolgswert versteht man den Barwert der mit dem internen Zinsfuß der besten Alternativinvestition diskontierten Zahlungsüberschüsse, die die Unternehmung ihrem Eigner in der Zukunft verspricht. Der Zukunftserfolgswert zeigt damit dem potentiellen Verkäufer, wieviel er durch die Unternehmungsveräußerung mindestens erlösen muß, um den identischen Zielerfüllungsgrad wie mit der Unternehmung durch eine anderweitige Anlage des erhaltenen Betrages sicherzustellen. Analog gibt der Zukunftserfolgswert dem präsumtiven Käufer an, welchen Preis er höchstens für die Unternehmung zahlen kann, ohne das durch eine Alternativverwendung des entsprechenden Betrages erzielbare Erfolgsniveau zu unterschreiten.[27]

Bei einer endlichen Lebensdauer über die Perioden $t = (1, ..., T)$ der Unternehmung, einem Kalkulationszins i und Zahlungsüberschüssen in der Periode t in Höhe von e_t ergibt sich der Zukunftserfolgswert ZEW folglich aus:[28]

---

25 Zu der dem Zukunftserfolgswertverfahren zugrundeliegenden Annahme, daß das Bewertungssubjekt ausschließlich finanzielle Ziele verfolgt, vgl. BUSSE VON COLBE, Zukunftserfolg (1957), S. 18 f.; SIEBEN/SCHILDBACH, Bewertung ganzer Unternehmungen (1979), S. 459; SIEBEN, Unternehmensbewertung (1993), Sp. 4323.

26 Vgl. SIEBEN, Bewertungs- und Investitionsmodelle (1967), S. 133; des weiteren auch LAUX/FRANKE, Bewertung von Unternehmungen (1969), S. 205-223. Die mathematische Überführung des Entscheidungswertmodells nach MATSCHKE in den Zukunftserfolgswert findet sich bei HERING, Unternehmensbewertung (1999), S. 27 ff.

27 Vgl. zu Begriff und Aussage des Zukunftserfolgswertes BUSSE VON COLBE, Zukunftserfolg (1957), S. 11 f.; JAENSCH, Wert und Preis (1966) S. 23-33; MÜNSTERMANN, Wert und Bewertung (1966), S. 79-82; SIEBEN, Heterogene Ziele (1969), S. 81. Das Ergebnis einer solchen Wertfindung auf der Basis zukünftiger Zahlungsströme wird in der Literatur häufig auch als „Ertragswert“ bezeichnet.

28 Vgl. JAENSCH, Wert und Preis (1966), S. 35; MÜNSTERMANN, Wert und Bewertung (1966), S. 85; SIEBEN, Unternehmensbewertung (1993), Sp. 4323.

$$ZEW = \sum_{t=1}^{T} e_t \cdot (1+i)^{-t} .$$

Unter der Prämisse einer unendlichen Lebensdauer der Unternehmung und gleichbleibender Zahlungsüberschüsse e ergibt sich daraus die kaufmännische Kapitalisierungsformel:[29]

$$ZEW = \frac{e}{i} .$$

Soll der Zukunftserfolgswert einer Unternehmung mit unendlicher Lebensdauer ermittelt werden, erfolgt dabei meist die einzelne Abschätzung der jeweiligen Zahlungsüberschüsse e_t der Perioden t = (1, ..., T); für die weiteren Perioden werden dann gleichbleibende Zahlungsüberschüsse in Höhe von e veranschlagt.[30] Der Zukunftserfolgswert ergibt sich dann folglich aus:

$$ZEW = \sum_{t=1}^{T} e_t \cdot (1+i)^{-t} + \frac{e}{i} \cdot (1+i)^{-T} .$$

Die im Zukunftserfolgswertverfahren diskontierten Zahlungsströme setzen sich dabei zusammen aus denjenigen Überschüssen, die aus dem betriebsnotwendigen Vermögen resultieren, und solchen, die durch die Veräußerung des nicht betriebsnotwendigen Vermögens[31] erzielt werden.[32] Zu beachten ist in diesem Zusammenhang, daß sich die aus dem betriebsnotwendigen Vermögen entstehenden Zahlungsüberschüsse dabei sowohl aus der Geschäftstätigkeit als auch – bei endlicher unternehmerischer Betätigung – aus der Liquidation der Unternehmung ergeben können.[33]

---

29 Vgl. JAENSCH, Wert und Preis (1966), S. 35; MÜNSTERMANN, Wert und Bewertung (1966), S. 87 f.; SIEBEN, Unternehmensbewertung (1993), Sp. 4323.

30 Vgl. zu diesem Vorgehen beispielsweise INSTITUT DER WIRTSCHAFTSPRÜFER, Durchführung von Unternehmensbewertungen (1983), S. 471 und 478.

31 Voraussetzung ist dafür selbstverständlich, daß die zum Verkauf stehende Unternehmung nicht ausschließlich betriebsnotwendiges, sondern auch nicht betriebsnotwendiges Vermögen besitzt.

32 Vgl. MATSCHKE, Ermittlung mehrdimensionaler Entscheidungswerte (1993), S. 16 f.; SIEBEN, Unternehmensbewertung (1993), Sp. 4323.

33 Vgl. JAENSCH, Wert und Preis (1966), S. 35.

Bei dem auf Zerschlagungsplanungen basierenden Liquidationswert der Unternehmung handelt es sich daher ebenfalls um einen Zukunftserfolgswert.[34] Die von BAETGE/KRUMBHOLZ[35] vertretene Meinung, der Liquidationswert stelle „eine besondere Form des Substanzwertes" dar, ist somit nicht haltbar; ebenso unzutreffend ist die von HASE[36] angestellte Behauptung, eine auf Zahlungsströmen basierende Bewertung setze die Fortführung der Unternehmung voraus. Die Kritik von VIEL/BREDT/RENARD[37], die dem Zukunftserfolgswertverfahren eine „Nichtberücksichtigung von Art und Umfang des Substanzwertes als Basiswert" vorwerfen und darin einen „schwerwiegenden Fehler" sehen, der sich insofern zeige, als „eine Unternehmung nicht den gleichen Wert haben kann, wenn sich der Verkäufer vor dem Verkauf gewisse Vermögenswerte aneignet, wie wenn er sie im Unternehmen beläßt", ist folglich ebenfalls nicht nachvollziehbar: Sowohl die aus dem betriebsnotwendigen als auch aus etwaigem nicht betriebsnotwendigen Vermögen resultierenden Zahlungsströme finden im Rahmen des Zukunftserfolgswertverfahrens eine entsprechende Berücksichtigung. In doppelter Hinsicht unzutreffend ist daher auch die Ansicht von SPIELBERGER[38], daß „nicht betriebsnotwendiges Vermögen nicht in die Ertragswertberechnung miteinzubeziehen, sondern zum Liquidationswert zu bewerten und zum Ertragswert hinzuzuzählen" sei: Zum einen ist das nicht betriebsnotwendige Vermögen durchaus in der Ertragswertberechnung zu berücksichtigen; zum anderen handelt es sich bei dem Liquidationswert – wie bereits erläutert – nicht um eine eigenständige Wertform, sondern vielmehr um einen speziellen Ertrags-, das heißt Zukunftserfolgswert.

Bei der Ermittlung des Zukunftserfolgswertes sind insbesondere drei Bewertungsgrundsätze zu beachten, und zwar der Grundsatz der Gesamtbewertung, der Grundsatz der Zukunftsbezogenheit und der Grundsatz der Subjektivität.[39] Der *Grundsatz der Gesamtbewertung* besagt, daß im Rahmen der Unternehmungswertermittlung nicht die Summe der Einzelwerte der im Betrieb vorhandenen Vermögensteile ermittelt wird, sondern vielmehr der Gesamtwert der Unternehmung als wirtschaftlicher Einheit. Dieser Gesamtwert ist regelmäßig nicht identisch mit der Summe der betrieblichen Einzelwerte, denn die „Unternehmung weist als ein nach einem einheitlichen Organisationsplan wirtschaftendes soziales Gebilde eine Ganzheitsstruktur auf"[40],

---

34 Vgl. BUSSE VON COLBE, Zukunftserfolg (1957), S. 24 f.; OLBRICH, Unternehmensbewertung (1981), S. 82; MATSCHKE, Bewertung ertragsschwacher Unternehmungen (1984), S. 548.

35 BAETGE/KRUMBHOLZ, Akquisition und Unternehmensbewertung (1991), S. 25.

36 Vgl. HASE, Integration (1996), S. 49.

37 VIEL/BREDT/RENARD, Bewertung von Unternehmungen (1975), S. 60.

38 SPIELBERGER, Krisenunternehmen (1996), S. 155.

39 Vgl. BALLWIESER/LEUTHIER, Grundprinzipien und Probleme der Unternehmensbewertung (1986), S. 548 f.; MATSCHKE, Wertarten nach Art ihrer Ermittlung (1992), S. 871.

40 MÜNSTERMANN, Wert und Bewertung (1966), S. 18.

so daß aus dem Zusammenwirken der einzelnen Betriebskomponenten Kombinationseffekte entstehen, die zu einer positiven oder negativen Differenz zwischen dem Gesamtwert und der Einzelwertsumme führen.[41]

Der *Grundsatz der Zukunftsbezogenheit* verlangt, daß allein die in der Zukunft aus der Unternehmung resultierenden Zahlungsströme in die Bestimmung des Entscheidungswertes einfließen. Eine derartige Vorgehensweise ist dabei deshalb notwendig, weil allein die zukünftigen Nettoentnahmen für den Unternehmungseigner von Nutzen sind; vergangene betriebliche Erfolge sind im Hinblick auf seine Zielerfüllung dagegen bedeutungslos.[42]

Die Ermittlung des Zukunftserfolgswertes ist daher stets mit dem Problem der Unsicherheit verbunden, denn dem Bewertenden ist es in aller Regel unmöglich, die in der Zukunft liegenden ökonomischen Einflußfaktoren und damit die aus der Unternehmung fließenden Zahlungsströme genau vorauszusehen. Aufgrund derartiger Prognoseprobleme tut der Bewertungsgutachter daher gut daran, in bezug auf die zu erwartenden Zahlungsströme keine scheinbar exakten Punktschätzungen vorzunehmen, sondern sich vielmehr damit zu begnügen, eine Bandbreite möglicher Erfolge und bestenfalls darüber hinaus ihre jeweiligen Eintrittswahrscheinlichkeiten zu schätzen.[43]

Eine solche mehrwertige Erfolgsschätzung bietet den Vorteil, daß der Bewertungsgutachter die persönliche Risikoneigung seines Mandanten in die Bewertung einbeziehen kann, indem der Wertermittlung jeweils ein Betrag zugrunde gelegt wird, der dem Bewertungssubjekt gemäß seiner Risikoneigung gegenüber der Verteilung möglicher Erfolge subjektiv gleichwertig erscheint.[44] Zu beachten ist bei der Verwendung derartiger sogenannter „Sicherheitsäquivalente" allerdings, daß sich die Zahlungsstromerwartungen und der Kapitalisierungszins in ihrer Unsicherheitsdimen-

---

41 Vgl. AULER, Unternehmung als Wirtschaftseinheit (1926/27), S. 42; THEISINGER, Bewertung der Unternehmung (1933), S. 166; MÜNSTERMANN, Gesamtwert des Betriebes (1952), S. 211; ders., Wert und Bewertung (1966), S. 18-20; BALLWIESER/LEUTHIER, Grundprinzipien und Probleme der Unternehmensbewertung (1986), S. 548.

42 Vgl. SCHMALENBACH, Werte von Anlagen und Unternehmungen (1917/18), S. 1 und 11; MELLEROWICZ, Wert der Unternehmung (1952), S. 47; MÜNSTERMANN, Wert und Bewertung (1966), S. 20 f.; BALLWIESER/LEUTHIER, Grundprinzipien und Probleme der Unternehmensbewertung (1986), S. 548.

43 Vgl. MOXTER, Grundsätze (1983), S. 116 f. Bei der Prognose der zukünftigen Zahlungsströme im Rahmen des Zukunftserfolgswertverfahrens ist der Bewertungsgutachter selbstverständlich bestrebt, die erfolgsbeeinflussenden unternehmungsinternen und -externen Gegebenheiten des Bewertungsobjektes so umfassend wie möglich zu berücksichtigen. Vollkommen unverständlich ist daher der Vorwurf von KITTNER, Human Resources (1997), S. 2286, daß „ ‚Human Ressources' (sic!) [...] in dieser Rechnung – wenn überhaupt – explizit nicht als Potential, sondern nur als Risiko" auftauchten.

44 Vgl. SIEBEN/SCHILDBACH, Bewertung ganzer Unternehmungen (1979), S. 460.

sion entsprechen müssen. So ist es entweder möglich, die erwarteten Zahlungsströme in Sicherheitsäquivalente zu transformieren und mit dem Zinssatz einer quasisicheren Alternativanlage abzuzinsen, oder den Erwartungswert der zukünftigen Nettoentnahmen mit einem risikoangepaßten Zinssatz zu diskontieren.[45]

Der *Grundsatz der Subjektivität* beinhaltet die bereits geschilderten Prinzipien der Zielsystem- und Entscheidungsfeldbezogenheit der Wertermittlung. Neben den vom Bewertungssubjekt für möglich gehaltenen Zahlungsströmen, ihren geschätzten Eintrittswahrscheinlichkeiten und ihrer Transformation in Sicherheitsäquivalente ist unter anderem auch der im Zukunftserfolgswertverfahren verwendete Kapitalisierungszinsfuß subjektbezogen, denn er ergibt sich aus dem internen Zins der besten Alternativinvestition im Entscheidungsfeld des Bewertungssubjektes.[46] Darüber hinaus ist der Zukunftserfolgswert auch insofern subjektbezogen, als die in seine Ermittlung eingehenden Zahlungsströme von der jeweiligen zukünftigen Geschäftspolitik des Unternehmungseigners abhängig sind. So geht der präsumtive Käufer des Akquisitionsobjektes folglich bei der Abschätzung der möglichen Nettoentnahmen nicht von dem bisherigen Management des Verkäufers aus, sondern legt der Erfolgsprognose selbstverständlich seine eigenen, zukünftigen Fortführungs- oder Zerschlagungsplanungen zugrunde.[47]

Nicht zuletzt verlangt der Grundsatz der Subjektivität auch, bei der Prognose der zukünftigen Zahlungsströme Verbundeffekte, die auch als „Synergieeffekte" bezeichnet werden, zu beachten, also – aus der Sicht eines institutionellen präsumtiven Käufers – jene Erfolgsmehrungen oder Erfolgsminderungen in den Entscheidungs-

[45] Vgl. BALLWIESER, Komplexitätsreduktion bei einer prognose-orientierten Unternehmensbewertung (1980), S. 53; ders., Die Wahl des Kalkulationszinsfußes bei der Unternehmensbewertung (1981), S. 102; MOXTER, Grundsätze (1983), S. 146-158; SIEBEN, Unternehmensbewertung (1993), Sp. 4325. Der pauschalen Behauptung von HASE, Integration (1996), S. 50, der bei der Wertfindung verwendete Diskontierungsfaktor spiegele das mit der Unternehmungstätigkeit verbundene Risiko wider, kann somit nicht zugestimmt werden.

[46] Vgl. zur Problematik der Ermittlung des Kapitalisierungszinsfußes insbesondere ARBEITSKREIS „UNTERNEHMENSBEWERTUNG IM RAHMEN DER UNTERNEHMERISCHEN ZIELSETZUNG", Unternehmungsbewertung als Entscheidungsgrundlage (1976), S. 104-109; SIEBEN/SCHILDBACH, Bewertung ganzer Unternehmungen (1979), S. 460 f.; OLBRICH, Unternehmensbewertung (1981), S. 63-70; SIEBEN, Unternehmensbewertung (1993), Sp. 4323-4325; HERING, Investitionstheorie (1995). Zu der sich aus der Subjektbezogenheit des Kapitalisierungszinsfußes ergebenden Konsequenz für das Konzept des „Shareholder Value" vgl. SPECKBACHER, Shareholder Value (1997), S. 632; ders., Corporate Governance-Debatte (1998), S. 96.

[47] Vgl. SCHMALENBACH, Werte von Anlagen und Unternehmungen (1917/18), S. 4; BUSSE VON COLBE, Zukunftserfolg (1957), S. 143 f.; MOXTER, Grundsätze (1983), S. 23; BALLWIESER/LEUTHIER, Grundprinzipien und Probleme der Unternehmensbewertung (1986), S. 549. Geradezu grotesk wirkt vor dem Hintergrund des dem Zukunftserfolgswertverfahren zugrundeliegenden Grundsatzes der Subjektivität die Behauptung von BECK, Unternehmensbewertung bei Akquisitionen (1996), S. 149, alle Methoden der Unternehmungsbewertung mißachteten die handlungsleitenden Ziele des präsumtiven Unternehmungskäufers.

wert einfließen zu lassen, die sich aus der Zusammenführung des Akquisitionsobjektes und der Käuferunternehmung ergeben.[48] Derartige Integrationswirkungen sind folglich dadurch charakterisiert, daß der Zukunftserfolgswert der nach der Akquisition entstehenden neuen wirtschaftlichen Einheit aus Akquisitionsobjekt und Käuferunternehmung ZEW_{AK} ungleich der Summe aus dem Zukunftserfolgswert des isolierten Akquisitionsobjektes ZEW_A und dem Zukunftserfolgswert der isolierten Käuferunternehmung ZEW_K ist:[49]

$$ZEW_{AK} \neq ZEW_A + ZEW_K$$

Der Einfluß des Synergieeffektes auf den Entscheidungswert des Käufers ZEW_{SE} entspricht damit also der Differenz zwischen ZEW_{AK} und der Summe aus ZEW_A und ZEW_K:

$$ZEW_{SE} = ZEW_{AK} - (ZEW_A + ZEW_K)$$

Ist der Zukunftserfolgswert der nach der Unternehmungsakquisition entstehenden neuen wirtschaftlichen Einheit aus Akquisitionsobjekt und Käuferunternehmung ZEW_{AK} größer als die Summe aus ZEW_A und ZEW_K, spricht man von einem positiven Synergieeffekt; ist er dagegen geringer, liegt ein negativer Synergieeffekt vor.[50]

---

48 Vgl. BUSSE VON COLBE, Zukunftserfolg (1957), S. 155; ARBEITSKREIS „UNTERNEHMENSBEWERTUNG IM RAHMEN DER UNTERNEHMERISCHEN ZIELSETZUNG", Unternehmungsbewertung als Entscheidungsgrundlage (1976), S. 104 und 109-112; SIEBEN, Entscheidungswert in der Funktionenlehre (1976), S. 497 f.; ders., Beratungsfunktion (1977), S. 65 f.; BÖRNER, Unternehmensbewertung (1980), S. 119; SIEBEN/ZAPF, Grundlage unternehmerischer Entscheidungen (1981), S. 14-18; MOXTER, Grundsätze (1983), S. 23; LUTZ/MATSCHKE, Bewertung von Sacheinlagen (1992), S. 745; BUSSE VON COLBE, Berücksichtigung von Synergien (1994), S. 598. Der von GÖSCHE, Unternehmensbewertung (1993), S. 183 getätigten Äußerung, daß sich „nur durch die Synergien [...] Kaufpreise über den eigentlichen Wert der Unternehmung hinaus erklären und rechtfertigen" ließen, kann somit nicht zugestimmt werden, denn Synergieeffekte gehen in den Unternehmungswert mit ein und sind nicht etwa zusätzlich zu ihm zu berücksichtigen. Ein derart ermittelter Entscheidungswert des Käufers stellt die Grenze seiner Konzessionsbereitschaft dar, so daß der zwischen den Konfliktparteien ausgehandelte Preis einer zum Verkauf stehenden Unternehmung diesem Wert maximal entsprechen, ihn aber – unter der Annahme eines rational handelnden Erwerbers – nicht überschreiten kann.

49 Vgl. EISENFÜHR, Beteiligungen mit Verbundeffekt (1971), S. 467; KÜTING, Verbundeffekte im Rahmen der Unternehmungsbewertung (1981), S. 176; SIEBEN/SIELAFF, Unternehmensakquisition (1989), S. 57; BALLWIESER, Unternehmensbewertung und Komplexitätsreduktion (1990), S. 72.

50 Gelegentlich findet sich in der Literatur – vgl. beispielsweise ADOLF/CRAMER/OLLMANN, Fusionen im Bankwesen (1991), S. 8; HOPFENBECK, Managementlehre (1996), S. 199 – statt der Unterscheidung zwischen positiver und negativer Synergie die Differenzierung in „Syner-

Obwohl meist von *dem* Synergieeffekt gesprochen wird, ist allerdings zu beachten, daß es sich dabei im Regelfall nicht um eine einzelne Verbundwirkung handelt. Der durch den obigen Vergleich der Zukunftserfolgswerte ermittelte Synergieeffekt stellt vielmehr einen Gesamtsynergieeffekt dar, denn es handelt sich bei ihm um einen Saldo, der sich aus den verschiedensten positiven wie negativen Teilsynergieeffekten, die im Rahmen einer Unternehmungsverbindung auftreten, zusammensetzt.[51] Als Grenzfall ist es daher möglich, daß es im Rahmen des Zusammenschlusses zwischen der Käuferunternehmung und dem Akquisitionsobjekt zwar zu diversen positiven und negativen Verbundeffekten kommt, die sich bezüglich ihrer jeweiligen Einflußnahmen auf den Zukunftserfolgswert aber vollständig ausgleichen. Trotz der Vielzahl der synergistischen Wirkungen kommt es dann folglich nicht zu einem Gesamtsynergieeffekt, so daß sich ZEW_{AK} und die Summe aus ZEW_A und ZEW_K entsprechen.

gie" und „Dyssynergie". Einer solchen Einteilung kann hier nicht gefolgt werden, denn der aus dem Griechischen stammende Begriff der Synergie bedeutet nichts anderes als „Zusammenwirken" (syn = zusammen, ergon = Werk) und sagt daher noch nichts darüber aus, ob die dadurch erzeugten Effekte positiver oder negativer Art sind.

51 Vgl. KÜTING, Verbundeffekte im Rahmen der Unternehmungsbewertung (1981), S. 177; SIEBEN/SIELAFF, Unternehmensakquisition (1989), S. 57.

2. Die Unternehmungskultur

2.1 Die Problembereiche der externen Adaption und internen Integration

Der Begriff der Unternehmungskultur wurde eingangs definiert als die Gesamtheit der Grundannahmen, Wertvorstellungen und Normen, die die Angehörigen einer Unternehmung erlernt haben, um die Probleme ihrer Gruppe in bezug auf die Anpassung an die Außenwelt und ihren inneren Zusammenhalt bewältigen zu können. Die Unternehmungskultur stellt folglich den komplexen Lösungsmechanismus der Unternehmungsmitglieder dar, mit dessen Hilfe sie diese Schwierigkeiten zu meistern suchen. Will man das Phänomen der Unternehmungskultur eingehender analysieren, ist es daher notwendig, zunächst die Problembereiche der externen Adaption und internen Integration näher zu betrachten, denn sie stellen den Hintergrund dar, vor dem sich jede Unternehmungskultur entwickelt.

Die erfolgreiche *externe Adaption* und damit das Überleben der Unternehmung in der Außenwelt setzen voraus, daß sich die Unternehmungsmitglieder gemeinsame Vorstellungen bilden im Hinblick auf die „Mission", das heißt die primäre Aufgabe der Unternehmung, die Ziele, die sich aus dieser Mission ableiten, die Mittel, mit denen diese Ziele erreicht werden können, die Kriterien, anhand derer der Grad der Zielrealisierung gemessen werden kann und die Möglichkeiten einer Kurskorrektur, wenn das Ausmaß der Zielerfüllung unbefriedigend ausfällt.[52]

So gewährleistet eine gemeinsame Definition der Mission der Unternehmung einen Konsens zwischen den Unternehmungsangehörigen bezüglich der eigentlichen Aufgabe, auf deren Erfüllung sich alle betrieblichen Tätigkeiten letztendlich richten. Beispiele für die Mission einer Unternehmung sind die Gewinnmaximierung oder die Sicherung und Schaffung von Arbeitsplätzen. Des weiteren muß Einigkeit darüber bestehen, welche Unternehmungsziele sich aus der Mission ergeben, das heißt beispielsweise, welche Güter in welcher Menge hergestellt und am Markt angeboten werden.[53] Um die aus der Mission entwickelten Ziele erfolgreich zu verfolgen, bedarf es darüber hinaus gemeinsamer Vorstellungen der Unternehmungsmitglieder, welche Mittel einzusetzen sind, um die Zielvorgaben zu erfüllen. Dies betrifft unter anderem die Gestaltung der Organisationsstruktur, der monetären und nicht monetä-

---

[52] Vgl. zu diesen Voraussetzungen der externen Adaption und ihrer weiteren Erläuterung SCHEIN, Role of the Founder (1983), S. 15; ders., Awareness of Organizational Culture (1984), S. 9 f.; ders., Culture and Leadership (1992), S. 51-69.

[53] Die „Mission" der Unternehmung kann daher auch als ihr Oberziel interpretiert werden; die sich aus der Mission ergebenden „Ziele" der Unternehmung sind dann entsprechend als Unterziele zu verstehen.

ren Anreizmechanismen sowie der Informations- und Kontrollsysteme der Unternehmung. So kann eine Gesellschaft[54] beispielsweise eine divisionale Organisationsstruktur, eine sehr erfolgsabhängige Entlohnung und einen ungefilterten Informationsfluß bevorzugen, wogegen eine andere Unternehmung eine funktionale Organisation, eine an der Dauer der Betriebszugehörigkeit orientierte Entlohnung und eine stark restriktive Informationspolitik als geeignete Mittel zur Erreichung ihrer Zielsetzungen ansieht.

Um beurteilen zu können, welcher Grad der Zielrealisierung im einzelnen erreicht wird, bedarf es ebenfalls der Einigkeit zwischen den Unternehmungsangehörigen, anhand welcher Kriterien die Zielerfüllung gemessen werden soll. Derartige Kriterien können beispielsweise die in einem bestimmten Zeitraum erreichten Steigerungen des Umsatzes oder der Marktanteile sein. Ein weiterer, für die erfolgreiche externe Anpassung notwendiger Konsens zwischen den Mitgliedern der Unternehmung betrifft die für eine Kurskorrektur notwendigen Maßnahmen, falls die Messung des jeweiligen Zielerreichungsgrades keine zufriedenstellenden Ergebnisse erbracht hat. Derartige Korrekturmaßnahmen können sich zum Beispiel äußern in der Verstärkung der Forschungs- und Entwicklungsaktivitäten, einer Entlassung von Mitarbeitern oder der Veräußerung von Unternehmungsteilen.

Die Lösung des Problems der *internen Integration*, also der Abstimmung und des Zusammenhalts innerhalb der Gruppe der Unternehmungsangehörigen, setzt voraus, daß die Gruppenmitglieder eine gemeinsame Sprache und Bedeutungskategorien entwickeln, Kriterien aufstellen, die über die Gruppenzugehörigkeit entscheiden, Macht und Autorität innerhalb der Gruppe verteilen, Normen im Hinblick auf Vertrautheit, Freundschaft und Liebe zwischen den Gruppenangehörigen entwerfen, positives und negatives Verhalten sowie seine Sanktionierung definieren und nicht zuletzt einen „Glauben“, eine „Religion“ entwickeln, mit der das Unerklärliche erklärt werden kann.[55]

So benötigen die Unternehmungsmitglieder eine gemeinsame Sprache, um miteinander kommunizieren und die Vorgänge innerhalb und außerhalb der Gruppe interpretieren zu können; die geteilten Bedeutungskategorien dienen dazu, die Wahrnehmungen und Gedanken der Gruppenangehörigen zu strukturieren, indem die als unwesentlich erachteten Dinge herausgefiltert und lediglich die für wichtig gehaltenen Aspekte in das Blickfeld gerückt werden. Durch derartige Prozesse kommt es zu einer Reduktion der Komplexität der Realität und somit zu einem Abbau von Un-

54 Der Begriff der Gesellschaft wird in der vorliegenden Arbeit synonym zu den Termini „Unternehmung“ und „Betrieb“ gebraucht und schließt so den Fall der Einzelunternehmung mit ein.

55 Vgl. zu diesen Elementen der internen Integration und ihrer weiteren Erläuterung SCHEIN, Role of the Founder (1983), S. 15; ders., Awareness of Organizational Culture (1984), S. 10 f.; ders., Culture and Leadership (1992), S. 70-93.

sicherheiten, was eine notwendige Voraussetzung für jedes koordinierte Handeln der Gruppenmitglieder darstellt.

Darüber hinaus muß Einigkeit dahingehend bestehen, wer ein Mitglied der Gruppe ist und wer nicht und anhand welcher Kriterien diese Unterscheidung getroffen wird. Eine Klärung dieser Fragestellungen ist insofern von Bedeutung, als die Probleme der inneren Abstimmung und des Zusammenhalts nicht adäquat lösbar sind, solange unklar bleibt, auf welche Art und Weise sich die Gruppe überhaupt definiert. Ein Kriterium der Zugehörigkeit zu der Gruppe der Unternehmungsmitglieder kann beispielsweise der Arbeitsvertrag darstellen, der zwischen der Unternehmung und den in ihr tätigen Personen geschlossen wird.

Einer Konsensfindung bedarf es auch im Hinblick auf die Verteilung von Macht und Autorität zwischen den einzelnen Betriebsangehörigen; durch eine solche „Schichtenbildung“ werden Regelungen entwickelt, wie mit Aggressionen und Beherrschungsbestrebungen innerhalb der Gruppe umzugehen ist. Kriterien für die Verteilung von Macht zwischen den Gruppenmitgliedern können beispielsweise die jeweilige Dauer ihrer Unternehmungszugehörigkeit, Qualität und Quantität ihrer Arbeitsleistung oder ihr Bildungsstand darstellen. Parallel zu einer derartigen Verständigung über Autoritätsprobleme bedarf es auch einer Einigung, welche Regeln gelten in bezug auf die Handhabung von zwischen den Unternehmungsangehörigen entstehenden Gefühlen wie Vertrautheit und Freundschaft. Einen weiteren Bereich der Konsensfindung stellen die Definition und Verteilung positiver und negativer Sanktionen dar. So kann die Entsendung eines Unternehmungsmitglieds in eine Auslandstochter in der einen Unternehmung eine „Bestrafung“ in Form eines „Abschiebens“ darstellen, in einem anderen Betrieb dagegen als „Belohnung“ gemeint sein, da der Entsandte eine „Botschafterrolle“ ausübt und eine erhöhte Verantwortung übernimmt. Nicht zuletzt entwickelt die Gruppe von Unternehmungsmitgliedern eine Art „Glauben“, mit dessen Hilfe an sich unerklärliche, mysteriöse und daher angsteinflößende Geschehnisse erklärt werden können. So entstehen in jeder Unternehmung Geschichten und Mythen, wie beispielsweise ein ungewöhnlich schnelles Unternehmungswachstum erzielt oder eine unerwartet aufgetretene schwere Krise überwunden wurde.

Durch die eingehendere Betrachtung der Problembereiche der externen Adaption und internen Integration wird deutlich, daß die Unternehmungskultur ein außerordentlich facettenreiches Phänomen darstellt, das sich aus vielen einzelnen Dimensionen zusammensetzt. Zu beachten ist dabei allerdings, daß die gezeigten Aspekte keineswegs unabhängig voneinander sind; es bestehen vielmehr erhebliche Interdependenzen sowohl zwischen den einzelnen Fragestellungen eines Problembereiches als auch zwischen den beiden Problembereichen selbst.[56]

56 Vgl. SCHEIN, Culture and Leadership (1992), S. 68 und 93.

2.2 Die Wirkungsweise der Unternehmungskultur

Aufbauend auf den gezeigten Problemstellungen der externen Adaption und internen Integration können im Ergebnis drei Wirkungen unterschieden werden, die von der Unternehmungskultur auf die jeweiligen Träger der Grundannahmen, Werte und Normen ausgehen, und zwar die Orientierungswirkung, die Koordinationswirkung und die Motivationswirkung.

Eine *Orientierungswirkung* entfaltet die Kultur insofern, als sie den Unternehmungsangehörigen deutlich macht, worauf sich ihre betrieblichen Aktivitäten zu richten haben. Eine derartige Handlungsorientierung kommt dabei durch die geteilten Vorstellungen über die Aufgaben der Unternehmung und die Wege zu ihrer Erfüllung zustande; darüber hinaus ergibt sie sich aus den gemeinsamen Interpretationsschemata und Bedeutungskategorien, die die Komplexität der Realität reduzieren und Vorgaben für das tägliche Handeln vermitteln.[57]

Koordinierend wirkt die Unternehmungskultur, indem die durch sie geschaffene Handlungsorientierung die grundsätzlichen Aufgabenstellungen aufzeigt, auf deren Erfüllung sich die betrieblichen Aktivitäten der Unternehmungsmitglieder auch ohne explizite Weisungen richten sollen. Fallweise Handlungsanleitungen und formale Regelwerke werden dadurch zumindest teilweise ersetzt durch eine gemeinsame Grundausrichtung, die informale Verhaltensregeln bereitstellt und die Aktivitäten der Betriebsangehörigen legitimiert. Darüber hinaus erleichtert die Unternehmungskultur die Abstimmung der individuellen Handlungen, indem die Kommunikation zwischen den Unternehmungsmitgliedern durch die gemeinsame Sprache, die geteilten Interpretationsmuster und Bedeutungskategorien erheblich verbessert wird. Des weiteren begünstigen die durch die Unternehmungskultur bestehenden Konsensbereiche zwischen den Betriebsangehörigen kürzere Problemlösungsprozesse, eine breitere Akzeptanz der getroffenen Entscheidungen und damit deren zügige Umsetzung.[58]

Motivationswirkungen gehen von der Kultur insofern aus, als die von allen Unternehmungsmitgliedern gemeinsam getragenen Wertvorstellungen eine Identifikation des einzelnen mit der Gesellschaft fördern; ein dadurch entstehendes „Wir-Gefühl"

---

57 Vgl. ULRICH, Systemsteuerung (1984), S. 313; SCHREYÖGG, Konsequenzen starker Unternehmenskulturen (1989), S. 97; KRYSTEK/ZUR, Kultur und Strategie (1990), S. 17; STEINMANN/SCHREYÖGG, Management (1993), S. 598; ROLLBERG, Strategische Unternehmensführung (1996), S. 46 f.

58 Vgl. ULRICH, Systemsteuerung (1984), S. 313; SCHOLZ, Unternehmenskultur (1986), S. 224; SCHREYÖGG, Konsequenzen starker Unternehmenskulturen (1989), S. 97 f.; STEINMANN/SCHREYÖGG, Management (1993), S. 598; STAEHLE, Management (1994), S. 486; ROLLBERG, Strategische Unternehmensführung (1996), S. 47.

stärkt das Selbstbewußtsein der Betriebsangehörigen und steigert ihre Bereitschaft, sich für die Unternehmung zu engagieren.[59]

Neben den gezeigten positiven Wirkungen, die aus der Unternehmungskultur erwachsen und – in Abhängigkeit von ihrem jeweiligen Ausmaß – zu erheblichen kulturbedingten Wettbewerbsvorteilen einer Unternehmung führen können, kann die Kultur allerdings auch mit negativen Effekten einhergehen, die sich für die betroffene Gesellschaft dann unter Umständen als Wettbewerbsnachteile herausstellen. So kann das von den Betriebsangehörigen geteilte Muster von Basisannahmen, Werten und Normen aufgrund seiner früher stets erfolgreichen Anwendung derart internalisiert sein und als absolut angesehen werden, daß Kritik, Warnsignale oder neue Anforderungen, die zu der existierenden Unternehmungskultur im Widerspruch stehen, verdrängt werden. Ein derartiges Abschotten der Gesellschaft vor „nicht kulturkonformen“ Informationen geht dabei meist einher mit einer mangelnden Veränderungsbereitschaft der Unternehmungskultur. Unbequeme, der herrschenden Kultur zuwiderlaufende Vorschläge werden von den Betriebsangehörigen frühzeitig blockiert sowohl aus der mangelnden Einsicht, daß geänderte Bedingungen eine Umgestaltung der bisher erfolgreichen kulturellen Muster notwendig machen, als auch aus der Angst, den gewohnten, sinnstiftenden, Sicherheit bietenden kulturellen Orientierungsrahmen zu verlieren.[60]

2.3 Die Stärke der Unternehmungskultur

Das Ausmaß, in dem die dargestellten positiven wie negativen Kulturwirkungen zum Tragen kommen können, hängt – neben dem jeweiligen Inhalt der kulturellen Vorstellungen der Betriebsangehörigen – insbesondere von der Stärke ab, die die betrachtete Unternehmungskultur aufweist; je stärker eine Kultur ist, desto ausgeprägter sind auch die von ihr verursachten Wirkungen. Die Bestimmung der Stärke der Unternehmungskultur hat dabei anhand von drei verschiedenen Kriterien zu

---

59 Vgl. ULRICH, Systemsteuerung (1984), S. 312; SCHOLZ, Unternehmenskultur (1986), S. 224; SCHREYÖGG, Konsequenzen starker Unternehmenskulturen (1989), S. 98; STEINMANN/SCHREYÖGG, Management (1993), S. 598; STAEHLE, Management (1994), S. 486; ROLLBERG, Strategische Unternehmensführung (1996), S. 47.

60 Vgl. LORSCH, Invisible Barrier to Change (1985), S. 90 f.; SCHREYÖGG, Konsequenzen starker Unternehmenskulturen (1989), S. 99; KRYSTEK, Entwicklung und Kultur der Unternehmung (1989), S. 187; KRYSTEK/ZUR, Kultur und Strategie (1990), S. 17; STEINMANN/SCHREYÖGG, Management (1993), S. 599 f.; ROLLBERG, Strategische Unternehmensführung (1996), S. 47.

erfolgen, und zwar der Prägnanz der Kultur, ihrer Verankerungstiefe und ihrem Verbreitungsgrad.[61]

Die *Prägnanz* der Unternehmungskultur beschreibt die Eindeutigkeit und Vollständigkeit der kulturellen Vorstellungen der Unternehmungsmitglieder. So zeichnen sich starke Unternehmungskulturen dadurch aus, daß ihre einzelnen Bestandteile relativ konsistent und widerspruchsfrei sind und den Kulturträgern daher einen klaren Orientierungsrahmen vorgeben. Darüber hinaus besitzen starke Kulturen ein solch umfassendes Muster an Basisannahmen, Werten und Normen, daß die Unternehmungsmitglieder diese Vorstellungen in möglichst vielen Situationen als richtungsweisend und sinnstiftend empfinden können.

Das Kriterium der *Verankerungstiefe* stellt darauf ab, inwieweit die kulturellen Muster von den Betriebsangehörigen lediglich vordergründig übernommen oder tatsächlich internalisiert worden sind. So kann das kulturkonforme Verhalten der Unternehmungsmitglieder danach unterschieden werden, ob es das Resultat einer kalkulierten, opportunistischen Anpassung an die Unternehmungskultur darstellt, um innerhalb der Gruppe nicht negativ aufzufallen, oder ob es auf einer durch wirkliche Überzeugung entstandenen Verinnerlichung der kulturellen Vorstellungen basiert. Eine Unternehmungskultur ist danach umso stärker, je tiefer ihre Bestandteile von den Kulturträgern internalisiert worden sind.

Der *Verbreitungsgrad* einer Unternehmungskultur gibt an, wie viele der Betriebsangehörigen sich in ihrem Denken und Handeln von den kulturellen Mustern leiten lassen. Ist der Verbreitungsgrad hoch, das heißt, teilt eine Vielzahl – im Grenzfall sogar die Gesamtheit – der Unternehmungsmitglieder die kulturellen Vorstellungen, spricht dies für eine starke Unternehmungskultur; ein niedriger Verbreitungsgrad ist dagegen das Merkmal einer Schwäche der kulturellen Orientierungsrahmen.

Ist der Verbreitungsgrad der Unternehmungskultur vergleichsweise gering, kann es nach bestimmten Kriterien abgegrenzte Teilsysteme innerhalb der Unternehmung geben, die ihre eigenen kulturellen Muster herausgebildet haben. Zu einer solchen Bildung von Subkulturen kann es unter anderem in nach funktionalen, divisionalen, hierarchischen oder räumlichen Gesichtspunkten abgegrenzten Bereichen kommen. Um eine funktionale Subkulturbildung handelt es sich beispielsweise, wenn innerhalb der Unternehmung eine eigenständige „Forschungs- und Entwicklungskultur" oder „Marketingkultur" existiert; analog liegen divisionale Subkulturen vor, wenn sich einzelne Sparten der Gesellschaft ihre eigenen kulturellen Orientierungsrahmen

---

61 Vgl. im folgenden SATHE, Implications of Corporate Culture (1983), S. 12 f.; ders., Change Corporate Culture (1985), S. 236 f.; SCHREYÖGG, Konsequenzen starker Unternehmenskulturen (1989), S. 95-97; STEINMANN/SCHREYÖGG, Management (1993), S. 594-596; ROLLBERG, Strategische Unternehmensführung (1996), S. 46.

schaffen. Von hierarchischen Subkulturen spricht man unter anderem dann, wenn Arbeiter und Führungskräfte verschiedene kulturelle Muster entwickeln, und eine räumliche Subkulturentwicklung liegt vor, wenn bestimmte Filialen oder Tochtergesellschaften der Unternehmung eigene Kulturen herausbilden.[62]

Betrachtet man das Spannungsfeld zwischen einer bestimmten Subkultur und der ihr übergeordneten Unternehmungskultur, kann differenziert werden zwischen einer komplementären, konkurrierenden und indifferenten Beziehung beider Orientierungsmuster. So spricht man von einem komplementären Verhältnis, wenn die subkulturellen Vorstellungen die Hauptkultur ergänzen oder verstärken; eine Konkurrenz zwischen Unternehmungs- und Subkultur liegt dagegen vor, wenn sich ihre jeweiligen Wertvorstellungen widersprechen und somit in Konflikt zueinander stehen. Um eine indifferente Beziehung handelt es sich analog, wenn die Elemente der Sub- und Hauptkultur sich weder gegenseitig fördern noch einander zuwiderlaufen, also keinerlei positive oder negative Verbindung zwischen ihnen besteht.[63]

2.4 Die Elemente der Unternehmungskultur

Nachdem dargestellt worden ist, aus welchen unterschiedlichen Problembereichen und Fragestellungen die Unternehmungskultur resultiert, welche positiven und negativen Wirkungen sie ausüben kann und welche Kriterien ihre Stärke bestimmen, sollen im folgenden die einzelnen Elemente der Unternehmungskultur einer eingehenderen Betrachtung unterzogen werden. So können die Bestandteile der Unternehmungskultur nach dem Kulturebenenmodell von SCHEIN[64] in drei verschiedene Gruppen – den Ebenen der Unternehmungskultur – eingeteilt werden, und zwar in die Ebene der Basisannahmen, die Ebene der Werte und Normen und die Ebene der Artefakte. Eine graphische Veranschaulichung dieser Zusammenhänge gibt Abbildung 2.

62 Vgl. zur Problematik der Existenz diverser Subkulturen innerhalb einer Unternehmung insbesondere DEAL/KENNEDY, Corporate Cultures (1982), S. 150-154; GREGORY, Culture Conflicts (1983), S. 359-376; BLEICHER, Unternehmungspolitik und Unternehmungskultur (1984), S. 495 f.; SCHEIN, Awareness of Organizational Culture (1984), S. 7; DIERKES, Unternehmensführung (1988), S. 563 f.; SCHREYÖGG, Konsequenzen starker Unternehmenskulturen (1989), S. 96; STEINMANN/SCHREYÖGG, Management (1993), S. 595-597.

63 Vgl. MARTIN/SIEHL, Culture and Counterculture (1983), S. 53 f.; ferner auch BLEICHER, Strukturen und Kulturen der Organisation (1986), S. 102.

64 Vgl. im folgenden SCHEIN, Awareness of Organizational Culture (1984), S. 3 f.; ders., Culture and Leadership (1992), S. 16-27; ferner auch ROLLBERG, Strategische Unternehmensführung (1996), S. 44 f.

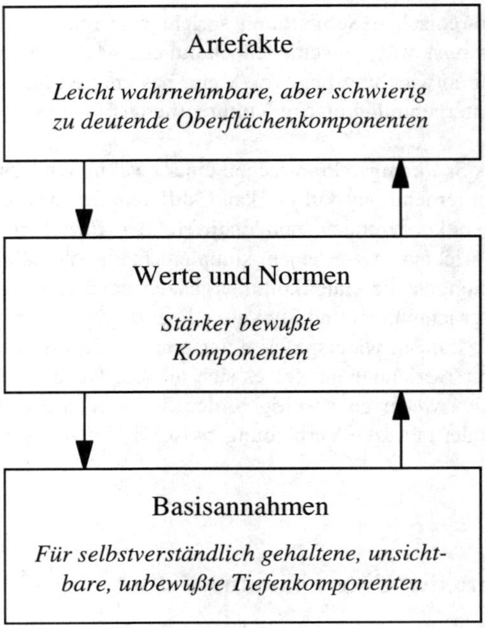

Abbildung 2: Das Kulturebenenmodell nach SCHEIN[65]

Die Grundlage und damit die erste Ebene der Unternehmungskultur stellen die Basisannahmen[66] dar; es handelt sich bei ihnen um zumeist unbewußte, für selbstverständlich gehaltene Auffassungen der Unternehmungsmitglieder über das Wesen der Welt, des Menschen und der Unternehmung, die ergänzt werden durch Vorstellungen über die Realität, Zeit und Raum. So geben Weltbilder Auskunft darüber, ob die Abläufe und Geschehnisse der Umwelt beispielsweise als Bedrohung oder als Chance, als beeinflußbar oder vorherbestimmt anzusehen sind. Menschenbilder definieren, ob es sich bei Menschen – wie beispielsweise den Mitarbeitern, Kunden und Lieferanten – um prinzipiell gute, strebsame, soziale oder vielmehr bösartige, faule und opportunistische Wesen handelt. Unternehmungsbilder zeigen, wie der Betrieb selber gesehen wird; so kann er unter anderem als Organismus oder als Maschine interpretiert werden.

65 In Anlehnung an SCHEIN, Awareness of Organizational Culture (1984), S. 4; ders., Culture and Leadership (1992), S. 17 sowie ROLLBERG, Strategische Unternehmensführung (1996), S. 45.

66 Vgl. zu den Basisannahmen neben den in Fußnote 64 angegebenen Quellen auch SCHEIN, Role of the Founder (1983), S. 16; DYER, Cultural Evolution (1985), S. 205.

Die zweite Ebene der Unternehmungskultur stellen Werte und Normen dar, die sich beispielsweise in Ge- und Verboten, Richtlinien und Grundsätzen niederschlagen. Im Vergleich zu den kulturellen Basisannahmen sind sie den Betriebsangehörigen weitaus bewußter und weniger selbstverständlich und können daher auch zur Diskussion gestellt werden. Bezüglich des Zusammenhangs zwischen den Bestandteilen der ersten und zweiten Unternehmungskulturebene ist zu beachten, daß sich sowohl Werte und Normen aus den bestehenden Basisannahmen entwickeln als auch bestimmte Einstellungen der zweiten Ebene mit der Zeit so selbstverständlich werden, daß aus ihnen Basisannahmen erwachsen.

Die Bestandteile der dritten Kulturebene sind die Artefakte, die Schöpfungen der Unternehmungskultur, wie das Firmenzeichen, die Gestalt der Organisationsstruktur, die Form der Entlohnungs- und Beförderungssysteme, die Architektur der Betriebsgebäude, die Kleidung und Sprache der Unternehmungsangehörigen, die zwischen ihnen kursierenden Geschichten und die in der Unternehmung gepflegten Rituale in Form von Betriebsfesten, Arbeitsfrühstücken und ähnlichem. Die Artefakte stellen dabei Symbole dar, in denen sich die kulturellen Basisannahmen, Werte und Normen der Unternehmungsmitglieder manifestieren. Für unternehmungsexterne Personen sind die Artefakte der Unternehmungskultur daher zwar leicht wahrzunehmen, aber im Hinblick auf ihre symbolische Bedeutung nur schwierig zu interpretieren. Von erheblicher Bedeutung sind die kulturellen Symbole insofern, als die Unternehmungskultur durch sie kommuniziert wird; treten neue Mitarbeiter in die Unternehmung ein, erlernen sie die in ihr vorherrschenden Werte, Normen und Basisannahmen der Unternehmungsangehörigen durch die Deutung der kulturellen Artefakte.[67]

Eine andere Einteilung der Bestandteile der Unternehmungskultur als die des Kulturebenenmodells nach SCHEIN findet sich bei BUONO/BOWDITCH/LEWIS[68]. Sie differenzieren die Unternehmungskultur in eine „subjektive Unternehmungskultur“, der die Basisannahmen, Werte und Normen, Geschichten, Mythen, Rituale und ähnliches subsumiert werden, und eine „objektive Unternehmungskultur“, die beispielsweise die Architektur der Gebäude sowie die Kleidung und Dienstwagen der Unternehmungsangehörigen umfaßt. Einer derartigen Unterscheidung zwischen subjektiven

---

[67] Eine eingehende Darstellung kultureller Symbole und ihrer Bedeutung findet sich bei LIPP, Kulturtypen (1979), S. 450-484; DAFT, Symbols in organizations (1983), S. 199-206; WILKINS, Organizational Stories (1983), S. 81-92; HEINEN/DILL, Unternehmenskultur aus betriebswirtschaftlicher Sicht (1986), S. 209-211; BEYER/TRICE, Organization's Rites (1987), S. 5-24; KASPER, Kulturperspektive von Organisationen (1987), S. 444 f.; MEEK, Organizational Culture (1988), S. 466-469. Zur Differenzierung der in betrieblichen Prozessen verwandten Symbole nach Maßgabe ihrer Aufgabenstellung vgl. BURCHERT, Transformation ehemals volkseigener Betriebe (1996), S. 184-196.

[68] Vgl. BUONO/BOWDITCH/LEWIS, Anatomy of a Merger (1985), S. 480 f.; ferner auch BUONO/BOWDITCH, Human Side of Acquisitions (1989), 137 f.; WÄCHTER, Personalwirtschaftliche Voraussetzungen von Unternehmenszusammenschlüssen (1990), S. 122.

und objektiven Kulturelementen kann hier nicht gefolgt werden, denn es wurde gezeigt, daß sämtliche Bestandteile der Unternehmungskultur aus der Gruppe der Betriebsangehörigen erwachsen und damit stets einen subjektiven Charakter aufweisen. Objektive Kulturelemente kann es daher folglich nicht geben. So können zwar kulturelle Artefakte wie die Kleidung der Mitarbeiter bezüglich ihrer äußeren Erscheinung durchaus intersubjektiv gleich wahrgenommen werden; die sich in ihnen manifestierenden kulturellen Vorstellungen der Unternehmungsmitglieder und damit ihre symbolischen Bedeutungen sind dagegen höchst subjektiv und bleiben unternehmungsexternen Beobachtern im Regelfall verschlossen.

2.5 Der Entwicklungsprozeß der Unternehmungskultur

Da die Unternehmungskultur aus Grundannahmen, Werten und Normen besteht, die die Betriebsangehörigen im Zeitablauf erlernt haben, wird deutlich, daß sie kein statisches Phänomen darstellt, sondern vielmehr in einer steten Entwicklung begriffen ist. Der Prozeß der Kulturentwicklung kann dabei in vier Phasen differenziert werden, und zwar die Gründungsphase, die Aufbau- und Reifephase, die Krisenphase und die Neuorientierungsphase.

Die *Gründungsphase* beginnt mit der Errichtung des Betriebes; Ursprung der entstehenden Kultur sind dabei die Basisannahmen, Werte und Normen derjenigen Person oder Gruppe, die die Unternehmung ins Leben ruft. Diese „Urkultur" wirkt sich bereits in den Anfängen der Unternehmung auf die betrieblichen Aufgaben und Abläufe aus und manifestiert sich in Artefakten, über die die kulturellen Vorstellungen an neu in die Unternehmung eintretende Personen weitergegeben werden.[69]

Mit fortschreitendem Unternehmungswachstum und der Einstellung zusätzlichen Personals geht die Gründungsphase in die *Aufbau- und Reifephase* über. In ihr erlernt die Gruppe der Unternehmungsangehörigen sukzessive weitere Basisannahmen, Werte und Normen, die auf denen des Gründers aufbauen und sich bei der stetigen Bewältigung der Probleme der externen Adaption und der internen Integration mit der Zeit als erfolgreich erweisen. Eine herausgehobene Rolle bei der Fortentwicklung der kulturellen Muster der Unternehmung kommt dabei den Führungskräften zu, da sie aufgrund ihrer hierarchischen Stellung einen besonderen Einfluß auf die

---

69 Vgl. BLEICHER, Management (1983), S. 341 f.; SACKMANN, Unsichtbare Einflußgröße (1983), S. 398 und 400; SCHEIN, Role of the Founder (1983), S. 13-28; KIESER, Organisationskultur (1984), S. 6; FREIMUTH, Organisationskultur (1985), S. 90; KILMANN, Closing Culture-Gaps (1985), S. 356; SCHEIN, Culture (1985), S. 28; MEFFERT/HAFNER, Unternehmenskultur und Unternehmensführung (1987), S. 28; SCHEIN, Culture and Leadership (1992), S. 303.

Gruppe der Betriebsangehörigen haben. Auch die in dieser Phase entwickelten kulturellen Vorstellungen schlagen sich in entsprechenden Artefakten nieder und werden mit ihrer Hilfe an neu hinzukommende Unternehmungsmitglieder weitergegeben.[70]

Zu einer *Krisenphase* kommt es, wenn sich die Bedingungen innerhalb oder außerhalb der Unternehmung verändern, die bisher erfolgreich angewandten kulturellen Muster dadurch an Durchschlagskraft verlieren und es zu einer zunehmenden Zersplitterung der Unternehmungskultur in diverse Subkulturen kommt. Falls die Unternehmungsmitglieder – allen voran die Führungskräfte – eine derartige Situation erkennen und darüber hinaus auch den Mut zu Veränderungen aufbringen, werden jene Basisannahmen, Werte, Normen und – soweit möglich – Artefakte[71] über Bord geworfen, die als nicht mehr erfolgreich angesehen werden bei der zukünftigen Bewältigung der Schwierigkeiten der externen Adaption und internen Integration.[72]

Haben sich die Unternehmungsmitglieder im Rahmen einer derartigen Kulturkrise von einer Anzahl nicht mehr erfolgversprechender Kulturbestandteile getrennt, kommt es in der sich daran anschließenden *Phase der Neuorientierung* zu einer Wiederaufnahme des von den Führungskräften und den übrigen Betriebsangehörigen getragenen kulturellen Lernprozesses, in dessen Rahmen neue Basisannahmen, Werte und Normen entwickelt werden, die sich bei der Bewältigung der Probleme der externen Adaption und internen Integration als nützlich erweisen. Aus diesen, von den Unternehmungsmitgliedern geteilten Vorstellungen bildet sich mit der Zeit ein neues kulturelles Muster heraus, das sich ebenfalls in Artefakten manifestiert und mit ihrer Hilfe den neu in die Gesellschaft eintretenden Personen übermittelt wird.

Bei einer entsprechenden Lebensdauer der Unternehmung stellt sich der fortgesetzte Verlauf der Kulturentwicklung derart dar, daß die Neuorientierungsphase in eine weitere Aufbau- und Reifephase mündet, an die sich – bei einer erneuten Änderung der Bedingungen – eine Krisenphase anschließt, der dann wieder eine Neuorientierungsphase folgen kann usf. Eine graphische Darstellung des geschilderten Entwicklungsprozesses der Unternehmungskultur findet sich in Abbildung 3.

---

70 Vgl. hierzu auch SACKMANN, Unsichtbare Einflußgröße (1983), S. 400 f.; ferner FREIMUTH, Organisationskultur (1985), S. 90; MEFFERT/HAFNER, Unternehmenskultur und Unternehmensführung (1987), S. 28 f.

71 Aufgrund ihrer Materialität können manche Artefakte – wie beispielsweise die Architektur der Unternehmungsgebäude – noch eine geraume Zeit weiterexistieren, obwohl die ihnen ursprünglich zugrundeliegenden kulturellen Vorstellungen bereits verworfen wurden.

72 Vgl. hierzu auch SACKMANN, Unsichtbare Einflußgröße (1983), S. 403 sowie SCHEIN, Culture (1985), S. 38 f.

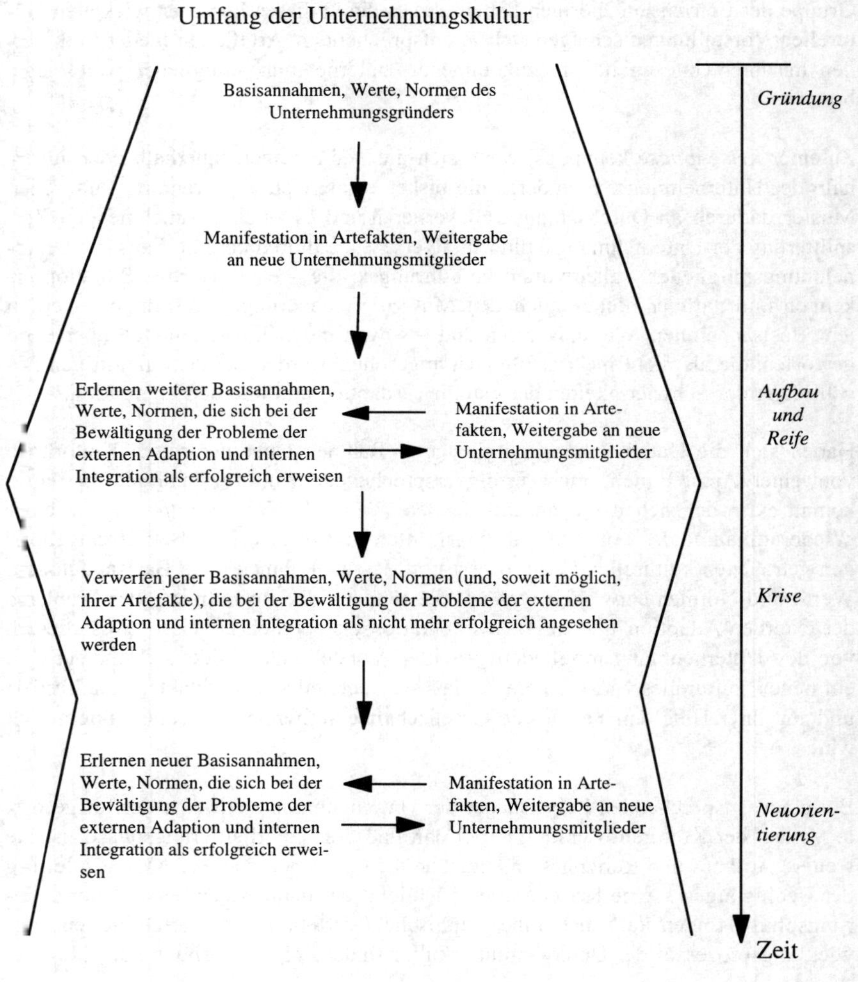

Abbildung 3: Der Entwicklungsprozeß der Unternehmungskultur

Ein anderes Modell der Kulturentwicklung als das hier vorgestellte findet sich bei SACKMANN[73]. Bei ihm wird davon ausgegangen, daß die Unternehmungskultur aus

[73] Vgl. SACKMANN, Unsichtbare Einflußgröße (1983), S. 399; ferner auch MEFFERT/HAFNER, Unternehmenskultur und Unternehmensführung (1987), S. 29.

zwei unterschiedlichen Bereichen besteht, und zwar dem „Kulturkern“ und dem „Kulturnetzwerk“. Dabei wird angenommen, daß der Kulturkern, der sich aus allgemeinen Glaubens- und Wertvorstellungen sowie Grundsätzen der Unternehmungsphilosophie zusammensetzt, im Zeitablauf konstant bleibt, wogegen das aus charakteristischen Denk- und Verhaltensweisen sowie Artefakten bestehende Kulturnetzwerk im Zeitablauf Veränderungen unterworfen ist.

Eine solche Darstellung des Entwicklungsprozesses der Unternehmungskultur ist nicht schlüssig. Es wurde gezeigt, daß sich die Unternehmungskultur aus jenen Basisannahmen, Werten und Normen bildet, die die Gruppe der Betriebsangehörigen erlernt hat, um sich erfolgreich mit den Schwierigkeiten der externen Adaption und internen Integration auseinanderzusetzen. Aufgrund dieser Merkmale der *Erlernbarkeit* und der *Erfolgsgebundenheit* aller kulturellen Vorstellungen wird deutlich, daß keinerlei Kulturbestandteile statischen Charakter haben müssen: Erkennen die Unternehmungsmitglieder eine zunehmende Erfolglosigkeit bestimmter kultureller Muster, werden diese – bei entsprechendem Veränderungswillen der Kulturträger – verworfen und im Zeitablauf durch neu erlernte Basisannahmen, Werte und Normen ersetzt. Einen dauerhaft statischen „Kulturkern“, bestehend aus Elementen, die gegenüber jeglichen Veränderungen „immun“ sind, kann es daher nicht geben; vielmehr ist das gesamte Muster der Unternehmungskultur in einer steten Entwicklung begriffen. In Abhängigkeit des Grades, mit dem die kulturellen Vorstellungen ihren Trägern bewußt sind, der Einschätzung ihrer jeweiligen Erfolgsträchtigkeit und der Veränderungsbereitschaft der Betriebsangehörigen können dabei freilich manche Bestandteile der Unternehmungskultur vergleichsweise schnell wieder verworfen und substituiert werden, wogegen andere Kulturelemente ihre Gültigkeit über einen längeren Zeitraum behalten.

III. Die Unternehmungsakquisition als interessierender Bewertungsanlaß

1. Die Ziele der Unternehmungsakquisition

1.1 Die Bedeutung der Akquisitionsziele

Es wurde bereits eingangs dargestellt, daß in der vorliegenden Arbeit von einem Bewertungssubjekt ausgegangen werden soll, das ausschließlich finanzielle Ziele anstrebt in Form einer Maximierung der ihm aus der Unternehmung zufließenden Zahlungsströme. Werden im folgenden die verschiedenen möglichen Ziele der Unternehmungsakquisition erläutert, so handelt es sich dabei folglich stets um Unterziele, die der Unternehmungskäufer anstrebt, um mittels ihrer Realisierung sein Oberziel der Gewinnmaximierung zu verfolgen. Eine differenzierte Betrachtung der mit dem Unternehmungserwerb verbundenen Zielsetzungen des Bewertungssubjektes ist dabei insofern für die weiteren Analyseschritte dieser Arbeit von erheblicher Bedeutung, als – wie noch zu zeigen sein wird – die jeweilige Art des Akquisitionszieles bestimmt, in welchem Ausmaß die Unternehmungskultur Einfluß auf den Akquisitionserfolg und damit auch auf den Entscheidungswert des Käufers nehmen kann.

Die hinter einer Unternehmungsakquisition stehenden Motive sollen im folgenden zunächst in zwei Arten unterschieden werden, und zwar in die Realisierung des Einzelerfolges und in die Realisierung positiver Synergieeffekte; darauf aufbauend werden die in diesen beiden Gruppen jeweils zusammengefaßten Zielsetzungen nach weiteren Kriterien eingehender differenziert. Zu beachten ist bei der im weiteren erfolgenden Herausarbeitung verschiedener Akquisitionsmotive allerdings, daß ein Unternehmungserwerb nicht allein auf *einer* dieser Zielsetzungen beruhen muß; häufig werden mit derartigen Käufen vielmehr mehrere Ziele auf einmal verfolgt, soweit dies möglich ist.

1.2 Die Realisierung des Einzelerfolges

Unter der Zielsetzung der „Realisierung des Einzelerfolges“ soll hier die Erwirtschaftung von Überschüssen verstanden werden, die sich nicht aus einer etwaigen Verbindung des erworbenen Betriebes mit der Käuferunternehmung und den daraus entstehenden Integrationseffekten ergeben, sondern vielmehr aus der geschickten

Nutzung des alleinstehenden Akquisitionsobjektes resultieren. Im folgenden werden dabei drei Methoden unterschieden, mit denen der Unternehmungskäufer Gewinne aus dem erworbenen Betrieb erzielen kann, und zwar die Fortführung ohne Restrukturierung, die Fortführung mit Restrukturierung und die Weiterveräußerung.[1]

Die *Fortführung ohne Restrukturierung* beschreibt ein Vorgehen, in dessen Rahmen der Unternehmungskäufer Gewinne aus dem Akquisitionsobjekt zu erzielen sucht, indem er es nach Maßgabe seiner eigenen strategischen und operativen Vorstellungen weiterführt, ohne dabei allerdings in größerem Umfang in die Vermögensstruktur des Betriebes einzugreifen. Der Käufer leitet die erworbene Gesellschaft also gemäß dem von ihm für optimal gehaltenen Führungskonzept, verändert aber nicht oder nur gering ihre aktivische und passivische Zusammensetzung.

Die *Fortführung mit Restrukturierung* stellt dementsprechend eine Strategie dar, bei der das Akquisitionsobjekt ebenfalls nach den Vorstellungen des Käufers fortgeführt wird, dies aber im Gegensatz zum ersten Fall mit einer erheblichen Umgestaltung der Vermögensstruktur der erworbenen Unternehmung einhergeht. So kann der neue Eigentümer beispielsweise ganze Teilbetriebe veräußern, Unternehmungsbereiche verselbständigen und vorhandene stille Reserven aufdecken. Zu beachten ist in diesem Zusammenhang allerdings, daß eine scharfe Trennung zwischen den Zielsetzungen „Fortführung ohne Restrukturierung“ und „Fortführung mit Restrukturierung“ nicht in jedem Fall möglich ist, denn auch bei ersterer kann es zu gewissen Änderungen der betrieblichen Vermögensstruktur kommen. Die beiden hier unterschiedenen Fortführungsarten sind daher weniger als klar abgegrenzte Gegensätze, sondern vielmehr als gegenüberliegende Punkte eines Kontinuums zu interpretieren.

Im Rahmen der Zielsetzung der *Weiterveräußerung* versucht der Käufer, Gewinne aus der erworbenen Unternehmung nicht durch ihre Fortführung, sondern vielmehr durch ihren erneuten, lukrativen Verkauf zu erzielen. Ein solches Vorgehen kann dabei in zwei Unterformen differenziert werden, und zwar in die Weiterveräußerung als Ganzes und die Zerschlagung. Im ersten Fall wird die Unternehmung als Gesamtheit

[1] Vgl. für das Folgende auch COENENBERG/SAUTTER, Bewertung von Unternehmensakquisitionen (1988), S. 698 f., die statt der „Realisierung des Einzelerfolges“ den Begriff der „Restrukturierungsmaßnahmen“ verwenden. Diese Restrukturierungsmaßnahmen unterteilen sie weiter in ein „Effizienteres Management der vorhandenen Aktiva und Passiva“, das Kostensenkungen und Umsatzerhöhungen umfaßt, und in eine „Überprüfung der Notwendigkeit der vorhandenen Aktiva und Passiva“, die zu einer Reallokation von Aktiva und Passiva sowie einer Realisierung stiller Reserven führen kann.

zum Kauf angeboten; die erneute Veräußerung des Akquisitionsobjektes berührt damit folglich nicht dessen Existenz als ökonomische Einheit. Die Zerschlagung stellt sich dagegen derart dar, daß der Käufer seine erworbene Unternehmung nicht im ganzen, sondern vielmehr in mehreren, voneinander getrennten Teilen weiterverkaufen möchte. Eine solche Liquidation des Akquisitionsobjektes kann dabei sowohl in Form einer Einzelveräußerung der Vermögensgegenstände als auch durch den Verkauf ganzer Teilbetriebe vonstatten gehen.[2]

WALDECKER bezeichnet das Übernahmeziel der Erfolgsrealisierung mittels Weiterveräußerung als „spekulatives Motiv“[3], das er unter anderem abgrenzt gegenüber den Zielsetzungen der Synergieeffektrealisierung, der Verbesserung der Wettbewerbssituation und der Erlangung spezieller, im Eigentum des Bewertungsobjektes befindlicher materieller oder immaterieller Vermögensgegenstände.[4] Einer derartigen Sichtweise des Akquisitionszieles der Weiterveräußerung kann hier allerdings nicht gefolgt werden, denn um eine Spekulation, also ein Treffen von Entscheidungen unter Unsicherheit, handelt es sich grundsätzlich bei allen Investitionsentscheidungen, die auf der Basis zukünftiger und damit im Entscheidungszeitpunkt nicht genau quantifizierbarer, sondern lediglich abschätzbarer Zahlungsströme getroffen werden. Auch ein Unternehmungskauf, der aufgrund der Zielsetzungen der Einzelerfolgsrealisierung mittels Fortführung oder der Verwirklichung von Synergieeffekten getätigt wird, ist folglich als Spekulation zu charakterisieren.

Ebenfalls von „spekulativen Akquisitionszielen“ spricht HASE, der sie unter anderem gegenüber „rationalen Akquisitionszielen“ abzugrenzen versucht. Unter letzteren versteht er dabei „Akquisitionsziele [...], die in erster Linie unter marktstrategischen und ergebnisorientierten Gesichtspunkten beurteilt werden können“[5]; als Beispiele für derartige Ziele nennt er unter anderem die Vervollständigung der Produktlinien, die Erhöhung der Marktanteile, die Ausnutzung bestehender Marketing- und Produktionskapazitäten, das Ausweichen auf Märkte mit höheren Wachstumsraten und Gewinnmargen, die Nutzung technologischen Wissens und die Erschließung neuer

---

[2] Plant der präsumtive Käufer die Zerschlagung des Akquisitionsobjektes, entspricht sein Entscheidungswert selbstverständlich dem Liquidationswert der Unternehmung und nicht – wie von BECK, Unternehmensbewertung bei Akquisitionen (1996), S. 31 behauptet – ihrem Substanzwert.

[3] Vgl. WALDECKER, Alternativen in der Unternehmensentwicklung (1995), S. 97 f.

[4] Vgl. WALDECKER, Alternativen in der Unternehmensentwicklung (1995), S. 83-97.

[5] HASE, Integration (1996), S. 28. Eine definitorische Abgrenzung der Begriffe „marktstrategisch“ und „ergebnisorientiert“ nimmt der Autor dabei nicht vor.

Absatzgebiete und Kundengruppen.[6] Als „spekulative Akquisitionsziele" bezeichnet er dagegen Übernahmemotive, die „auf der Annahme [basieren], daß der reale Wert eines Akquisitionsobjektes nicht durch seinen Marktpreis oder, bei börsennotierten Unternehmen, durch seinen Aktienpreis ausgedrückt ist"[7]. Der geschilderte Klassifizierungsversuch HASES weist dabei im Grundsatz drei erhebliche Schwachstellen auf, die ihn letztendlich als wenig schlüssig erscheinen lassen:

1. Es bleibt vollkommen unklar, was unter dem Begriff des „realen Wertes" des Akquisitionsobjektes zu verstehen ist: Der Wert einer Unternehmung ergibt sich – wie in den Kapiteln I. und II.1 dargestellt – stets aus der Zielsetzung und dem Entscheidungsfeld des betreffenden Bewertungssubjektes und wird nicht etwa – quasi objektiv – durch Aktienpreise oder ähnliche Größen ausgedrückt.[8]

2. Darüber hinaus ist zu beachten, daß – wie bereits im Hinblick auf die Zieldifferenzierung nach WALDECKER dargestellt – unter einer Spekulation das Treffen von Entscheidungen unter Unsicherheit zu verstehen ist. Auch den aufgrund von „rationalen Akquisitionszielen" – wie der Nutzung technologischen Wissens oder der Erschließung neuer Kundengruppen – getroffenen Investitionsentscheidungen liegen zukünftige und damit zum Entscheidungszeitpunkt nicht genau abschätzbare Zahlungsströme zugrunde, so daß sie daher ebenfalls einen rein spekulativen Charakter aufweisen.

3. Nicht nachvollziehbar ist die Differenzierung zwischen „spekulativen" und „rationalen" Übernahmemotiven nicht zuletzt auch deshalb, weil Spekulationen selbstverständlich dem Rationalprinzip entsprechen, also ökonomisch vernünftig sein können; zwischen den Termini „Rationalität" und „Spekulation" besteht also kein Gegensatz.

---

6 Vgl. HASE, Integration (1996), S. 29 f.

7 HASE, Integration (1996), S. 34.

8 Ebenfalls unzutreffend ist daher die Behauptung von SEIDEL, Erfolgsfaktoren bei Unternehmensübernahmen (1995), S. 13, daß der „Nettofirmenwert, den der Kapitalmarkt dem Target im Sinne des Aktienkurses beimißt, [...] die beste Schätzung für den ‚echten' *intrinsischen* Nettofirmenwert" sei und nur dann „eigene Firmenwertberechnungen notwendig" würden, wenn „ein Aktienkurs nicht verfügbar" oder „zweifelhaft in seiner Aussage" sei. Die Interpretation des Aktienkurses als „realer", „echter" oder „intrinsischer" Wert einer Unternehmung postuliert die Existenz eines intersubjektiv gültigen, objektiven Wertes, mißachtet vollständig den notwendigen Subjektbezug jeglicher Wertermittlung und stellt damit eine Sichtweise dar, die von der Bewertungstheorie bereits vor mehr als dreißig Jahren überwunden werden konnte. Vgl. hierzu insbesondere BUSSE VON COLBE, Zukunftserfolg (1957), S. 14-19; ENGELS, Betriebswirtschaftliche Bewertungslehre (1962), S. 6-21; JAENSCH, Wert und Preis (1966), S. 4-17; MÜNSTERMANN, Wert und Bewertung (1966), S. 21-28.

1.3 Die Realisierung positiver Synergieeffekte

Im Gegensatz zu den geschilderten Strategien der Realisierung des Einzelerfolges kann die einer Unternehmungsakquisition zugrundeliegende Zielsetzung auch darin bestehen, Gewinne durch eine geschickte Kombination des Akquisitionsobjektes mit der Käuferunternehmung zu erwirtschaften. Dabei geht es darum, die Integration der erworbenen Gesellschaft so zu gestalten, daß der dadurch neu entstehende Unternehmungsverbund positive Synergieeffekte realisieren kann, also in den Genuß von Vorteilen kommt, die sich aus der Vereinigung der Käuferunternehmung und der erworbenen Unternehmung ergeben. Eine Differenzierung der durch die Integration des Akquisitionsobjektes erzielbaren Verbundvorteile in unterschiedliche Arten von Synergieeffekten kann dabei auf verschiedenen Wegen erfolgen.[9] Hier soll im weiteren eine Systematisierung vorgenommen werden, in deren Rahmen die Verbundwirkungen getrennt werden nach den jeweiligen betrieblichen Funktionsbereichen, in denen sie auftreten.[10]

So kann es beispielsweise zu positiven Verbundeffekten im *Bereich der Forschung und Entwicklung* kommen, wenn eine der beiden betrachteten Unternehmungen erhebliches Wissen angesammelt hat und der jeweilige Partnerbetrieb die nötige Finanzkraft besitzt, derartige Erkenntnisse wirtschaftlich zu verwerten. Darüber hinaus können die in diesem Bereich von beiden Unternehmungen eingesetzten Ressourcen aufeinander abgestimmt und gemeinsam genutzt werden, verschiedenartige Technologien können einander sinnvoll ergänzen, und auch ein gegenseitiger Wissenstransfer zwischen dem in der Forschung und Entwicklung tätigen Personal beider Betriebe kann positive synergetische Wirkungen hervorbringen.[11]

---

9 So unterscheidet ANSOFF, Corporate Strategy (1965), S. 80 die durch die Unternehmungsakquisition erzielbaren Synergien in Verkaufs-, Produktions-, Investitions- und Managementsynergien; PORTER, Competitive Advantage (1987), S. 53-57 differenziert zwischen Synergien aufgrund von Wissenstransfer und aufgrund von Aufgabenzentralisierung; KRÜGER, Management (1988), S. 371 trennt in marktbezogene, technologiebezogene und Know-how-Synergien; FREUND, Integration übernommener Unternehmen (1991), S. 495 unterscheidet funktionale, Kosten- sowie Komplementaritätssynergien, und REIßNER, Synergiemanagement (1992), S. 108-120 systematisiert in Synergien durch Zentralisation, durch Integration/Restrukturierung, durch Ergänzung/Zugang, durch Transfer und durch Ausgleich.

10 Vgl. im Hinblick auf eine derartige Systematisierung der Verbundvorteile EVERLING, Verbundeffekt (1963), S. 204-208; KITCHING, Mergers (1967), S. 92 f.; BÖCKEL, Diversifikationen durch Unternehmungserwerb (1972), S. 178; KAHL, Synergieargument bei Unternehmenszusammenschlüssen (1992), S. 180 sowie ferner auch COENENBERG/SAUTTER, Bewertung von Unternehmensakquisitionen (1988), S. 699; SAUTTER, Analyse von Akquisitionen (1989), S. 241-253.

11 Vgl. zur Synergierealisierung im Forschungs- und Entwicklungsbereich insbesondere BÖCKEL, Diversifikationen durch Unternehmungserwerb (1972), S. 180; BÜHNER/SPINDLER, Synergieerwartungen (1986), S. 605; BÜHNER, Bestimmungsfaktoren von Unternehmenszusammenschlüssen (1989), S. 159; SAUTTER, Analyse von Akquisitionen (1989), S. 241 f.; KAHL, Synergieargument bei Unternehmenszusammenschlüssen (1992), S. 180; ferner auch FREUND, Integration übernommener Unternehmen (1991), S. 495 f.

Positive Synergien im *Beschaffungsbereich* können sich unter anderem dadurch ergeben, daß der neu entstandene Unternehmungsverbund mittels eines zentralen Einkaufs größere Gütermengen bestellt als die zuvor getrennten Bezugsorgane der einzelnen Unternehmungen, um so Mengenrabatte zu nutzen und damit niedrigere Beschaffungspreise zu erzielen. Neben derartigen Preisvorteilen können durch die Großabschlüsse unter Umständen auch noch weitere Vorzüge in Form von Zusatzleistungen des Lieferanten in Anspruch genommen werden, wie beispielsweise eine technische Beratung oder ein umfangreicherer Kundendienst. Abgesehen von bloßen Rabattwirkungen zeitigen die größeren Bestellmengen ebenfalls einen erheblichen Zuwachs an Verhandlungsmacht des Unternehmungsverbundes auf den Beschaffungsmärkten, so daß auch durch diese stärkere Marktstellung Preisvorteile und verbesserte sonstige Konditionen, wie kürzere Lieferzeiten, eine höhere Qualität der gelieferten Güter, verlängerte Garantiefristen und ähnliches realisiert werden können.[12]

Verbundvorteile im Beschaffungsbereich können darüber hinaus in Form von Kosteneinsparungen erzielt werden, die sich aus einer Zusammenlegung der Einkaufsabteilungen von Käuferunternehmung und Akquisitionsobjekt ergeben. Durch eine derartige Zentralisierung des Einkaufs kommt es zu einem Abbau doppelter Aktivitäten, einer höheren Auslastung der Beschaffungsorgane und der Realisierung von Spezialisierungseffekten.[13]

Handelt es sich bei dem Akquisitionsobjekt um eine Gesellschaft, die auf einer der Käuferunternehmung vor- oder nachgelagerten Produktionsstufe tätig ist, zeichnet sich der durch die Übernahme entstandene Unternehmungsverbund folglich dadurch aus, daß einer der beiden in ihm zusammengeschlossenen Betriebe Leistungen des anderen Verbundbetriebes in Anspruch nimmt. Positive Synergieeffekte können sich dabei im Beschaffungsbereich insofern einstellen, als eine weitgehende Abstimmung zwischen lieferndem und beziehendem Betrieb möglich wird im Hin-

12 Vgl. EVERLING, Verbundeffekt (1963), S. 204 f.; SAUTTER, Analyse von Akquisitionen (1989), S. 250; FREUND, Integration übernommener Unternehmen (1991), S. 495. Derartige Verbundeffekte aufgrund größerer Bestellmengen können dabei insbesondere in Fällen horizontaler Akquisitionen – also Unternehmungsübernahmen, bei denen das Akquisitionsobjekt und die Käuferunternehmung auf demselben Markt oder benachbarten Märkten tätig sind – erzielt werden, da sich die von den Einzelbetrieben benötigten Güter dabei am ehesten entsprechen und diese identischen Nachfragen dann durch den Unternehmungsverbund zusammengelegt werden können. Zur Entfaltung von Beschaffungsmarktmacht aufgrund einer rückwärtsintegrierenden vertikalen Akquisition, also eines Unternehmungserwerbs, bei dem das Akquisitionsobjekt auf einer der Käuferunternehmung vorgelagerten Produktionsstufe tätig ist, vgl. SAUTTER, Analyse von Akquisitionen (1989), S. 251. Eine andere Position als die hier vertretene nimmt dagegen WALDECKER, Alternativen in der Unternehmensentwicklung (1995), S. 95 ein, der in der geschilderten Marktmachtwirkung keinen Verbundvorteil sieht, sondern ihre Verfolgung als finanzielles, unabhängig neben der Synergieeffektrealisierung stehendes Übernahmemotiv deutet.

13 Vgl. SAUTTER, Analyse von Akquisitionen (1989), S. 251.

blick auf die Art, Qualität und Quantität der benötigten Güter und den jeweiligen Zeitpunkten ihrer Lieferung. Es kommt dadurch zu einer größeren Planungssicherheit in bezug auf die Güterbeschaffung, so daß beispielsweise der Abbau bisher unterhaltener Zwischenlager möglich wird. Darüber hinaus können Synergien auch durch die teilweise oder vollständige Zusammenlegung der Vertriebsabteilung des vorgelagerten mit der Beschaffungsabteilung des nachgelagerten Verbundbetriebes erzielt werden.[14]

Im *Fertigungsbereich* ist es möglich, durch die Zusammenlegung der Gütererstellung von Akquisitionsobjekt und Käuferunternehmung zu Verbundwirkungen in Form von Kostendegressionen zu kommen, die sich dabei sowohl aus Lernkurveneffekten als auch einer besseren Auslastung der Produktionseinrichtungen ergeben können.[15] Derartige Synergieeffekte sind insbesondere im Rahmen solcher Unternehmungsübernahmen realisierbar, bei denen das Akquisitionsobjekt und die Käuferunternehmung identische, teilweise deckungsgleiche oder zumindest verwandte Produktsortimente herstellen, so daß entsprechende Gemeinsamkeiten bei der Fertigung genutzt werden können.[16]

Eine Realisierung positiver Verbundwirkungen im Fertigungsbereich ist ebenfalls möglich, wenn aufgrund der Unternehmungsakquisition zwei Gesellschaften zusammenfinden, von denen die eine ein überdurchschnittlich ausgebildetes Personal mit erheblichem Fachwissen beschäftigt, aber inzwischen veraltete oder zu klein gewordene Produktionsanlagen ihr eigen nennt, wogegen der anderen qualifizierte Arbeitskräfte fehlen, sie sich aber durch den Besitz groß dimensionierter, technisch überlegener Fertigungseinrichtungen auszeichnet.[17]

Zu ähnlichen Verbundeffekten kommt es, wenn sich – beispielsweise aufgrund einer geschickten Kommunikationspolitik – eine der zusammengehenden Unternehmungen einem erheblichen Anstieg der Nachfrage nach ihren Produkten gegenüber-

---

[14] Vgl. EVERLING, Verbundeffekt (1963), S. 205.

[15] Vgl. BÖCKEL, Diversifikationen durch Unternehmungserwerb (1972), S. 179; BÜHNER/SPINDLER, Synergieerwartungen (1986), S. 605; BÜHNER, Bestimmungsfaktoren von Unternehmenszusammenschlüssen (1989), S. 159; SAUTTER, Analyse von Akquisitionen (1989), S. 247 f.; KAHL, Synergieargument bei Unternehmenszusammenschlüssen (1992), S. 180; FREUND, Integration übernommener Unternehmen (1991), S. 495.

[16] Vgl. BÜHNER, Bestimmungsfaktoren von Unternehmenszusammenschlüssen (1989), S. 159. Dennoch kann es auch bei nicht verwandten Produktsortimenten zu Verbundvorteilen aufgrund einer Integration der Fertigungsbereiche kommen. So weist EVERLING, Verbundeffekt (1963), S. 207 darauf hin, daß Kostendegressionen auch durch die Zusammenlegung von Hilfsbetrieben, wie der Energieerzeugung, der Wasserversorgung oder des werksinternen Transportwesens, erzielt werden können.

[17] Vgl. SIEBEN/LUTZ, Akquisition und Planung (1981), S. 21. Auch in diesem Fall sind selbstverständlich gewisse Gemeinsamkeiten zwischen den Fertigungen beider Unternehmungen Voraussetzung für eine entsprechende Synergieeffektrealisierung.

sieht, wogegen die andere Gesellschaft die notwendigen Produktionskapazitäten besitzt, um die von den Kunden gewünschten Gütermengen in entsprechendem Umfang herzustellen.[18] Des weiteren können positive Synergiewirkungen erzielt werden, wenn sowohl die Käuferunternehmung als auch das Akquisitionsobjekt hochqualifiziertes Fertigungspersonal beschäftigen und es durch die Integration der Produktionsbereiche zu einem mit einer Effizienzsteigerung einhergehenden Wissenstransfer zwischen den Arbeitskräften kommt.[19]

Liegt das Akquisitionsobjekt auf einer der Käuferunternehmung vor- oder nachgelagerten Produktionsstufe, ist eine Realisierung von Fertigungssynergien im Rahmen des Unternehmungsverbundes möglich, wenn eine genauere Abstimmung und gegebenenfalls eine engere Verzahnung der Produktionen beider Betriebe erfolgen. So können beispielsweise Schnittstellenprobleme vermieden und bestimmte Zwischenschritte, wie eine Qualitätskontrolle der bezogenen Vorprodukte, überflüssig werden.[20] Nicht zuletzt steht die Nutzung von Produktionssynergien auch solchen Unternehmungsverbunden offen, in denen im Rahmen der Fertigung eines der zusammengeschlossenen Betriebe Kuppelprodukte[21] anfallen, die in den Herstellungsprozessen des Partnerbetriebes einer sinnvollen Verwertung zuführbar sind.[22]

Im *Bereich des Absatzes* können positive Synergieeffekte beispielsweise erzielt werden, wenn eine der sich zusammenschließenden Gesellschaften ein breit ausgebautes Vertriebsnetz besitzt, das im Rahmen des Unternehmungsverbundes sowohl durch das Akquisitionsobjekt als auch die Käuferunternehmung verwendet wird und damit eine bessere Auslastung erfährt.[23] Eine derartige gemeinsame Inanspruchnahme bereits bestehender Absatzsysteme kann insbesondere für die Akquisition ausländischer Gesellschaften das Hauptmotiv darstellen. Verfügt der Auslandsbetrieb in seinem Heimatland über ein umfassendes Vertriebsnetz, ist dies ebenfalls von der Käuferunternehmung nutzbar; ihre Produkte werden so schneller

---

18 Vgl. SIEBEN/LUTZ, Akquisition und Planung (1981), S. 21.

19 Vgl. EVERLING, Verbundeffekt (1963), S. 207; BÖCKEL, Diversifikationen durch Unternehmungserwerb (1972), S. 180.

20 Vgl. EVERLING, Verbundeffekt (1963), S. 206.

21 Der Begriff der „Kuppelprodukte" umfaßt dabei auch die bei der Produktion anfallenden Abfälle. Vgl. hierzu insbesondere RIEBEL, Kuppelproduktion (1955) sowie KLINGELHÖFER, Entsorgung und Produktion (1999).

22 Vgl. EVERLING, Verbundeffekt (1963), S. 207.

23 Vgl. BÖCKEL, Diversifikationen durch Unternehmungserwerb (1972), S. 184 f.; SIEBEN/LUTZ, Akquisition und Planung (1981), S. 21; BÜHNER/SPINDLER, Synergieerwartungen (1986), S. 605; BÜHNER, Bestimmungsfaktoren von Unternehmenszusammenschlüssen (1989), S. 159; FREUND, Integration übernommener Unternehmen (1991), S. 495; KAHL, Synergieargument bei Unternehmenszusammenschlüssen (1992), S. 180.

und kostengünstiger an den ausländischen Markt gebracht als bei dem Aufbau eigener Absatzkanäle.[24]

Des weiteren sind – soweit dies die jeweiligen Sortimente beider Gesellschaften erlauben – Verbundvorteile in Form von Kostensenkungen realisierbar durch die Zentralisierung der Absatzorgane von Käuferunternehmung und Akquisitionsobjekt und die damit einhergehende Zusammenfassung von Vertriebsaktivitäten, wie der Auftragsannahme und -abwicklung, der Kundenberatung, der Werbung und dem Kundendienst.[25]

Bieten Akquisitionsobjekt und Käuferunternehmung Produkte an, die auf den Absatzmärkten miteinander im Wettbewerb stehen, also von den Nachfragern als gegeneinander substituierbar angesehen werden, kann die Unternehmungsübernahme insofern Verbundvorteile bewirken, als durch sie das Konkurrenzverhältnis zwischen den Betrieben wegfällt und dadurch beispielsweise Werbeaufwendungen verringert, Preiskämpfe vermieden und die einzelnen Sortimente genau aufeinander abgestimmt werden können.[26] Derartige synergistische Wirkungen treten dabei auch dann ein, wenn die Konkurrenzunternehmung erworben und unmittelbar nach der erfolgten Übernahme durch den Käufer geschlossen wird, da er sich auf diese Art eines Wettbewerbers zu entledigen sucht.[27]

Verbundvorteile können auch dann erzielt werden, wenn die von der Käuferunternehmung und dem Akquisitionsobjekt auf den Markt gebrachten Güter in einem substitutiven oder komplementären Verhältnis zueinander stehen und beide Gesellschaften zur Verbesserung ihrer Absatzchancen gewisse Marktforschungsaktivitäten unternommen haben. Im Rahmen des Unternehmungszusammenschlusses lassen sich die jeweils gewonnenen Forschungsergebnisse dann zusammenführen und somit von beiden Verbundbetrieben für die Steigerung des Absatzes nutzen.[28]

Vertreiben die akquirierte Unternehmung und die Käufergesellschaft komplementäre Produkte, so sind durch die Unternehmungsübernahme Verbundvorteile auch auf zwei weiteren Wegen realisierbar: Der Unternehmungsverbund kann die Kompatibilität der sich gegenseitig ergänzenden Güter optimieren und sie gemeinsam anbieten,

---

[24] Vgl. BÜHNER/SPINDLER, Synergieerwartungen (1986), S. 605; BÜHNER, Bestimmungsfaktoren von Unternehmenszusammenschlüssen (1989), S. 159.

[25] Vgl. SAUTTER, Analyse von Akquisitionen (1989), S. 246; KAHL, Synergieargument bei Unternehmenszusammenschlüssen (1992), S. 180; FREUND, Integration übernommener Unternehmen (1991), S. 495.

[26] Vgl. EVERLING, Verbundeffekt (1963), S. 206.

[27] Vgl. ZIMMERER, Beratung bei Akquisitionen (1991), S. 52.

[28] Vgl. hierzu auch EVERLING, Verbundeffekt (1963), S. 206.

so daß ihre Attraktivität am Absatzmarkt insofern steigt, als dem Nachfrager nicht mehr voneinander getrennte Einzelprodukte verkauft werden, sondern ihm vielmehr ein vollständiges System und damit eine umfassende Problemlösung präsentiert werden kann.[29] Des weiteren sind positive Synergieeffekte insofern erzielbar, als die komplementären Güter durch den Unternehmungsverbund sowohl als Pakete – also in Systemform – als auch einzeln am Markt angeboten werden und die Veräußerung der Einzelprodukte dabei zu einem insgesamt höheren Preis erfolgt als die des Gesamtsystems. Durch ein derartiges Vorgehen läßt sich dann ein höherer Gewinn erwirtschaften, wenn Kunden, die eigentlich nur einen bestimmten Systembestandteil erstehen möchten, sich dazu entschließen, doch das vollständige Paket zu kaufen, da dessen Preis nur vergleichsweise geringfügig über demjenigen des gewünschten Einzelproduktes liegt.[30]

Verbundvorteile können sich im Absatzbereich ebenfalls einstellen, wenn eine der im Rahmen der Akquisition zusammengehenden Gesellschaften einen bekannten, bei den Nachfragern positive Assoziationen hervorrufenden Namen oder beliebte Marken besitzt und sich dies günstig auf den Absatz des gesamten Unternehmungsverbundes auswirkt. Eine solche Beeinflussung ist in Form von „Ausstrahlungseffekten“ möglich, das heißt, die am Absatzmarkt bestehende Beliebtheit eines der Verbundbetriebe überträgt sich durch den Zusammenschluß ebenfalls auf seinen Partnerbetrieb. Darüber hinaus kann allerdings auch derart vorgegangen werden, daß die weniger bekannte der beiden Unternehmungen ihren Namen und ihre eigenen Marken aufgibt und ihre Produkte statt dessen unter der Firma und den Marken der Partnergesellschaft vertreibt.[31]

Positive Synergieeffekte sind im Vertriebsbereich nicht zuletzt auch dann realisierbar, wenn sich durch die Akquisition zwei Unternehmungen vereinen, die zuvor in einem Kunden-Lieferanten-Verhältnis zueinander standen, und die liefernde Gesellschaft nun aufgrund des Zusammenschlusses in der Lage ist, einen Teil ihrer absatzpolitischen Aktivitäten – wie beispielsweise Werbung und Marktforschung – einzuschränken oder, falls ihre Produkte nicht mehr an Dritte, sondern nur noch ausschließlich an den Partnerbetrieb vertrieben werden, ganz einzustellen und dadurch Kosten zu senken. Darüber hinaus verringert sich entsprechend das unmittelbare Marktrisiko der liefernden Unternehmung, also die Gefahr, daß ihre Güter am Markt keine Abnehmer finden. Dabei ist allerdings zu beachten, daß ein solches Risiko nicht vollständig ausgeschaltet wird, sondern sich vielmehr von der Absatzseite des

---

29 Vgl. BÖCKEL, Diversifikationen durch Unternehmungserwerb (1972), S. 187 f., der als Beispiel für eine derartige Synergieerzielungsstrategie unter anderem einen Möbelhersteller anführt, der eine Teppichfabrik erwirbt, sowie SAUTTER, Analyse von Akquisitionen (1989), S. 245.

30 Vgl. SAUTTER, Analyse von Akquisitionen (1989), S. 246.

31 Vgl. EVERLING, Verbundeffekt (1963), S. 206; BÖCKEL, Diversifikationen durch Unternehmungserwerb (1972), S. 184 und 187.

liefernden Betriebes an diejenige des Unternehmungsverbundes verschiebt und damit für die zusammengeschlossenen Gesellschaften durchaus zumindest in mittelbarer Form weiterbesteht.[32]

Im *Finanzierungsbereich* können Verbundvorteile erzielt werden, wenn sich durch die Akquisition zwei Unternehmungen zusammenschließen, deren jeweilige Absatzentwicklungen unterschiedlichen saisonalen und konjunkturellen Rhythmen unterworfen sind. Die zyklischen Schwankungen der Einkommensströme beider Betriebe kompensieren sich dadurch gegenseitig, so daß der Unternehmungsverbund insgesamt in den Genuß einer kontinuierlichen, stabilen Gewinnentwicklung kommt.[33] Ähnliche Synergieeffekte entstehen, wenn als Folge der Übernahme eine neue wirtschaftliche Einheit entsteht, die im Hinblick auf die diversen von ihr angebotenen Güter sowohl auf im Wachstum begriffenen als auch in einer Reife- oder Stagnationsphase befindlichen Märkten agiert. Die auf letzteren erzielten Einkommen können so durch den Unternehmungsverbund abgeschöpft und in die im Aufbau befindlichen Geschäftsfelder investiert werden.[34]

Zu Synergievorteilen im Finanzierungsbereich kann es darüber hinaus auch kommen, wenn den Fremdkapitalgebern der aus dem Zusammengehen von Käuferunternehmung und Akquisitionsobjekt resultierende Unternehmungsverbund aufgrund seiner Größe kreditwürdiger als die bisher getrennt agierenden Gesellschaften erscheint. Beiden Verbundbetrieben ist es dann gestattet, sich zu Konditionen zu verschulden, die günstiger ausfallen als diejenigen, die vor der erfolgten Übernahme akzeptiert werden mußten.[35] Gegebenenfalls verbessert sich durch den Zusammenschluß auch die Fähigkeit der Eigenkapitalaufnahme beider Gesellschaften. Des weiteren ist die Realisierung von Verbundvorteilen insofern möglich, als die wirtschaftliche Einheit aus Käuferunternehmung und Akquisitionsobjekt aufgrund ihrer Größe

[32] Vgl. EVERLING, Verbundeffekt (1963), S. 206.

[33] Vgl. EVERLING, Verbundeffekt (1963), S. 207; BÖCKEL, Diversifikationen durch Unternehmungserwerb (1972), S. 192; SIEBEN/LUTZ, Akquisition und Planung (1981), S. 16 und 19; BÜHNER/SPINDLER, Synergieerwartungen (1986), S. 605; BÜHNER, Bestimmungsfaktoren von Unternehmenszusammenschlüssen (1989), S. 159. Eine ausführliche Darstellung dieser Synergieerzielungsstrategie findet sich bei SAUTTER, Analyse von Akquisitionen (1989), S. 184-209.

[34] Vgl. BÖCKEL, Diversifikationen durch Unternehmungserwerb (1972), S. 192 f.; SIEBEN/LUTZ, Akquisition und Planung (1981), S. 16; BÜHNER/SPINDLER, Synergieerwartungen (1986), S. 605; BÜHNER, Bestimmungsfaktoren von Unternehmenszusammenschlüssen (1989), S. 159.

[35] Vgl. BÖCKEL, Diversifikationen durch Unternehmungserwerb (1972), S. 194; BÜHNER, Bestimmungsfaktoren von Unternehmenszusammenschlüssen (1989), S. 159; SAUTTER, Analyse von Akquisitionen (1989), S. 163-181. Eine andere Position nimmt dagegen WALDECKER, Alternativen in der Unternehmensentwicklung (1995), S. 95 ein, der in der Verbesserung der Fremdfinanzierungskonditionen keinen Verbundvorteil sieht, sondern ihre Erzielung als finanzielles, unabhängig neben der Realisierung von Synergieeffekten stehendes Übernahmemotiv deutet.

Kostendegressionen im Bereich der Wertpapieremission erzielen kann. Die bei einer derartigen Titelausgabe anfallenden Kosten setzen sich unter anderem zusammen aus den Entgelten für Rechtsanwälte, Steuerberater und Wirtschaftsprüfer, den Ausgaben für die Herstellung und den Versand der Wertpapiere sowie den Kosten ihrer Plazierung mit Hilfe eines Bankenkonsortiums.[36]

Nicht zuletzt ist ein Verbundvorteil im Finanzierungsbereich auch dann gegeben, wenn eine der an der Akquisition beteiligten Unternehmungen einen steuerlichen Verlustvortrag besitzt und die jeweils andere Gesellschaft entsprechende Gewinne erwirtschaftet, die mit ihm verrechnet werden können. Dem durch die Übernahme entstandenen Unternehmungsverbund ist es dadurch möglich, Erfolge in Höhe des Verlustvortrages unversteuert zu vereinnahmen.[37]

Neben dem Forschungs- und Entwicklungs-, Beschaffungs-, Fertigungs-, Absatz- und Finanzierungsbereich können durch eine Unternehmungsakquisition auch im *Bereich der Verwaltung* Synergieeffekte realisiert werden. Unter dem Begriff des Verwaltungsbereichs soll dabei jener Teil der Unternehmung verstanden werden, der sich mit der Integration der bisher geschilderten betrieblichen Funktionen befaßt, sie bei der Erfüllung ihrer jeweiligen Aufgaben unterstützt und die Gesellschaft rechtlich repräsentiert.[38] Verbundvorteile können in diesem Bereich unter anderem dadurch erzielt werden, daß die Verwaltungen von Akquisitionsobjekt und Käuferunternehmung vollständig oder zumindest teilweise zusammengelegt werden. Es kommt so zu einer besseren Auslastung vorhandener Kapazitäten, wie der Rechtsabteilung einer der beiden Gesellschaften; darüber hinaus können Doppelaktivitäten – beispielsweise Maßnahmen im Rahmen der Öffentlichkeitsarbeit – vermieden werden.[39]

Wird das Akquisitionsobjekt nach erfolgter Übernahme nicht in Form einer Tochtergesellschaft, die sich durch eine eigene Rechtspersönlichkeit auszeichnet, sondern vielmehr als rechtlich unselbständiger Teilbetrieb der Käuferunternehmung weitergeführt, so stellen sich positive Verbundeffekte auch dadurch ein, daß Führungs- und Aufsichtsorgane der erworbenen Unternehmung – wie Vorstand und Auf-

[36] Vgl. BÖCKEL, Diversifikationen durch Unternehmungserwerb (1972), S. 194; COENENBERG/SAUTTER, Bewertung von Unternehmensakquisitionen (1988), S. 699; SAUTTER, Analyse von Akquisitionen (1989), S. 137-140.

[37] Vgl. SUTTON, Economics (1980), S. 136; COENENBERG/SAUTTER, Bewertung von Unternehmensakquisitionen (1988), S. 699; SIEBEN/SIELAFF, Unternehmensakquisition (1989), S. 57; BELLINGER/VAHL, Unternehmensbewertung (1992) S. 402. Eine Darstellung der dabei in Deutschland zu beachtenden steuerrechtlichen Gesetzeslage findet sich bei HÖRGER/KEMPER, Mantelkauf (1990), S. 539-543; KNEPPER, Voraussetzung für den Verlustabzug (1994), S. 1796-1799; ORTH, Gewerbeverlustvortrag (1994), S. 1313-1315.

[38] Vgl. SAUTTER, Analyse von Akquisitionen (1989), S. 251.

[39] Vgl. hierzu auch SAUTTER, Analyse von Akquisitionen (1989), S. 252.

sichtsrat im Falle der Aktiengesellschaft – aufgelöst werden können. Darüber hinaus entfällt mit der nicht nur wirtschaftlichen, sondern auch rechtlichen Integration des Akquisitionsobjektes in die Käuferunternehmung dessen Pflicht, einen Jahresabschluß zu erstellen; diese Aufgabe verbleibt allein bei der erwerbenden Gesellschaft.[40]

Des weiteren kann es zu Synergievorteilen kommen, wenn die durch die Akquisition entstandene wirtschaftliche Einheit eine solche Größe aufweist, daß die Einführung neuer, überlegener Technologien im Verwaltungsbereich ökonomisch sinnvoll wird. So ist es beispielsweise möglich, daß der Aufbau einer rechnergestützten Vernetzung aller betrieblichen Abteilungen erst durch das Zusammengehen von Käuferunternehmung und Akquisitionsobjekt zweckmäßig erscheint.[41]

Nicht zuletzt kann es im Verwaltungsbereich auch zu positiven Verbundeffekten kommen aufgrund eines Wissenstransfers zwischen den Führungskräften von Käuferunternehmung und Akquisitionsobjekt, der eine Verbesserung der strategischen und operativen Führung der Betriebe zeitigt. Derartige Synergiewirkungen sind dabei insbesondere dann erzielbar, wenn sich die zusammengehenden Gesellschaften in der Vergangenheit zumindest teilweise ähnlichen Schwierigkeiten – wie beispielsweise dem Anwerben qualifizierter Arbeitskräfte oder der Abwehr einer wachsenden ausländischen Konkurrenz – gegenübergesehen haben, so daß die jeweiligen Erfahrungen im Hinblick auf die Bewältigung dieser Probleme ausgetauscht werden können. Darüber hinaus kann ein Wissenstransfer von großem Nutzen sein, wenn sich die Führungskräfte der Käuferunternehmung und des Akquisitionsobjektes auf jeweils unterschiedlichen, aber einander gut ergänzenden Gebieten durch entsprechenden Sachverstand auszeichnen. Ein Beispiel hierfür wäre der Kauf einer ausländischen Gesellschaft durch eine in einem Zukunftstechnologiebereich tätige Unternehmung. Die Führungskräfte des letzteren Betriebes können ihr Branchenwissen im Rahmen des neu entstandenen Verbundes an den ausländischen Partnerbetrieb weitergeben, wogegen dessen Manager die Käuferunternehmung über die betriebswirtschaftlich relevanten Gegebenheiten ihres Heimatlandes informieren.[42]

---

40 Wird das Akquisitionsobjekt dagegen als rechtlich eigenständige Tochter der Käuferunternehmung weiterführt, so daß es durch die Unternehmungsübernahme zu der Entstehung eines Konzernes kommt, müssen weiterhin beide Gesellschaften bezüglich ihrer jeweiligen wirtschaftlichen Aktivitäten einen Jahresabschluß erstellen. Darüber hinaus ist die Käuferunternehmung gemäß § 290 HGB verpflichtet, für den gesamten Betriebsverbund einen Konzernabschluß anzufertigen. Ein derartiger Zwang zur Konzernabschlußerstellung kann entsprechend als ein mit der Akquisition einhergehender negativer Synergieeffekt interpretiert werden.

41 Vgl. EVERLING, Verbundeffekt (1963), S. 207.

42 Vgl. zur Synergieeffekterzielung aufgrund eines Transfers von Managementwissen auch SAUTTER, Analyse von Akquisitionen (1989), S. 253-262.

Einen graphischen Überblick über die – unter der Annahme der Gewinnmaximierung als Oberziel – herausgearbeiteten möglichen Zielsetzungen der Unternehmungsakquisition gibt Abbildung 4.

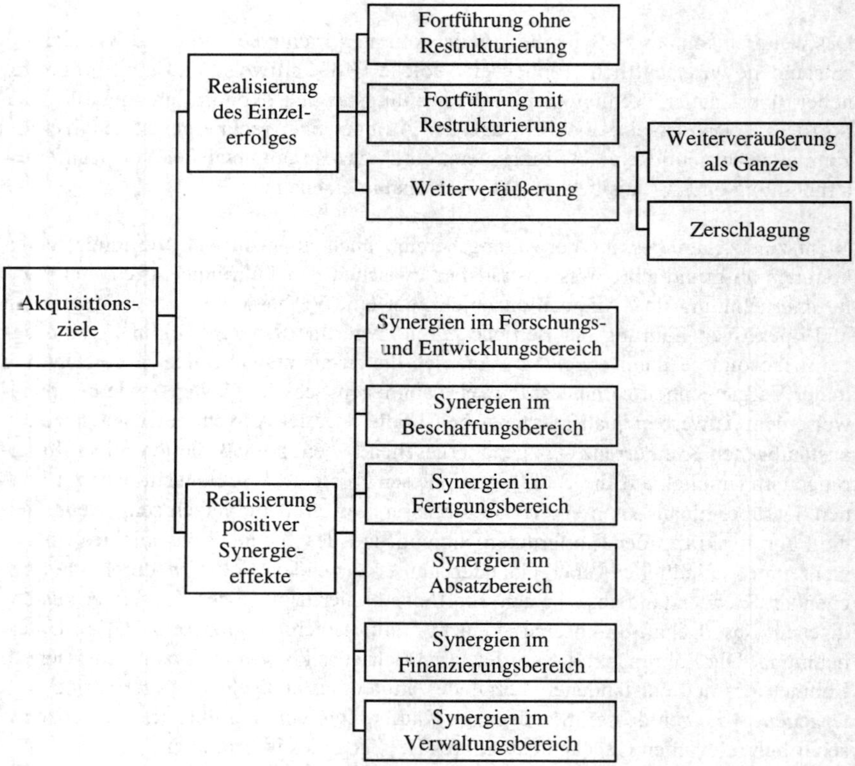

Abbildung 4: Die möglichen Zielsetzungen der Unternehmungsakquisition

Wie bereits zu Beginn des Kapitels erwähnt wurde, ist bei der hier vorgenommenen Differenzierung der Akquisitionsziele zu beachten, daß hinter Unternehmungskäufen nicht ausschließlich jeweils *eines* dieser Motive stehen muß, sondern gleichzeitig oder sukzessive auch verschiedene Zielsetzungen verfolgt werden können. Beispiele für Akquisitionen, bei denen mehrere Ziele erreicht werden sollen, sind die folgenden vier Konstellationen:

1) Eine *gleichzeitige* Anstrebung mehrerer Ziele findet statt im Falle einer Übernahme, in deren Rahmen das Akquisitionsobjekt vollständig in die Käuferunternehmung integriert wird, um so zahlreiche Synergieeffekte in diversen betrieblichen Funktionsbereichen zu realisieren.

2) Ebenfalls um eine *gleichzeitige* Anstrebung mehrerer Ziele handelt es sich bei der Akquisition einer Unternehmung, die aus mehreren eigenständigen Teilbetrieben besteht, von denen einige zwecks Synergieeffekterzielung in die Käuferunternehmung integriert und andere eigenständig weitergeführt werden, um den aus ihrer Tätigkeit fließenden Einzelerfolg zu vereinnahmen.

3) Eine *sukzessive* Anstrebung mehrerer Ziele liegt vor im Falle der Übernahme einer Gesellschaft durch einen Konkurrenten, in deren Folge das Akquisitionsobjekt von der Käuferunternehmung zerschlagen wird, um so zunächst den aus der Weiterveräußerung fließenden Einzelerfolg zu realisieren und darüber hinaus in der Zukunft in den Genuß der aus der Konkurrenzausschaltung resultierenden Verbundvorteile im Absatzbereich zu kommen.

4) Eine *sukzessive* Anstrebung mehrerer Ziele ist auch bei einer Akquisition gegeben, in deren Rahmen die Käuferunternehmung zunächst einen steuerlichen Verlustvortrag der erworbenen Gesellschaft ausnutzt, sie danach durch eine Restrukturierung wieder wettbewerbsfähig macht und zwecks Vereinnahmung des Einzelerfolges weiterführt.

2. Der Akquisitionsprozeß

2.1 Die Phasen des Akquisitionsprozesses

Wurde im vorangegangenen Kapitel III.1 herausgearbeitet, welche Zielsetzungen ein – nach Gewinnmaximierung strebender – Käufer mit der Übernahme einer Unternehmung zu erreichen sucht, so sollen die folgenden Abschnitte eingehender darstellen, wie sich der Ablauf eines derartigen Unternehmungskaufes im einzelnen gestaltet. Die Betrachtung des Überganges des Eigentums an einer Gesellschaft mittels des Erwerbs ihrer Anteile oder Vermögensgegenstände erfolgt somit innerhalb eines größeren Rahmens, denn es soll gezeigt werden, welche Aktivitäten von einem präsumtiven Erwerber sowohl vor als auch nach dem Abschluß des betreffenden Kaufvertrages zu vollziehen sind, um seine jeweiligen, mit der Akquisition verbundenen Zielvorstellungen entsprechend verfolgen zu können. Der sich aus den Maßnahmen des Käufers zusammensetzende Akquisitionsprozeß wird dabei im weiteren in drei verschiedene Phasen eingeteilt, und zwar die Phase der Suche und Beurteilung des Akquisitionsobjektes, die Phase der Vertragsverhandlungen sowie die Phase der Zielrealisierung.[43]

2.2 Die Phase der Suche und Beurteilung des Akquisitionsobjektes

Verfolgt ein Wirtschaftssubjekt das Ziel, eine Unternehmung zu erwerben, um auf diese Weise ihren Einzelerfolg zu vereinnahmen oder in den Genuß von Verbundvorteilen zu kommen, hat es zunächst einen entsprechenden Betrieb ausfindig zu

---

43 Die Differenzierung des Akquisitionsprozesses in einzelne Phasen wird im Schrifttum keineswegs einheitlich gehandhabt: So unterscheiden COENENBERG/SAUTTER, Bewertung von Unternehmensakquisitionen (1988), S. 694-702 die Strategieentwicklungsphase, die Übernahmephase, die Wertschöpfungsphase und die Gewinnrealisierungsphase. SIEBEN/SIELAFF, Unternehmensakquisition (1989), S. 25-47 trennen zwischen der Suchphase, der Beurteilungsphase, der Verhandlungsphase, der Phase der Vertragsgestaltung und der Integrations- und Kontrollphase. BLEX/MARCHAL, Risiken im Akquisitionsprozeß (1990), S. 86 f. führen neun verschiedene Phasen an, und zwar die strategische Auswahl, die Anbahnung, die Grobanalyse und Urteilsbildung unter Vorbehalt, die Detailanalyse, die abschließende Urteilsbildung, die abschließende Verhandlung, die Genehmigung, den Übergang und die Integration. ZIMMERER, Unternehmensakquisition (1993), Sp. 4295-4303 differenziert schließlich zwischen der Vorbereitungsphase, der Verhandlungsphase sowie der Phase des Vertragsabschlusses und der Eingliederung. Die im folgenden vorgenommene dreiphasige Unterteilung des Akquisitionsprozesses wurde gewählt, um – im Gegensatz zu den oben angeführten Konzepten – sowohl sachlich eng zusammengehörende Übernahmeaktivitäten nicht in unterschiedliche Prozeßstufen zu zertrennen als auch ein allgemeines Bild des Akquisitionsprozesses darzustellen, das im Hinblick auf alle in Kapitel III.1 herausgearbeiteten Übernahmeziele Gültigkeit besitzt.

machen, der ihm im Hinblick auf sein jeweiliges Akquisitionsmotiv als geeignet erscheint und dessen momentaner Eigner[44] grundsätzlich an einer Veräußerung interessiert ist.[45] Wird eine derartige Unternehmung identifiziert, muß der präsumtive Käufer in einem zweiten Schritt versuchen, zu möglichst ausführlichen Informationen über die jeweiligen betriebswirtschaftlichen Gegebenheiten und Entwicklungspotentiale des Übernahmeobjektes, seine Stärken und Schwächen, Chancen und Risiken zu gelangen, um beurteilen zu können, inwieweit die zum Verkauf stehende Gesellschaft für die Realisierung seines angestrebten Übernahmezieles als geeignet erscheint.[46] Im Grundsatz kann eine derartige Unternehmungsanalyse dabei vier verschiedene Ergebnisse zeitigen:

1) Es ist möglich, daß das Bewertungssubjekt mittels der Untersuchung des interessierenden Betriebes zu der Erkenntnis gelangt, daß dieser tatsächlich in einem mehr oder minder großen Umfang diejenigen Eigenschaften und Entwicklungspotentiale aufweist, die für die Verfolgung der Zielvorgaben als notwendig angesehen werden, so daß eine Übernahme folglich angestrebt werden sollte.

2) Im Gegensatz dazu kann der Akquisiteur im Rahmen seiner Unternehmungsanalyse ebenfalls feststellen, daß die betrachtete Gesellschaft als gänzlich ungeeignet im Hinblick auf seine jeweiligen Zielsetzungen erscheint. So ist es beispielsweise denkbar, daß sich die Vermutung von Synergiepotentialen als Trugschluß erweist oder sich eine geplante Einzelerfolgsrealisierung aufgrund der schlechten Absatzmarktposition des Akquisitionsobjektes als wenig aussichtsreich darstellt. Konsequenz eines derartigen Analyseergebnisses ist, daß der präsumtive Erwerber von der Übernahme dieser Unternehmung Abstand nehmen und statt dessen eine erneute Phase der Suche und Beurteilung eines zu seinen Zielvorgaben passenden Akquisitionsobjektes durchlaufen muß.

3) Des weiteren ist es möglich, daß der präsumtive Käufer infolge seiner Diagnose des zu übernehmenden Betriebes eine Zielsubstitution vornimmt: So kann seine Analyse deutlich machen, daß die zur Veräußerung stehende Unternehmung zwar als ungeeignet im Hinblick auf das bislang verfolgte Akquisitionsmotiv erscheint, statt dessen aber die Realisierung eines anderen, ebenfalls der Gewinn-

44 Selbstverständlich kann die Unternehmung nicht allein einer – natürlichen oder juristischen – Person, sondern auch einer Personenmehrheit gehören.

45 Vgl. ZIMMERER, Unternehmensakquisition (1993), Sp. 4295 f. Im Hinblick auf die bei der Unternehmungssuche nutzbaren Informationsquellen vgl. PAUSENBERGER, Akquisitionsplanung (1989), Sp. 22.

46 Eine ausführliche Darstellung der im Rahmen der Beurteilung des Akquisitionsobjektes zu untersuchenden Aspekte geben SIEBEN/SIELAFF, Unternehmensakquisition (1989), S. 28-30 sowie BLEX/MARCHAL, Risiken im Akquisitionsprozeß (1990), S. 92-98. Vgl. hierzu ferner auch ZIMMERER, Unternehmensakquisition (1993), Sp. 4298.

maximierung dienenden Zieles verspricht und ihre Übernahme aus diesem Grunde vollzogen werden sollte. Als Beispiel für eine derartige Konstellation kann hier eine Akquisitionssituation angeführt werden, in der der präsumtive Käufer die Nutzung von Verbundvorteilen im Fertigungs- und Absatzbereich anstrebt, bei der Analyse des interessierenden Betriebes allerdings zu dem Schluß kommt, daß die Gesellschaft zwar keine nennenswerten Synergiepotentiale aufweist, ihr Erwerb aber eine erhebliche Einzelerfolgsrealisierung mittels Zerschlagung ermöglichen würde.

4) Nicht zuletzt ist es ebenfalls denkbar, daß der Akquisiteur aufgrund der Analyse des Übernahmeobjektes erkennt, daß dieses sowohl die Verfolgung des von ihm ins Auge gefaßten Akquisitionsmotives erlaubt als auch zusätzlich dazu die Verwirklichung mindestens eines weiteren, der Gewinnmaximierung dienenden Übernahmezieles möglich macht. Eine derartige Zielergänzung kann sich beispielsweise dergestalt darstellen, als ein nach einer Einzelerfolgsrealisierung strebender präsumtiver Käufer diagnostiziert, daß das ihn interessierende Akquisitionsobjekt nicht nur im Hinblick auf sein bisheriges Übernahmemotiv als geeignet erscheint, sondern ebenfalls einen körperschaft- und gewerbeertragsteuerlichen Verlustvortrag besitzt, den er mit seinen eigenen Gewinnen verrechnen kann. Zu der Vereinnahmung des Einzelerfolges der übernommenen Gesellschaft tritt dann folglich die Erzielung eines finanzwirtschaftlichen Synergieeffektes in Form der Verlustvortragsnutzung.

Zieht der präsumtive Erwerber infolge seiner Unternehmungsanalyse den Schluß, daß der betrachtete Betrieb für einen Kauf als unpassend erscheint, bedarf es damit – wie bereits unter Punkt 2) erläutert – einer erneuten Suche nach einem angemessenen Akquisitionsobjekt. Kommt er dagegen zu der Erkenntnis, daß sich die zum Verkauf stehende Unternehmung als geeignet für die Verfolgung seines bislang geplanten Übernahmezieles darstellt oder aber eine Zielsubstitution oder gar eine Zielergänzung ermöglicht, muß er auf der Grundlage der prognostizierten, ihm aus dem Akquisitionsobjekt zufließenden zukünftigen Zahlungsüberschüsse seinen jeweiligen Entscheidungswert ermitteln. Hat der präsumtive Käufer auf diese Weise seine Grenze der Konzessionsbereitschaft bestimmt, kann er im Anschluß daran zusammen mit dem Eigner des zum Verkauf stehenden Betriebes entsprechende Verhandlungen über die Konditionen eines Eigentumsüberganges der Unternehmung aufnehmen.

2.3 Die Phase der Vertragsverhandlungen

Bei dem Bewertungsanlaß der Unternehmungsakquisition handelt es sich – wie schon in Kapitel II.1.2 dargestellt – um eine nicht dominierte Konfliktsituation; keine der an ihr beteiligten Parteien ist also in der Lage, eine Veränderung der Eigentumsverhältnisse der interessierenden Gesellschaft im Alleingang, unter Mißachtung des Willens der jeweils anderen Partei, vorzunehmen. Voraussetzung für eine Realisation der geplanten Übernahme ist daher eine entsprechende Einigung zwischen dem bisherigen Eigner der Unternehmung und ihrem präsumtiven Käufer, die nur im Rahmen von Verhandlungen erzielt werden kann. Der Inhalt einer derartigen Konsenssuche umfaßt dabei die folgenden beiden Problemkomplexe:

1) Zunächst haben sich die Konfliktparteien Klarheit darüber zu verschaffen, im Hinblick auf welche Gesichtspunkte sie zu einer Übereinkunft kommen müssen, um den Eigentumsübergang der Unternehmung zu vollziehen. So wurde bereits in Kapitel II.1.2 erläutert, daß gegebenenfalls nicht allein der für das Akquisitionsobjekt zu zahlende Preis einen Verhandlungsgegenstand darstellt, sondern es sich auch bei anderen Aspekten – wie beispielsweise der Vereinbarung eines Wettbewerbsverbotes – um konfliktlösungsrelevante Sachverhalte handeln kann; da sie ebenfalls bei der Bestimmung der jeweiligen Konzessionsgrenze von Käufer und Verkäufer zu berücksichtigen sind, nehmen die Entscheidungswerte der Konfliktparteien damit entsprechend einen mehrdimensionalen Charakter an.[47]

2) In einem zweiten Schritt müssen die beiden Übernahmeparteien danach streben, im Hinblick auf die jeweiligen Extensionen der identifizierten konfliktlösungsrelevanten Sachverhalte zu einer Einigung zu gelangen. Wie in Kapitel II.1.1 dargestellt, offenbaren Erwerber und Veräußerer im Rahmen einer derartigen Konsenssuche gegenseitig nicht ihre Konzessionsgrenzen, sondern bringen vielmehr Argumentationswerte in die Vertragsgespräche ein, die eine Verbesserung der jeweils eigenen Verhandlungsposition bewirken sollen; das Ziel jeder der Parteien besteht dabei letztendlich darin, zu einer Übereinkunft zu gelangen, deren Bedingungen dem Entscheidungswert der jeweiligen Gegenseite möglichst nahe kommen.

Gelingt es Käufer und Verkäufer – gegebenenfalls unter Einschaltung eines unparteiischen Vermittlers –, bezüglich der Ausprägungen aller konfliktlösungsrelevanten Sachverhalte eine Einigung zu erreichen, kommt es zwischen den Verhandlungssei-

47 Eine mit Hilfe von Unternehmungsbefragungen gewonnene Übersicht über mögliche konfliktlösungsrelevante Sachverhalte gibt MATSCHKE, Entscheidungswert (1975), S. 40 f. Vgl. zu neben dem Preis stehenden Verhandlungsgegenständen darüber hinaus auch ZIMMERER, Unternehmensakquisition (1993), Sp. 4298 f.

ten im Ergebnis zu einem Vertrag gemäß § 433 BGB;[48] unter der Prämisse einer Erfüllung der vereinbarten Bedingungen erlangt der Käufer damit das Eigentum an der dem Kontrakt zugrundeliegenden Unternehmung. Sehen sich die Konfliktparteien dagegen außerstande, zu einer entsprechenden Übereinkunft im Hinblick auf die Übernahmekonditionen zu gelangen, ist das an einer Akquisition interessierte Wirtschaftssubjekt gezwungen, erneut die Phase der Suche und Beurteilung einer geeigneten Gesellschaft und die sich an sie anschließende Verhandlungsphase zu durchlaufen.

2.4 Die Phase der Zielrealisierung

Ist das Akquisitionsobjekt aufgrund der Einigung zwischen den konfligierenden Parteien in das Eigentum des Käufers übergegangen, muß dieser im Anschluß daran geeignete Maßnahmen ergreifen, um den erworbenen Betrieb dem angestrebten Übernahmeziel entsprechend zu nutzen.[49] Die von dem Akquisiteur vorzunehmenden Aktivitäten können dabei – in Abhängigkeit von der geplanten Verwendung des Akquisitionsobjektes – in zwei Gruppen differenziert werden:

1. Verfolgt der Käufer das Ziel, durch das Zusammenwirken seines bisherigen Betriebes und der übernommenen Unternehmung in den Genuß von Verbundvorteilen zu gelangen, hat er das Akquisitionsobjekt nach Maßgabe der identifizierten Synergiepotentiale in seine bereits bestehenden Betriebsstrukturen und -prozesse zu integrieren. So kann es innerhalb der erworbenen Gesellschaft beispielsweise zu einer – an den Gegebenheiten der Käuferunternehmung orientierten – Anpassung des Organisationsgefüges, einer Umgestaltung der Arbeitsvorgänge oder einer Angleichung der Personalpolitik kommen.[50] Im Falle des Übernahmemotivs der Einzelerfolgsrealisierung mittels Fortführung kann der Käufer ebenso eine derartige Eingliederung des Akquisitionsobjektes vornehmen, wenn er nicht allein den übernommenen Betrieb, sondern darüber hinaus noch eine weitere Unternehmung sein eigen nennt. Neben den bereits dargestellten Beispielen können hier als Integrationsmaßnahmen unter anderem auch die Koordination des exter-

---

48 Nicht als Ergebnis der Verhandlungsphase, sondern als eigenständiger Abschnitt des Akquisitionsprozesses wird der Vertragsabschluß dagegen von SIEBEN/SIELAFF, Unternehmensakquisition (1989), S. 31-40 sowie ZIMMERER, Unternehmensakquisition (1993), Sp. 4300-4303 interpretiert.

49 Vgl. auch COENENBERG/SAUTTER, Bewertung von Unternehmensakquisitionen (1988), S. 695 und 702.

50 Einen ausführlichen Überblick über mögliche Integrationsmaßnahmen geben SIEBEN/SIELAFF, Unternehmensakquisition (1989), S. 40-42.

nen und internen Rechnungswesens oder die Umgliederung bestimmter Betriebsbereiche angeführt werden.

2) Keiner Eingliederung des Akquisitionsobjektes bedarf es dagegen, wenn der Käufer die Zielsetzung einer Einzelerfolgsrealisierung mittels Weiterveräußerung verfolgt: Vor dem Hintergrund eines derartigen Übernahmemotives muß der Erwerber vielmehr versuchen, eine entsprechende Nachfrage ausfindig zu machen, um die von ihm akquirierte Unternehmung – als Ganzes oder zerschlagen in mehrere Teile – gemäß seinen Planungen liquidieren zu können.

Gelingt es dem Käufer nicht, sein jeweiliges Übernahmeziel mit Hilfe der erworbenen Gesellschaft in einem ihn zumindest zufriedenstellenden Ausmaß zu erreichen, muß er – unter der Prämisse der Aufrechterhaltung seiner Akquisitionspläne – versuchen, einen geeigneteren Betrieb zu erstehen, und die geschilderten Prozeßphasen der Suche und Beurteilung, der Vertragsverhandlung und der Zielrealisierung erneut durchlaufen.

3. Die Kultur als Erfolgsfaktor im Rahmen der Unternehmungsakquisition

3.1 Die differenzierte Betrachtung des Erfolgsfaktors Kultur

In Kapitel I wurde bereits erwähnt, daß die Unternehmungskultur auf zweierlei Wegen Einfluß auf den betrieblichen Erfolg des durch eine Übernahme entstandenen Unternehmungsverbundes[51] und damit auf die Attraktivität eines Akquisitionsobjektes nehmen kann: Zum einen, indem die über die Zeit entstandene Kultur des zum Verkauf stehenden Betriebes bestimmt, auf welche Art und Weise die Unternehmungsangehörigen ihre Umwelt in Form von Absatz- und Beschaffungsmärkten, gesellschaftlichen, juristischen und technologischen Gegebenheiten und Entwicklungen wahrnehmen, auf sie reagieren und die dabei auftretenden Probleme der betriebsinternen Abstimmung zu lösen versuchen. Die Kultur beeinflußt auf diese Weise das nach innen und außen gerichtete Verhalten des Akquisitionsobjektes und damit seinen betrieblichen Erfolg, der nach einer Übernahme einen Bestandteil des Gesamterfolges des Unternehmungsverbundes darstellt. Eine weitere Kulturwirkung auf den Erfolg der neuen wirtschaftlichen Einheit aus Käuferbetrieb und übernommener Gesellschaft entsteht, wenn letztere im Anschluß an die Akquisition in die Käuferunternehmung integriert wird. Es kommt dadurch zu einem Zusammentreffen der Kulturen beider Betriebe und somit zu einer Konfrontation zwischen den unterschiedlichen Grundannahmen, Werten und Normen der jeweiligen Mitglieder der Unternehmungen. Im folgenden sollen die Wirkungen sowohl der alleinigen Kultur des Übernahmeobjektes als auch des Zusammentreffens der Kulturen von akquirierender und akquirierter Unternehmung einer eingehenderen Betrachtung unterzogen werden. Darauf aufbauend ist zu diskutieren, inwiefern diese Kulturabhängigkeit des Erfolges des Unternehmungsverbundes Beachtung im Rahmen der Ermittlung des Entscheidungswertes des präsumtiven Käufers finden muß.

3.2 Die Unternehmungskultur des Akquisitionsobjektes

Der Einfluß der Unternehmungskultur auf den Erfolg des Betriebes ergibt sich aus ihrer Aufgabenstellung, die Probleme der externen Adaption und internen Integration der Unternehmungsmitglieder möglichst umfassend zu bewältigen. So ist eine

---

51 Im folgenden soll stets davon ausgegangen werden, daß es sich bei dem präsumtiven Erwerber des Akquisitionsobjektes um einen institutionellen Käufer handelt, so daß es durch den Übernahmevorgang zu einem Verbund aus akquirierender und akquirierter Unternehmung kommt.

Gesellschaft ceteris paribus um so erfolgreicher tätig und als gewinnbringendes Akquisitionsobjekt entsprechend attraktiv, je genauer die durch die Kultur verkörperten Lösungsmechanismen den an die Unternehmung gestellten Anforderungen entsprechen und je effektiver die von den Betriebsangehörigen geteilten Basisannahmen, Werte und Normen damit eine Überwindung der inneren und äußeren Schwierigkeiten erlauben.[52] Die Unternehmungskultur entfaltet auf diese Weise die bereits geschilderten Orientierungs-, Koordinations- und Motivationswirkungen und beeinflußt den Unternehmungserfolg dadurch insofern positiv, als sie den Unternehmungsmitgliedern bestimmte Zielvorstellungen vermittelt, an denen sie ihre betrieblichen Aktivitäten ausrichten können, ihre Abstimmung untereinander erleichtert und ihren Leistungswillen steigert.

Neben der Stimmigkeit zwischen den kulturellen Lösungsmechanismen und den aktuellen betriebsexternen und -internen Anforderungen hängt der dauerhafte Erfolg des Akquisitionsobjektes darüber hinaus auch ab von dem Ausmaß, in dem die Betriebsangehörigen in der Lage sind, etwaige sich verändernde Umfeldbedingungen zu erkennen, ihre kulturellen Denkmuster damit als zunehmend überholt einzuschätzen und entsprechende Veränderungen innerhalb der Unternehmungskultur vorzunehmen.

Nicht zuletzt wirkt sich auch die Stärke der Kultur des Akquisitionsobjektes auf dessen unternehmerischen Erfolg aus. Besteht eine Stimmigkeit zwischen den kulturellen Wertvorstellungen der Betriebsangehörigen und den gegebenen inneren und äußeren Anforderungen, erweisen sich die Lösungsmechanismen also als effektiv bei der Bewältigung der Schwierigkeiten der internen Integration und externen Adaption, und erlauben die gemeinsam getragenen Orientierungsmuster auch die Wahrnehmung sich ändernder Bedingungen sowie eine entsprechende Anpassung des kulturellen Wertesystems, beeinflußt die Kultur des Akquisitionsobjektes dessen unternehmerischen Erfolg um so günstiger, je stärker sie ist. Versagen die von der Unternehmungskultur bereitgestellten Problemlösungsmechanismen dagegen und vollziehen sich die notwendige Aktualisierung und Anpassung des von den Betriebsangehörigen geteilten Orientierungsrahmens nur zögerlich oder gar nicht, ist der davon ausgehende Schaden für den Erfolg des Akquisitionsobjektes um so geringer, je schwächer sich seine Unternehmungskultur darstellt.[53]

---

[52] Vgl. SCHEIN, Awareness of Organizational Culture (1984), S. 7.

[53] Der von DEAL/KENNEDY, Corporate Cultures (1982), S. 15 f. sowie DEAL, Grundstein für Spitzenleistungen (1984), S. 28 angestellten pauschalen Behauptung, eine starke Unternehmungskultur wirke sich stets positiv auf den Unternehmungserfolg aus, kann somit nicht gefolgt werden; vgl. SCHEIN, Awareness of Organizational Culture (1984), S. 7; HEINEN, Betriebswirtschaftslehre und Unternehmenskultur (1985), S. 986; SCHEIN, Corporate Cultured (1986), S. 96; SCHREYÖGG, Konsequenzen starker Unternehmenskulturen (1989), S. 99; ATTWOOD, Corporate Culture (1990), S. 27.

3.3 Das Zusammentreffen zweier Unternehmungskulturen

3.3.1 Die Situation der Kulturkollision

Eine Kulturkollision im Rahmen von Unternehmungsübernahmen ist stets dann zu verzeichnen, wenn das Akquisitionsobjekt in die Käuferunternehmung integriert wird und so ein Zusammentreffen der von den jeweiligen Angehörigen der beiden Betriebe getragenen unterschiedlichen kulturellen Muster stattfindet. Dies äußert sich darin, daß es zu einer Konfrontation verschiedenartiger Basisannahmen, Wertvorstellungen und Normen kommt; derartige Unternehmungskulturdifferenzen zeigen sich dabei zunächst insbesondere in den diversen kulturellen Artefakten, die die akquirierende und die akquirierte Unternehmung ihr eigen nennen. So können die beiden Betriebe in Abhängigkeit von ihrer jeweiligen Unternehmungskultur unter anderem Unterschiede aufweisen in der Aufbauorganisation (beispielsweise in bezug auf eine funktionale oder divisionale Aufgabenverteilung, eine ein- oder mehrdimensionale Organisationsstruktur oder die Anzahl der Hierarchieebenen), der Ausgestaltung der Informationspolitik, der Organisation der Entscheidungsprozesse, der Festlegung der Budgetverantwortlichkeiten, der Form der Entlohnungs- und Beförderungssysteme, der Ausstattung mit sozialen Einrichtungen, der Architektur und Einrichtung der Betriebsgebäude oder auch den von den Unternehmungsangehörigen geteilten Sprachmustern und den von ihnen gefeierten Ritualen, wie Betriebsfesten und ähnlichem.[54]

Auf der individuellen Ebene lösen die im Rahmen der Kulturkollision stattfindende Konfrontation der Unternehmungsmitglieder mit ungewohnten, fremd und unverständlich anmutenden kulturellen Vorstellungen, das damit einhergehende Infragestellen des bisherigen Systems von Basisannahmen, Werten und Normen sowie die Angst vor dem Verlust der eigenen kulturellen Identifikations- und Orientierungsmuster einen „Kulturschock" aus, der sich in Selbstzweifeln, Orientierungslosigkeit, Unsicherheit und Angst ausdrückt.[55] Eine derartige Schocksituation erleben dabei allerdings im Regelfall ausschließlich die Angehörigen des Akquisitionsobjektes, nicht dagegen jene der Käuferunternehmung, was sich aus der Machtverteilung zwi-

---

[54] Vgl. SALES/MIRVIS, Issues in Acquisition (1984), S. 112 und 114; KRYSTEK/MINKE, Strategische Allianzen (1990), S. 31.

[55] Zur Problematik des Kulturschocks vgl. GILL/FOULDER, Acquisition and the Aftermath (1978), S. 15; SALES/MIRVIS, Issues in Acquisition (1984), S. 109; BUONO/BOWDITCH/LEWIS, Anatomy of a Merger (1985), S. 482; PRITCHETT, Managing the Shockwaves (1985), S. 13 f.; DE NOBLE/GUSTAFSON/HERGERT, Post-merger Integration (1988), S. 83; SIEHL/LEDFORD/SILVERMAN/FAY, Postmerger Integration (1988), S. 56; BUONO/BOWDITCH, Human Side of Acquisitions (1989), S. 96 und 164; GOMEZ/WEBER, Akquisitionsstrategie (1989), S. 76; KÖRTING, Hochzeit (1989), S. 371; KRYSTEK, Unternehmungskultur als kritischer Erfolgsfaktor (1991), S. 139; MÜLLER-STEWENS, Personalwirtschaftliche Problemfelder (1991), S. 165; KRYSTEK, Akquisition (1992), S. 552-554.

schen beiden Gesellschaften ergibt. So ist es die erwerbende Unternehmung, die sich fortan in der Position befindet, über die Belange des Akquisitionsobjektes zu entscheiden, seine betriebswirtschaftlichen Gegebenheiten zu bestimmen und damit einhergehend auch zu versuchen, ihre eigenen kulturellen Vorstellungen auf die erworbene Gesellschaft zu übertragen. Eine solche Kulturbeeinflussung läuft dabei insofern ab, als der Käuferbetrieb die kulturellen Artefakte des Akquisitionsobjektes entsprechend komplementiert, modifiziert, eliminiert oder substituiert und den Angehörigen dieser Unternehmung so seine eigenen Werte, Normen und Grundannahmen kommuniziert. Aufgrund der dargestellten Ungleichverteilung der Einflußnahmemöglichkeiten zwischen erwerbender und erworbener Unternehmung stellt sich die Möglichkeit der kulturellen Einwirkung der Käuferunternehmung auf das Akquisitionsobjekt grundsätzlich als hoch, diejenige des Akquisitionsobjektes auf die Käuferunternehmung dagegen als vergleichsweise gering dar.[56]

Eine – auf dem Kulturebenenmodell nach SCHEIN aufbauende – graphische Darstellung der geschilderten Kulturkollision in Form der Konfrontation der unterschiedlichen, von den jeweiligen Angehörigen der akquirierenden und akquirierten Unternehmung getragenen kulturellen Inhalte und ihrer gegenseitigen Beeinflussung über das Medium der Artefakte gibt Abbildung 5. Der von links nach rechts gehende, durchgezogene Pfeil stellt in diesem Zusammenhang die kulturelle Einflußnahme der Käuferunternehmung dar; der in umgekehrter Richtung verlaufende, gestrichelte Pfeil symbolisiert dagegen die mögliche, aber im Regelfall äußerst geringe Wirkung der Kultur des Akquisitionsobjektes auf die Kultur der Käuferunternehmung.

[56] Vgl. hierzu insbesondere KRYSTEK/MINKE, Strategische Allianzen (1990) S. 31; KRYSTEK, Unternehmungskultur als kritischer Erfolgsfaktor (1991), S. 139; ders., Akquisition (1992), S. 545. Auf die Möglichkeit einer kulturellen „Rückkopplung", also einer Beeinflussung der Kultur der Käuferunternehmung durch jene des Akquisitionsobjektes weist MÜLLER-STEWENS, Personalwirtschaftliche Problemfelder (1991), S. 166 in diesem Zusammenhang hin.

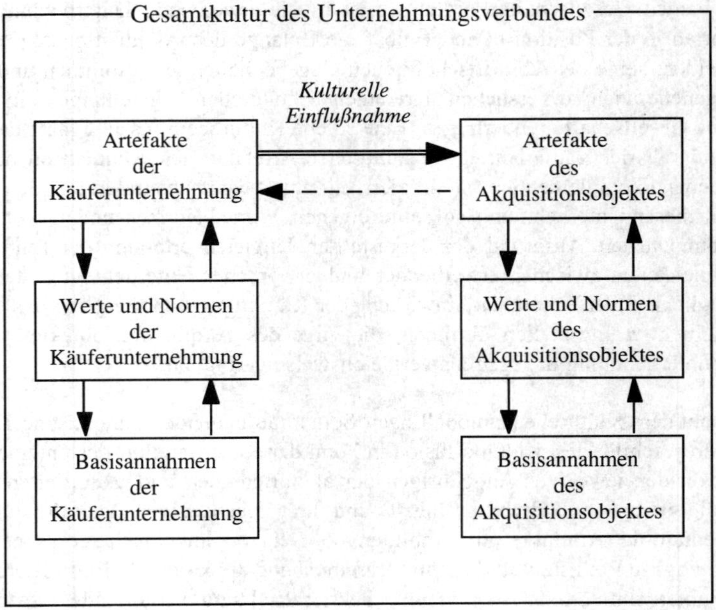

Abbildung 5: Die Situation der Kulturkollision

Als Folge der Konfrontation beider Unternehmungskulturen und der Einflußnahme der akquirierenden Gesellschaft auf die kulturellen Vorstellungen des erworbenen Betriebes kommt es zur Akkulturation, das heißt zu einem Prozeß, in dessen Rahmen sich die Träger der Kultur des Akquisitionsobjektes mit der Kultur der Käuferunternehmung auseinandersetzen[57] und der letztendlich in vier unterschiedlichen Zuständen im Hinblick auf das Verhältnis zwischen beiden Unternehmungskulturen münden kann: der Kultureinbringung, der Kulturassimilation, der Kultursegregation oder der Dekulturation.

57 Andere Definitionen der Akkulturation finden sich bei BERRY, Cultural Change (1980), S. 217 und REINEKE, Akkulturation von Akquisitionen (1989), S. 10. So versteht BERRY unter der Akkulturation „changes [...] induced in [...] [two cultural] systems as a result of the diffusion of cultural elements in both directions", und REINEKE sieht in ihr einen „unternehmenskulturellen Anpassungsprozeß". Beide Definitionen sind hier als unzweckmäßig abzulehnen, denn im Rahmen der Akkulturation muß es nicht in jedem Fall zu Veränderungen in einem oder beiden kulturellen Systemen oder zu Anpassungen zwischen den Unternehmungskulturen kommen, wie noch zu zeigen sein wird.

Das Akkulturationsresultat der *Kultureinbringung* beschreibt eine Situation, bei der die Angehörigen des Akquisitionsobjektes einen Großteil ihrer eigenen Basisannahmen, Werte, Normen und Artefakte bewahren, darüber hinaus aber auch in die Kultur der Käuferunternehmung eingebunden sind und dieser positiv gegenüberstehen. Die kulturellen Vorstellungen der Mitglieder des übernommenen Betriebes können damit als Subkultur der Kultur der akquirierenden Gesellschaft interpretiert werden. Ein solches Akkulturationsergebnis ist dann wahrscheinlich, wenn die Angehörigen des Akquisitionsobjektes von der Problemlösungskraft ihrer eigenen kulturellen Vorstellungen überzeugt sind, gleichzeitig aber auch gewisse Vorzüge der Kultur der Käuferunternehmung erkennen und entsprechend übernehmen.[58]

Unter dem Begriff der *Kulturassimilation* wird ein Ergebnis des Akkulturationsprozesses verstanden, bei dem die Mitglieder der akquirierten Gesellschaft ihre eigenen, über die Zeit entwickelten Basisannahmen, Werte, Normen und Artefakte mehr oder minder vollständig aufgegeben und statt dessen die kulturellen Muster der Käuferunternehmung übernommen haben. Eine solche Form der Akkulturation kann dabei als Substitutionsprozeß gedeutet werden, in dessen Verlauf die kulturellen Vorstellungen des übernommenen Betriebes durch jene des übernehmenden Betriebes ersetzt werden; ein Weiterleben der Kultur des Akquisitionsobjektes in der Gestalt einer Subkultur – wie es bei der Kultureinbringung der Fall ist – findet bei der Kulturassimilation folglich nicht statt. In einen derartigen Endzustand wird der Akkulturationsprozeß dabei im Regelfall dann einmünden, wenn die Mitglieder des übernommenen Betriebes ihre eigenen kulturellen Lösungsmechanismen als überholt und ineffektiv einschätzen, die Kultur der Käuferunternehmung dagegen als vergleichsweise attraktiv empfinden.[59]

Das Akkulturationsresultat der *Kultursegregation* stellt einen Zustand dar, in dessen Rahmen die Angehörigen des Akquisitionsobjektes auch nach der erfolgten Übernahme an ihren bisherigen Grundannahmen, Werten, Normen und Artefakten festhalten, ohne – im Gegensatz zur Kultureinbringung – gleichzeitig auch die kulturellen Muster der Käuferunternehmung internalisiert zu haben. Letztere werden vielmehr abgelehnt; das individuelle Denken und Handeln der Mitglieder der übernommenen Gesellschaft orientiert sich allein an den eigenen, tradierten unternehmungskulturellen Gegebenheiten. Ein solches Akkulturationsergebnis ist dabei

---

58 Vgl. SALES/MIRVIS, Issues in Acquisition (1984), S. 124; NAHAVANDI/MALEKZADEH, Acculturation in Acquisitions (1988), S. 82; REINEKE, Akkulturation von Akquisitionen (1989), S. 93 f. Das Schrifttum nennt die geschilderte Akkulturationsform dabei „Integration". Eine solche Bezeichnung wird hier durch den Begriff der „Kultureinbringung" ersetzt, da der Terminus der Integration in dieser Arbeit bereits für den Vorgang der betriebswirtschaftlichen Eingliederung des Akquisitionsobjektes in die Käuferunternehmung verwandt wurde.

59 Vgl. SALES/MIRVIS, Issues in Acquisition (1984), S. 124; NAHAVANDI/MALEKZADEH, Acculturation in Acquisitions (1988), S. 82; BUONO/BOWDITCH, Human Side of Acquisitions (1989), S. 145 f.; REINEKE, Akkulturation von Akquisitionen (1989), S. 92 f.

wahrscheinlich in Situationen, in denen die Mitglieder des Akquisitionsobjektes ihre eigenen kulturellen Lösungsmechanismen als überaus effektiv beurteilen, wogegen die Kultur der Käuferunternehmung als unbrauchbar und unattraktiv eingeschätzt wird.[60]

Der Begriff der *Dekulturation* beschreibt ein Ergebnis des Akkulturationsprozesses, bei dem die Angehörigen des akquirierten Betriebes ihre bisherigen kulturellen Orientierungsmuster zum Großteil oder vollständig aufgegeben haben, ohne sie allerdings – wie es bei der Kulturassimilation der Fall ist – durch die entsprechenden Wertvorstellungen der Käuferunternehmung zu ersetzen. Es kommt bei den Mitgliedern des Akquisitionsobjektes durch die Akkulturation folglich zu einem Verlust der eigenen Unternehmungskultur und einer gleichzeitigen Ablehnung der Kultur des übernehmenden Betriebes. Zur Dekulturation kommt es im Regelfall dann, wenn die Angehörigen der übernommenen Gesellschaft ihre bisherigen kulturellen Lösungsmechanismen als den gegenwärtigen und zukünftigen Anforderungen nicht mehr gewachsen empfinden, ebenso aber die Kultur der Käuferunternehmung als ineffektiv und daher unbrauchbar beurteilen.[61]

Eine – nach den Kriterien der Bewahrung der Kultur des Akquisitionsobjektes und der Übernahme der Kultur der Käuferunternehmung durch die Mitglieder des erworbenen Betriebes differenzierende – Darstellung der geschilderten Akkulturationsformen gibt Abbildung 6.

60 Vgl. SALES/MIRVIS, Issues in Acquisition (1984), S. 124; NAHAVANDI/MALEKZADEH, Acculturation in Acquisitions (1988), S. 82; REINEKE, Akkulturation von Akquisitionen (1989), S. 94 f. Die Situation der Kultursegregation zeigt, daß die Akkulturation – im Widerspruch zu den bereits geschilderten und als unzweckmäßig beurteilten Definitionen von BERRY und REINEKE – nicht in jedem Fall in Form einer Kulturveränderung oder -anpassung vonstatten geht.

61 Vgl. SALES/MIRVIS, Issues in Acquisition (1984), S. 124 f.; NAHAVANDI/MALEKZADEH, Acculturation in Acquisitions (1988), S. 83; REINEKE, Akkulturation von Akquisitionen (1989), S. 94.

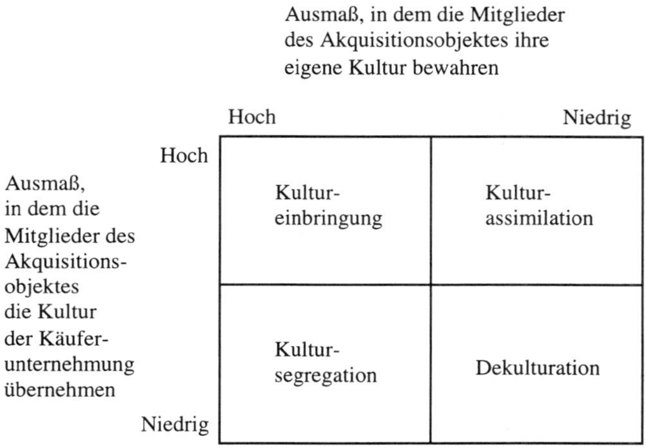

Abbildung 6: Die Akkulturationsformen[62]

3.3.2 Die Wirkung der Kulturkollision

3.3.2.1 Die Kollisionswirkung als Verbundeffekt

Es wurde gezeigt, daß das Phänomen der Kulturkollision bei Unternehmungsübernahmen ausschließlich durch die Integration des Akquisitionsobjektes in die Käuferunternehmung zustande kommt, also durch die betriebswirtschaftliche Zusammenführung zweier bisher getrennt agierender wirtschaftlicher Einheiten. Die aus dem Aufeinandertreffen der Kulturen resultierende Wirkung ist damit folglich als Verbundeffekt zu charakterisieren.[63] Wie die Kollisionswirkung im einzelnen aussehen kann und ob sie damit einen Verbundeffekt positiver oder vielmehr negativer Art darstellt, soll im folgenden eingehender diskutiert werden.

---

62 In Anlehung an NAHAVANDI/MALEKZADEH, Acculturation in Acquisitions (1988), S. 83; REINEKE, Akkulturation von Akquisitionen (1989), S. 92.

63 Eine derartige Sichtweise findet sich auch bei RUHNKE, Ermittlung der Preisobergrenze bei Akquisitionen (1991), S. 1890, Fn. 14; WEBER, Berücksichtigung von Synergieeffekten (1991), S. 111 f.; NIEHUES, Unternehmensbewertung (1993), S. 2246; OSSADNIK, Aufteilung von Synergieeffekten (1995), S. 8; ders., Synergie-Controlling (1997), S. 1823. In allen diesen Quellen wird allerdings jeweils pauschal davon ausgegangen, daß ein solcher Verbundeffekt stets negativer Art ist.

3.3.2.2 Die Kollisionswirkung als positiver Verbundeffekt

Als positiv kann sich die durch die Zusammenführung der Unternehmungen bedingte Kultursynergie dann herausstellen, wenn es den Betriebsangehörigen beider Akquisitionsparteien nach der Überwindung des anfänglichen Kulturschocks gelingt, die kulturellen Muster von übernehmender und übernommener Gesellschaft so miteinander zu verweben, daß die negativen, ineffektiven Elemente beider Unternehmungskulturen über Bord geworfen und allein die jeweils positiven, nutzbringenden Aspekte zu einer neuen, erfolgversprechenden Gesamtkultur des Unternehmungsverbundes zusammengefügt werden.[64] Die Orientierungs-, Koordinations- und Motivationswirkungen der Unternehmungskultur könnten damit verstärkt, etwaige kulturbedingte Gefahren der Abschottung, mangelnden Flexibilität und unzureichenden Veränderungsbereitschaft dagegen verringert werden.

Eine derartige Schaffung einer effektiveren, sinnstiftenderen Gesamtkultur aus der Zusammenführung der jeweils nützlichen Bestandteile der Kulturen beider Akquisitionsparteien ist grundsätzlich zwar denkbar, aber letztendlich als äußerst unwahrscheinlich einzuschätzen, wofür zwei Gründe maßgeblich sind:

1) So wird der von allen Mitarbeitern getragene Aufbau eines gemeinsamen, verbesserten kulturellen Musters im Regelfall bereits an der Tatsache scheitern, daß bei der Käuferunternehmung keinerlei Bereitschaft vorhanden ist, eigene, über die Zeit entwickelte Kulturelemente aufzugeben; diese sollen vielmehr meist zügig und in großem Umfang auf die erworbene Gesellschaft übertragen werden.[65]

2) Selbst wenn die Möglichkeit eines gegenseitigen kulturellen Austauschs zwischen erworbener und erwerbender Gesellschaft im Grundsatz besteht, ist darüber hinaus zu beachten, daß die jeweiligen kulturellen Muster dieser Unternehmungen in aller Regel nur geringe oder keinerlei Kompatibilitäten aufweisen und daher nur in einem äußerst begrenzten Umfang miteinander verzahnt werden können. Derartige Kombinationsprobleme beruhen dabei auf dem Sachverhalt, daß die beiden Unternehmungen jeweils von Gründern mit einer eigenständigen, unabhängigen Persönlichkeit ins Leben gerufen und damit ihre Kulturen auf verschiedenartigen Ursprungswerten aufgebaut wurden; des weiteren haben sich beide Betriebe im Rahmen ihrer bisherigen wirtschaftlichen Aktivitäten zumindest

---

64 Vgl. McLean, Acquisitions (1985), S. 44; Buono/Bowditch, Human Side of Acquisitions (1989), S. 144 f.; Krystek, Unternehmungskultur als kritischer Erfolgsfaktor (1991), S. 138; ders., Akquisition (1992), S. 545.

65 Vgl. hierzu auch Krystek, Unternehmungskultur als kritischer Erfolgsfaktor (1991), S. 138 f.; ders., Akquisition (1992), S. 545.

teilweise unterschiedlichen Anforderungen und Chancen[66] gegenübergesehen und differierende Krisenphasen durchlebt, so daß sich die im Laufe der Zeit für die Probleme der externen Adaption und internen Integration entwickelten kulturellen Lösungsmechanismen der akquirierenden und akquirierten Unternehmung im Regelfall nicht gleichen und kaum sinnvoll miteinander verwoben werden können.

Denkbar sind kulturkollisionsbedingte Verbundvorteile auch für den Fall, daß die Mitarbeiter des Akquisitionsobjektes nach einem anfänglichen Kulturschock eine Akkulturation in Richtung einer Kulturassimilation durchlaufen. Positive Kultursynergien treten dabei dann auf, wenn die Angehörigen der erworbenen Gesellschaft ihre eigene, in der Vergangenheit zunehmend ineffektiv gewordene, die unternehmerische Flexibilität lähmende Unternehmungskultur über Bord werfen, sie durch die den internen und externen Anforderungen besser entsprechenden kulturellen Vorstellungen der Käuferunternehmung ersetzen und mit einem so geänderten Wertesystem den Erfolg ihres Betriebes und damit auch des Unternehmungsverbundes steigern.[67]

Ebenso wie der erste positive Verbundeffekt ist auch diese Kultursynergie als zwar möglich, aber wenig wahrscheinlich einzuschätzen. Ursache dafür ist die Tatsache, daß die Kultur der Käuferunternehmung Lösungsmechanismen bereithält, die sich im Zeitablauf als wirksam erwiesen haben zur Bewältigung der speziell an diese Unternehmung herangetragenen inneren und äußeren Anforderungen. Die Kultur des übernehmenden Betriebes stellt damit einen genau auf ihn zugeschnittenen Orientierungs-, Koordinations- und Motivationsrahmen dar. Wird sie auf den übernommenen Betrieb transferiert, der sich im Regelfall zumindest zum Teil anderen internen und externen Schwierigkeiten als die Käuferunternehmung gegenübersieht, kommt es zu entsprechenden Unstimmigkeiten zwischen den durch die Kultur bereitgestellten Lösungsmechanismen und den tatsächlich von dem Akquisitionsobjekt zu überwindenden Problemkomplexen, die die geschilderte Realisierung positiver Kultursynergien fragwürdig erscheinen lassen.

3.3.2.3 Die Kollisionswirkung als negativer Verbundeffekt

Negative Verbundeffekte zeitigt im Anfangsstadium der Integration des Akquisitionsobjektes in die Käuferunternehmung im Regelfall bereits der Kulturschock, den die Angehörigen des übernommenen Betriebes erleiden. Die Konfrontation mit neu-

---

66 Derartige Anforderungen und Chancen ergeben sich beispielsweise aus den Gegebenheiten der Absatz- und Beschaffungsmärkte, an denen die Unternehmungen jeweils tätig sind, der Zahl und Zusammensetzung ihrer Mitarbeiter, der Rechtsform, der Finanzkraft und vielem mehr.

67 Vgl. hierzu auch ZIMMERER, Beratung bei Akquisitionen (1991), S. 56.

artigen, ungewohnten Basisannahmen, Werten und Normen, die Tatsache, daß bisher richtungsweisende Zielsetzungen teilweise oder vollständig gegen andere Prioritäten ausgetauscht werden, früher belohnte Verhaltensweisen nun als unwichtig oder gar unerwünscht gelten und vieles mehr verunsichern die Mitglieder des Akquisitionsobjektes, rauben ihnen ihre Orientierung und beeinträchtigen ihre Motivation. Als Konsequenzen einer solchen Entwicklung sind unter anderem eine sinkende Arbeitsproduktivität, Kündigungen der Mitarbeiter mit dem damit einhergehenden Verlust an betriebsbezogenem Wissen, ein erhöhter Koordinations- und Kontrollaufwand und eine entsprechende Gefährdung der Realisierung der Akquisitionsziele anzuführen.[68]

Derartige erfolgsbeeinträchtigende Kultursynergien sind allerdings keinesfalls auf den anfänglichen Kulturschock beschränkt, sondern können sich ebenfalls auf die sich daran anschließende Akkulturation erstrecken. Welche negativen kulturbedingten Verbundeffekte dabei in Abhängigkeit von dem jeweiligen Akkulturationsergebnis auftreten können, soll im folgenden einer eingehenderen Betrachtung unterzogen werden.

Die *Kultureinbringung* stellt ein Akkulturationsresultat dar, bei dem die negative Kultursynergie im Regelfall vergleichsweise gering ausfallen wird: Indem die Mitglieder des Akquisitionsobjektes ihre eigene Kultur zum Großteil bewahren, verhindern sie einen Verlust der mit ihr verbundenen Orientierungs-, Koordinations- und Motivationswirkungen; durch die darüber hinaus stattfindende Übernahme einer Vielzahl der kulturellen Vorstellungen der Käuferunternehmung internalisieren sie die Zielsetzungen dieser Gesellschaft und verringern die Abstimmungsschwierigkeiten zwischen übernommenem und übernehmendem Betrieb. Keineswegs kann allerdings der im Schrifttum geäußerten Meinung gefolgt werden, die Kultureinbringung stelle die „ideale Form der Akkulturation“[69] dar. Eine derartige Pauschalbeurteilung ist nicht angebracht, denn die Kultureinbringung kann durchaus mit erheblichen negativen Kultursynergien einhergehen. Zwei Gründe sind dafür maßgeblich:

1) Trotz der Tatsache, daß die Angehörigen des erworbenen Betriebes neben der von ihnen bewahrten eigenen Kultur auch die Kultur der Käuferunternehmung zum Großteil übernehmen, kann es dennoch Bereiche geben, in denen beide Kulturmuster keinerlei Berührungspunkte aufweisen. Als Konsequenz einer solchen Situation kommt es innerhalb des Unternehmungsverbundes zu Schnittstellenproblemen bei den Abstimmungsprozessen zwischen Angehörigen der Käuferunternehmung und des Akquisitionsobjektes; eine Beeinträchtigung der Effekti-

---

[68] Vgl. PRITCHETT, Managing the Shockwaves (1985), S. 14 f.; BUONO/BOWDITCH, Human Side of Acquisitions (1989), S. 232-234; FELDMAN/MURATA, Mergers (1991), S. 36.

[69] KRYSTEK/MINKE, Strategische Allianzen (1990), S. 33; KRYSTEK, Unternehmungskultur als kritischer Erfolgsfaktor (1991), S. 141.

vität der verbundinternen Abläufe und ein erhöhter Koordinations- und Kontrollaufwand zur Überwindung dieser Schwierigkeiten sind die Folgen.

2) Obwohl die Mitglieder der akquirierten Gesellschaft neben der weitgehenden Aufrechterhaltung ihrer bisherigen Kultur auch jene der Käuferunternehmung in erheblichem Umfang internalisieren, kann es in beiden kulturellen Mustern bestimmte Grundannahmen, Werte oder Normen geben, deren jeweilige Inhalte einander genau entgegengesetzt sind. Derartige interkulturelle Widersprüche führen dann zu negativen Kultursynergien, wenn die Angehörigen des Akquisitionsobjektes im Rahmen eines solchen „Konkurrenzverhältnisses" zwischen Kulturbestandteilen den eigenen, tradierten kulturellen Vorstellungen Priorität vor denen der Käuferunternehmung einräumen. Als Konsequenzen dieser Konstellation können innerhalb des Unternehmungsverbundes Spannungen und Konflikte zwischen beiden Betrieben erwachsen, die die inneren Abläufe behindern, ebenso wie die bereits angeführten Schnittstellenprobleme einen Anstieg des Koordinations- und Kontrollaufwands nach sich ziehen und die Realisierung der geplanten Akquisitionsziele konterkarieren.

Da die Angehörigen des Akquisitionsobjektes im Falle der *Kulturassimilation* ihre eigenen kulturellen Vorstellungen weitestgehend verwerfen und statt dessen diejenigen der Käuferunternehmung internalisieren, wird es bei dieser Form der Akkulturation im Grundsatz nicht zu den bei der Kultureinbringung möglichen Schnittstellenproblemen und interkulturellen Widersprüchen kommen. Dennoch kann auch die Assimilation negative Kultursynergien zeitigen: So ist es denkbar, daß die von der erworbenen Gesellschaft als Folge der Kulturkollision aufgegebene Unternehmungskultur gerade einen ihrer wichtigsten Wettbewerbsvorteile darstellte, der ihre bisherigen Erfolge maßgeblich mitbestimmt hat. Die Assimilation verursacht dann folglich den Verlust dieser betriebsspezifischen Stärke und beeinträchtigt so die weiteren Erfolge des Akquisitionsobjektes und damit auch des gesamten Unternehmungsverbundes.[70]

Im Gegensatz zu den Akkulturationsformen der Kultureinbringung und -assimilation, bei denen das Auftreten negativer Kultursynergien zwar möglich, aber nicht zwingend ist, gehen die Kultursegregation und Dekulturation regelmäßig mit erfolgsmindernden kulturbedingten Verbundeffekten einher. So kommt es bei der Situation der *Kultursegregation*, in deren Rahmen die Mitglieder des Akquisitionsobjektes ihre

---

70 Als Beispiel für eine derartige Situation soll hier eine kleine, sich durch niedrige Hierarchien, offene Informationskanäle und eine hohe Risikofreudigkeit auszeichnende Gesellschaft angeführt werden, die aufgrund einer regen Innovationstätigkeit am Markt erfolgreich ist und daher als Akquisitionsobjekt eine entsprechende Attraktivität aufweist. Kommt es bei ihr nach dem Erwerb durch eine bürokratisch geprägte Großunternehmung zu einer Kulturassimilation, kann dies mit einer erheblichen Einschränkung ihrer Innovationsfähigkeit einhergehen.

eigene Kultur aufrechterhalten, diejenige der Käuferunternehmung aber ablehnen, zu einer dauerhaften Konfrontation zwischen unterschiedlichen, unternehmungsspezifischen Wertesystemen.

Als Konsequenzen einer solchen Konstellation entwickeln sich zwischen beiden Gesellschaften Barrieren, die auf gegenseitigem Unverständnis oder auf einer ablehnenden Haltung des Akquisitionsobjektes gegenüber Maßnahmen der Käuferunternehmung basieren, so daß letztlich beide Übernahmeparteien innerhalb des neugeschaffenen Unternehmungsverbundes nicht miteinander, sondern vielmehr aneinander vorbei oder sogar gegeneinander arbeiten. Die dadurch entstehenden negativen Kultursynergien zeigen sich beispielsweise in Gestalt von Motivationsverlusten, passiven und aktiven Widerständen sowie Kündigungen der Angehörigen des akquirierten Betriebes, Friktionen in der Abstimmung zwischen beiden Gesellschaften und dem damit einhergehenden höheren Koordinations- und Kontrollaufwand sowie einer entsprechend beeinträchtigten Realisierung der angestrebten Akquisitionsziele.[71]

Die Akkulturationsform der *Dekulturation*, in deren Rahmen die Angehörigen des erworbenen Betriebes ihre eigene, tradierte Kultur in großem Umfang über Bord werfen, ohne allerdings statt dessen die Wertvorstellungen der erwerbenden Gesellschaft zu internalisieren, kann auf zwei Wegen erhebliche negative Kultursynergien zeitigen:

1) Es kommt im Falle der Dekulturation – ebenso wie bei der Kultursegregation – durch die Ablehnung der Kultur der Käuferunternehmung zu erheblichen Barrieren zwischen beiden Akquisitionsparteien, die sowohl auf gegenseitigem Unverständnis als auch auf starken Widerständen der erworbenen Gesellschaft gegenüber betrieblichen Anweisungen und Eingriffen der Erwerberin basieren können. Die Folgen einer solchen Konstellation sind auch in diesem Falle Motivationsverluste, die Absichten der Käuferunternehmung konterkarierendes Verhalten oder gar Kündigungen der Mitarbeiter des Akquisitionsobjektes mit dem damit verbundenen Verlust an betrieblichem Wissen, ein Anstieg des Koordinations- und Kontrollaufwands und eine entsprechende Beeinträchtigung der angestrebten Akquisitionsziele.

2) Darüber hinaus ist zu beachten, daß es durch die von den Angehörigen des erworbenen Betriebes vollzogene Trennung von ihren bisherigen Wertvorstellungen zu einem Verlust der mit dieser Kultur einhergehenden Orientierungs-, Koordinations- und Motivationswirkungen kommt – eine entsprechende Ziellosig-

---

71 Vgl. SALES/MIRVIS, Issues in Acquisition (1984), S. 117; BUONO/BOWDITCH, Human Side of Acquisitions (1989), S. 146 f.; KRYSTEK, Unternehmungskultur als kritischer Erfolgsfaktor (1991), S. 139 f.; ders., Akquisition (1992), S. 546.

keit, Abstimmungsprobleme und eine mangelnde Identifikation der Beschäftigten mit ihrer Arbeit prägen damit die weiteren wirtschaftlichen Aktivitäten des Akquisitionsobjektes. Stellte die Unternehmungskultur für die erworbene Gesellschaft einen wichtigen Wettbewerbsvorteil dar, der ihre Erfolge in der Vergangenheit maßgeblich mitbestimmt hat, kommt diese Stärke – so wie es auch bei der Kulturassimilation der Fall ist – aufgrund der Dekulturation abhanden. Dem Übernahmeobjekt ist es dann nicht mehr möglich, seinen vor der Akquisition beschrittenen Erfolgskurs im Rahmen des neu entstandenen Unternehmungsverbundes beizubehalten; eine entsprechende Gefährdung der von der Käuferunternehmung angestrebten Akquisitionsziele ist die Folge.[72]

Einen graphischen Überblick über die herausgearbeiteten Erfolgsbeeinträchtigungen aufgrund des Kulturschocks und der jeweiligen Akkulturationsverläufe gibt auf der folgenden Seite Abbildung 7.

Im Hinblick auf die möglichen Verbundwirkungen der Kulturkollision zwischen übernommener und übernehmender Gesellschaft kann zusammenfassend folglich festgehalten werden, daß positive Kultursynergien als zwar denkbar, aber wenig wahrscheinlich einzuschätzen sind, wogegen negative Kultursynergien in aller Regel bereits durch den anfangs eintretenden Kulturschock ausgelöst werden. Entwickelt sich die daran anschließende Akkulturation in Richtung einer Kultursegregation oder Dekulturation, hat der Unternehmungsverbund auf Dauer mit kulturbedingten Verbundnachteilen zu kämpfen. Kommt es zum Akkulturationsergebnis der Kultureinbringung oder Kulturassimilation, sind dauerhafte negative Kultursynergien zwar weniger wahrscheinlich, aber keineswegs völlig auszuschließen. Aufgrund der geringen Bedeutung positiver Kultursynergien bei gleichzeitig hoher Relevanz negativer kultureller Verbundeffekte sollen daher in dieser Arbeit allein letztere im Mittelpunkt der weiteren Überlegungen stehen und etwaige kulturbedingte Verbundvorteile keiner eingehenderen Betrachtung unterzogen werden. Im folgenden sind bei dem Gebrauch der Begriffe der „Kultursynergie“ oder der „kulturellen Verbundeffekte“ daher entsprechend stets *negative* Verbundwirkungen gemeint.

---

72 Vgl. hierzu auch McLEAN, Acquisitions (1985), S. 44.

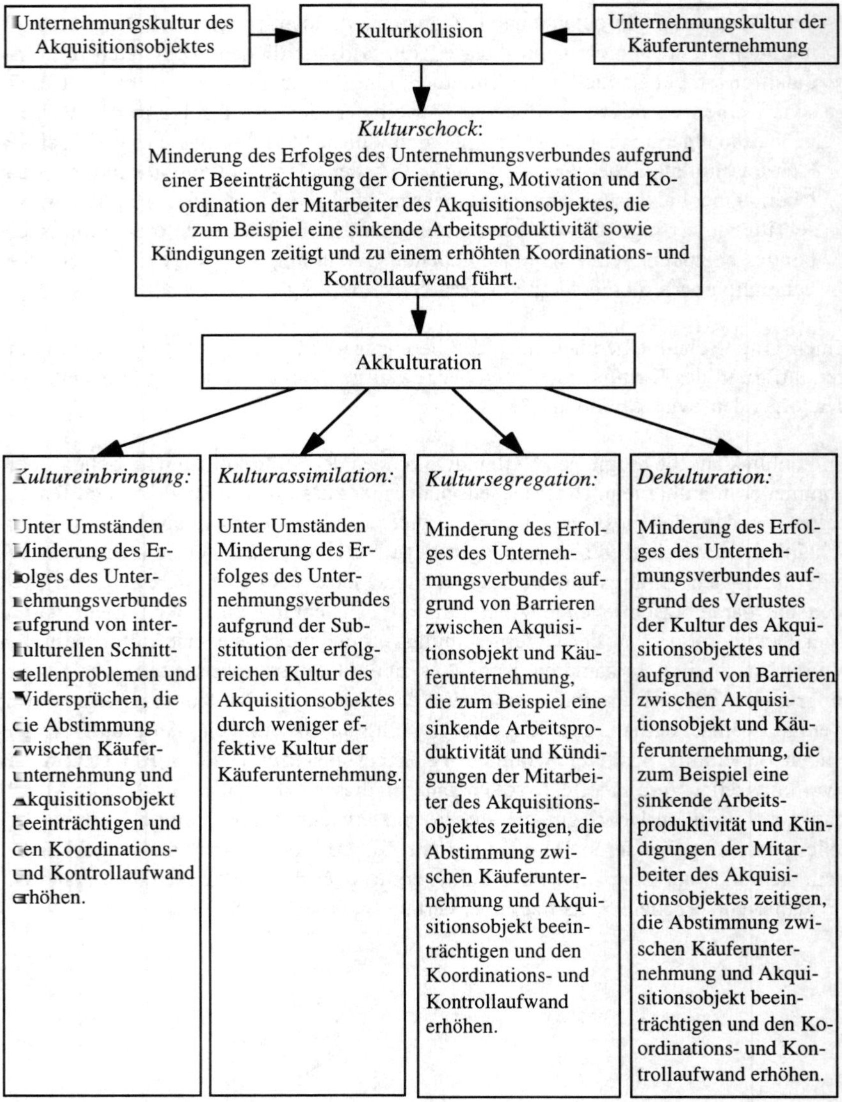

Abbildung 7: Die negativen Verbundeffekte aufgrund der Kulturkollision

3.4 Die Konsequenzen für die Entscheidungswertermittlung

3.4.1 Die Bedeutung der Vergangenheitsanalyse, Gegenwartsanalyse und Prognose der Unternehmungslage im Rahmen des Zukunftserfolgswertverfahrens

Wie bereits in Kapitel II.1.4 dargestellt, ermittelt das Zukunftserfolgswertverfahren den Wert einer Unternehmung auf Basis derjenigen Zahlungsströme, die dem Unternehmungseigner in der *Zukunft* aus dem Bewertungsobjekt zufließen werden, denn nur diese sind für ihn von Bedeutung.[73] Voraussetzung der Bestimmung des Zukunftserfolgswertes einer Unternehmung ist daher eine entsprechende Prognose ihrer zukünftigen Entwicklung und der daraus resultierenden, an ihren Eigner fließenden Erfolge.[74] Die Grundlage der Prognose bilden dabei die vom Eigentümer geplante Unternehmungspolitik und die erwarteten Gegebenheiten des unternehmerischen Umfelds.[75] Da allerdings unsicher ist, wie sich die Lage des Bewertungsobjektes in der Zukunft genau darstellen wird und wie damit die Höhe und zeitliche Verteilung der an das Bewertungssubjekt fließenden Zahlungsströme aussehen, untersucht der Bewertungsgutachter[76] in aller Regel ausführlich die vergangene und gegenwärtige Situation der Unternehmung, um aus dieser Analyse Anhaltspunkte für die Abschätzung ihrer weiteren Entwicklung zu gewinnen.[77] Die Vergangenheits- und Gegenwartsanalyse der Unternehmungslage haben folglich keine eigenständige Funktion im Rahmen des Zukunftserfolgswertverfahrens; sie dienen lediglich dazu, die

73 Vgl. SCHMALENBACH, Schätzungstechnik (1917/1918), S. 1 und 11; MELLEROWICZ, Wert der Unternehmung (1952), S. 47.

74 Vgl. ENGELS, Betriebswirtschaftliche Bewertungslehre (1962), S. 136; JAENSCH, Wert und Preis (1966), S. 36 f.; JACOB, Unsicherheit bei Investitionsentscheidungen (1967), S. 153; BRETZKE, Berücksichtigung des Risikos (1976), S. 153; PILTZ, Unternehmensbewertung in der Rechtsprechung (1994), S. 19.

75 Vgl. JAENSCH, Wert und Preis (1966), S. 40; BALLWIESER/LEUTHIER, Grundprinzipien und Verfahren der Unternehmensbewertung (1986), S. 604; BALLWIESER, Unternehmensbewertung (1993), S. 153 f.

76 Selbstverständlich muß die Wertfindung nicht notgedrungen durch einen dazu beauftragten, externen Gutachter erfolgen, sondern kann ebenfalls von dem präsumtiven Käufer selbst durchgeführt werden. Ist in dieser Arbeit von einer Bewertung durch einen Gutachter die Rede, schließt dies folglich stets den Fall einer Wertermittlung durch das Bewertungssubjekt selbst mit ein.

77 Vgl. UMBERG, Bewertung von Kohlezechen (1922), S. 268 f.; AULER, Unternehmung als Wirtschaftseinheit (1926/27), S. 45; THEISINGER, Bewertung der Unternehmung (1933), S. 170; KOCH, Bewertung von Unternehmungen (1939), S. 1364; KÄFER, Bewertung der Unternehmung (1946), S. 19; BUSSE VON COLBE, Zukunftserfolg (1957), S. 162-179; JAENSCH, Wert und Preis (1966), S. 38; MÜNSTERMANN, Wert und Bewertung (1966), S. 48-50; OLBRICH, Unternehmensbewertung bei Inflation (1979), S. 584; ders., Unternehmensbewertung (1981), S. 45 f.; MOXTER, Grundsätze (1983), S. 97 f.; MATSCHKE, Geldentwertung (1986), S. 549; BALLWIESER, Unternehmensbewertung (1993), S. 154; NIEHUES, Unternehmensbewertung (1993), S. 2242.

Qualität der Prognose des zukünftigen Werdegangs der Unternehmung zu verbessern.[78]

Bestandteile der Vergangenheits- und Gegenwartsanalyse sind unter anderem die ausführliche Auseinandersetzung mit den in den letzten Jahren aufgestellten Bilanzen und Gewinn- und Verlustrechnungen des Bewertungsobjektes, die Einsichtnahme in die Daten des internen Rechnungswesens, die Diagnose seiner relativen Wettbewerbsposition an den relevanten Absatzmärkten und seiner Stellung als Nachfrager an den Finanz-, Arbeits- und Gütermärkten, die Begutachtung der von ihm verfolgten Strategien, seiner Aufbau- und Ablauforganisation, die Ermittlung der Anzahl und Qualifikationen der Beschäftigten sowie die Beurteilung der angebotenen Produkte und der zu ihrer Erstellung eingesetzten Fertigungsanlagen.[79]

Nachdem bereits die Rolle der Unternehmungskultur als Erfolgsfaktor im Rahmen von Akquisitionen herausgearbeitet wurde, soll im folgenden eingehend diskutiert werden, in welchem Umfang und auf welche Weise dieser Einfluß der Kultur eine Berücksichtigung finden muß bei den dem Zukunftserfolgswertverfahren zugrundeliegenden Schritten der Vergangenheitsanalyse, Gegenwartsanalyse und Prognose der Unternehmungslage. Dabei wird zunächst betrachtet, inwieweit den Wirkungen der alleinigen Kultur des Akquisitionsobjektes Beachtung zu schenken ist; daran anschließend soll die Kollision der beiden Kulturen von erworbener und erwerbender Unternehmung in den Mittelpunkt der Überlegungen gestellt werden.

3.4.2 Die Berücksichtigung der Kultur des Akquisitionsobjektes

3.4.2.1 Die Berücksichtigung bei der Vergangenheits- und Gegenwartsanalyse der Unternehmungslage

Die Unternehmungskultur wurde eingangs als komplexer Lösungsmechanismus charakterisiert, durch den die Angehörigen eines Betriebes ihre Probleme der externen Adaption und internen Integration zu meistern suchen. Die Kultur hilft bei der Bewältigung dieser Schwierigkeiten insofern, als sie ein Muster von Vorstellungen darstellt, die von den Unternehmungsmitgliedern gemeinsam getragen werden und zum einen Antwort geben auf die Fragen, welche Mission die Gesellschaft zu erfüllen

---

78 Vgl. MELLEROWICZ, Wert der Unternehmung (1952), S. 47.

79 Vgl. zu den Inhalten und dem Vorgehen der Vergangenheits- und Gegenwartsanalyse insbesondere MOXTER, Grundsätze (1983), S. 98 f.; BALLWIESER/LEUTHIER, Grundprinzipien und Verfahren der Unternehmensbewertung (1986), S. 604 f.; BERNDT, Aufgabe des Beraters (1992), S. 427-433; BALLWIESER, Unternehmensbewertung (1993), S. 154; JACOBS/SCHEFFLER, Unternehmensbewertung (1993), Sp. 1981 f.; NIEHUES, Unternehmensbewertung (1993), S. 2242-2245.

sucht, welche Ziele sich daraus ableiten, wie die Mittel zur Zielerreichung aussehen, anhand welcher Kriterien das Ausmaß der Zielrealisierung gemessen werden kann und welche Möglichkeiten einer Kurskorrektur bestehen, falls der Grad der Zielrealisierung als unbefriedigend empfunden wird. Darüber hinaus prägen die kulturellen Vorstellungen die gemeinsame Sprache zwischen den Unternehmungsangehörigen und klären, welche Geschehnisse in der Realität als wichtig und welche als unwichtig einzustufen sind, welche Kriterien über die Zugehörigkeit zu der Gruppe der Unternehmungsangehörigen entscheiden, wie Macht und Autorität innerhalb dieser Gruppe verteilt werden, welche Regeln in bezug auf Vertrautheit, Freundschaft und Liebe zwischen den Gruppenangehörigen gelten, was als positives oder negatives Verhalten gilt, wie es jeweils sanktioniert wird und auf welche Art und Weise letztlich „unerklärliche, mysteriöse" Vorkommnisse dennoch erklärt werden können.

Die Unternehmungskultur des Akquisitionsobjektes wirkt sich dadurch unter anderem aus auf die von dieser Gesellschaft angestrebten Ziele und die von ihr verfolgten Strategien, ihr Produktangebot, ihr Verhalten und ihre Stellung an den Absatz- und Beschaffungsmärkten sowie ihre Gestaltung der Aufbau- und Ablauforganisation. Die Kultur beeinflußt damit den Erfolg des zu übernehmenden Betriebes und schlägt sich so entsprechend nieder in den Positionen seiner Bilanzen und Gewinn- und Verlustrechnungen sowie den Daten seines internen Rechnungswesens. Nimmt der Bewertungsgutachter eine Vergangenheits- und Gegenwartsanalyse der Lage des Akquisitionsobjektes vor, berücksichtigt er dessen Unternehmungskultur damit bereits implizit durch die Begutachtung dieser Kriterien. Der Versuch einer zusätzlichen, gesonderten Erfassung der vergangenen und gegenwärtigen unternehmungskulturellen Wirkungen wäre für den Bewertungsgutachter daher allenfalls im Hinblick auf eine „Erfolgsquellenanalyse" von Interesse.

3.4.2.2 Die Berücksichtigung bei der Prognose der Unternehmungslage

Basiert die vom Bewertungsgutachter vorgenommene Prognose der Unternehmungslage auf den Erkenntnissen der Vergangenheits- und Gegenwartsanalyse, bedeutet dies folglich, daß der Einfluß der Kultur des Bewertungsobjektes auf indirektem Wege mitberücksichtigt wird bei der Abschätzung der künftigen Zahlungsströme, die es seinem Eigentümer verspricht. Eine Prognose des Zukunftserfolges, die auf den Daten der vergangenen und gegenwärtigen betrieblichen Situation aufbaut und bei der darüber hinaus noch zusätzlich, auf einem gesonderten Wege die Wirkungen der Unternehmungskultur des Akquisitionsobjektes Beachtung fänden, würde damit zu einer doppelten Kulturberücksichtigung führen und so die Gefahr einer groben Fehleinschätzung der Zukunftsaussichten des zu übernehmenden Betriebes in sich bergen.

Die aufgezeigte Abhängigkeitsbeziehung zwischen der Kultur des Bewertungsobjektes und den bei seiner Vergangenheits- und Gegenwartsanalyse direkt erhobenen und bei der Erfolgsprognose berücksichtigten Aspekten – wie der bisherigen Entwicklung seiner Gewinne, Rentabilitätskennziffern oder Marktanteile – wirft damit ein kritisches Licht auf jene Teile des Schrifttums, die im Hinblick auf die eine Akquisitionsentscheidung beeinflussenden Unternehmungsdaten eine strikte Trennung zwischen sogenannten „hard facts“[80] und „soft facts“[81] vornehmen. So behauptet beispielsweise KRYSTEK vor dem Hintergrund einer empirischen Erhebung, daß „Akquisitionsentscheidungen ausschließlich auf Basis ökonomischer Faktoren (hard facts) zu fallen“[82] scheinen. Eine solche Pauschalbeurteilung ist nicht haltbar, denn es wurde herausgearbeitet, daß sich die Kulturwirkungen in den bei der Unternehmungsanalyse betrachteten Aspekten niederschlagen; stellen diese Kriterien die Grundlage für Übernahmeentscheidungen dar, werden die kulturellen Gegebenheiten des Akquisitionsobjektes – also „soft facts“ – damit durchaus bei der Entscheidungsfindung mitberücksichtigt.

Grundsätzlich zuzustimmen ist der Feststellung von RUHNKE, daß „im Bereich Mergers & Akquisitions“ (sic!) „bei der Unternehmensbewertung häufig auch ‚soft facts‘ preisbestimmend und damit bewertungsrelevant“[83] seien. Seine daraus gezogene Schlußfolgerung, daß in „diesen Fällen [...] die Bewertung auch auf der Grundlage von ‚soft methods‘ erfolgen“[84] müsse, kann dagegen nicht uneingeschränkt bejaht werden, denn ein derartiges, undifferenziertes Vorgehen birgt die geschilderte Gefahr einer Doppelberücksichtigung der Kultur des Akquisitionsobjektes in sich.

Der dargestellte Einfluß der Unternehmungskultur auf die bei der Vergangenheits- und Gegenwartsanalyse erhobenen Daten läßt – neben der Infragestellung einer Unterscheidung zwischen „hard facts“ und „soft facts“ – ebenfalls Rückschlüsse zu auf die Aussagekraft dieser Analyseergebnisse für Prognosezwecke. So könnte als Argument für die – im Schrifttum[85] zum Teil heftig kritisierte – Heranziehung der vergangenen und gegenwärtigen Unternehmungsdaten zur Zukunftserfolgsabschätzung angeführt werden, daß die dabei indirekt berücksichtigte Unternehmungskultur

80 Unter „hard facts“, also „harten Tatsachen“ (und nicht etwa „Faktoren“, wie von KRYSTEK, Akquisition (1992), S. 541 fälschlich übersetzt) werden im allgemeinen genau erfaßbare Unternehmungsdaten verstanden, wie beispielsweise die Zahlen des internen und externen Rechnungswesens, die Strategien und Organisationsstrukturen des Akquisitionsobjektes.

81 Der Begriff der „soft facts“, also der „weichen Tatsachen“, bezieht sich dagegen auf nur ungenau erfaßbare Unternehmungsgegebenheiten, wie beispielsweise die Grundannahmen, Werte und Normen der Betriebsangehörigen.

82 KRYSTEK, Akquisition (1992), S. 541.

83 RUHNKE, Ermittlung der Preisobergrenze bei Akquisitionen (1991), S. 1893.

84 RUHNKE, Ermittlung der Preisobergrenze bei Akquisitionen (1991), S. 1893.

85 Vgl. beispielsweise ZIMMERER, Ertragswertgutachten (1988), S. 417.

eine vergleichsweise beständige Eigenschaft des Bewertungsobjektes darstellt, deren frühere und gegenwärtige Wirkungen auch in der Zukunft gegeben sein werden. Dieser Gedanke einer stabilen, langfristig bestehenden Unternehmungskultur, deren bisheriger Einfluß auch in den kommenden Perioden weiterexistieren wird, erscheint dabei deshalb schlüssig, weil sich die kulturellen Vorstellungen in den Jahren seit der Unternehmungsgründung sukzessive herausgebildet haben, von den Betriebsangehörigen über die Zeit internalisiert wurden und ihr Verhalten damit dauerhaft prägen. Zu beachten ist bei der Beurteilung einer derartigen Argumentation allerdings, daß sie letztlich auf zwei sehr restriktiven Prämissen beruht und damit insgesamt äußerst fragwürdig erscheint:

1) Eine solche Sichtweise setzt voraus, daß die Anwendbarkeit der kulturellen Lösungsmechanismen gegenüber den an die Unternehmung herangetragenen Problemen der externen Adaption und internen Integration stets konstant bleiben wird. Dies bedeutet also, daß im Falle einer Veränderungen ablehnenden, schwerfälligen Kultur angenommen wird, daß die bisher an die Unternehmung gestellten Anforderungen in dieser Form auch in den kommenden Perioden weiterexistieren werden; wird sich die Gesellschaft in der Zukunft dagegen stetigen Veränderungen der inneren und äußeren Schwierigkeiten gegenübersehen, wird vorausgesetzt, daß die Unternehmungskultur flexibel genug ist, ihre Lösungsmechanismen entsprechend anzupassen.

2) Des weiteren geht der gezeigte Gedankengang ebenfalls davon aus, daß die Kultur des Akquisitionsobjektes auch nach der erfolgten Übernahme in ihrer bisherigen Form bestehenbleibt. Eine derartige Annahme ist dabei deshalb wenig realitätsnah, weil – wie bereits dargestellt wurde – die der Akquisition folgende Integration der erworbenen Gesellschaft in die Käuferunternehmung in aller Regel mit einer Kulturkollision einhergeht, in deren Rahmen es aufgrund des anfänglichen Kulturschocks und der sich daran anschließenden Akkulturation zu einer Veränderung oder Beseitigung der Kultur des Akquisitionsobjektes kommen kann. Welche Konsequenzen diese Kulturkollision damit für die Vergangenheitsanalyse, Gegenwartsanalyse und Prognose der Unternehmungslage hat, soll im folgenden herausgearbeitet werden.

3.4.3 Die Berücksichtigung der Kulturkollision

3.4.3.1 Die Relativierung der Aussagekraft von Vergangenheits- und Gegenwartsanalyse

Der aufgrund der Kulturkollision stattfindende Kulturschock und der danach einsetzende Prozeß der Akkulturation verändern in der Regel die Kultur des Akquisitionsobjektes oder führen sogar dazu, daß sie von den Mitgliedern des erworbenen Betriebes mehr oder minder vollständig über Bord geworfen wird. Für die Vergangenheits- und Gegenwartsanalyse der Unternehmungslage ist dies insofern von Bedeutung, als gezeigt wurde, daß die im Rahmen dieser Untersuchungsschritte erhobenen Daten unter anderem auch unter dem Einfluß der Kultur des Bewertungsobjektes stehen. Kommt es nach der Akquisition zu einer Kulturkollision, bedeutet dies, daß die ermittelten Analyseergebnisse Kulturwirkungen widerspiegeln, die in ihrer bisherigen Form in der Zukunft nicht weiterexistieren werden.

Der gezeigte Zusammenhang läßt dabei entsprechende Rückschlüsse auf die Aussagekraft von Vergangenheits- und Gegenwartsanalyse zu: Werden durch diese Untersuchungsschritte Daten des Bewertungsobjektes erhoben, die unter anderem aufgrund von Unternehmungseigenschaften zustande kamen, deren bisherige Form nach der Akquisition verlorengeht, ist es fraglich, inwieweit derartige Analyseergebnisse sinnvoll zu Prognosezwecken herangezogen werden können. Möchte der Bewertungsgutachter bei der Abschätzung der zukünftigen Zahlungsströme bisherige Unternehmungsdaten zu Hilfe ziehen, ist es für ihn daher ratsam, sich zunächst Klarheit darüber zu verschaffen, ob die angestrebte Akquisition eine Kulturkollision nach sich ziehen wird; ist dies der Fall, sollte er eine entsprechende Vorsicht walten lassen bei dem Versuch, durch die Vergangenheits- und Gegenwartsanalyse der Unternehmung Erkenntnisse über deren zukünftige Entwicklung zu gewinnen.

3.4.3.2 Die Berücksichtigung bei der Prognose der Unternehmungslage

Neben ihrer dargestellten Bedeutung im Hinblick auf die Aussagekraft der Vergangenheits- und Gegenwartsanalyse des Akquisitionsobjektes ist die Kulturkollision ebenfalls im Rahmen der Prognose selbst zu berücksichtigen. Grund für diese Relevanz des Kulturzusammentreffens bei der Abschätzung der zukünftigen Unternehmungsentwicklung sind die mit ihm einhergehenden Wirkungen: So wurde gezeigt, daß die Kulturkollision erhebliche negative Verbundeffekte zeitigen kann, die die vom Bewertungsobjekt an dessen Eigner fließenden Zahlungsströme schmälern oder zeitlich verzögern und damit den aus dem Unternehmungserwerb erzielbaren Nutzen des Bewertungssubjektes mindern. Hat der Bewertungsgutachter die Aufgabe, die Grenze der Konzessionsbereitschaft seines Mandanten zu ermitteln, ist er folglich angehalten, die durch die Kulturkollision verursachten Beeinträchtigungen der zukünftigen Erfolge möglichst genau abzuschätzen und sie bei der Bestimmung des Entscheidungswertes entsprechend umfassend zu berücksichtigen.

Dem herausgearbeiteten Ergebnis, *daß* die Kultursynergie Eingang in die Ermittlung des Entscheidungswertes finden muß, schließt sich entsprechend die Frage an, *wie* dies zu geschehen hat. WEBER[86] schlägt in diesem Zusammenhang vor, sich entweder auf die verbale Beschreibung der kulturellen Verbundeffekte zu beschränken oder sie mittels eines Risikozuschlags im Kalkulationszinsfuß zu berücksichtigen. Beide Lösungsversuche sind allerdings wenig überzeugend: Eine verbale Erläuterung der Verbundnachteile stünde losgelöst neben dem Entscheidungswert, der dann aufgrund der Vernachlässigung der Kultursynergie bei seiner Ermittlung nicht mehr die tatsächliche Grenze der Konzessionsbereitschaft des Bewertungssubjektes abbilden würde. Durch die Verwendung eines Risikozuschlags fände die Kultursynergie zwar vordergründig Eingang in die Entscheidungswertermittlung; dies allerdings auf eine vollkommen pauschale, lediglich eine Scheingenauigkeit widerspiegelnde Art und Weise, da die jeweilige Höhe des Zuschlags theoretisch kaum begründbar wäre. Den gezeigten Vorschlägen soll im folgenden ein differenzierterer Lösungsweg gegenübergestellt werden. Dabei wird im Rahmen eines heuristischen Verfahrens versucht, die Wirkungen der Kulturkollision auf die Zukunftserfolge selbst abzuschätzen, so daß die Kultursynergie folglich nicht über den Nenner der Zukunftserfolgswertformel in den Entscheidungswert eingeht, sondern vielmehr in ihrem Zähler Berücksichtigung findet.

---

86 Vgl. WEBER, Berücksichtigung von Synergieeffekten (1991), S. 111 f.

IV. Eine Heuristik zur Berücksichtigung der Kulturkollision im Entscheidungswert

1. Die Heuristik als Strukturierungsregel

1.1 Der Begriff der Heuristik

Über den Begriff der Heuristik herrscht in der Literatur keine einheitliche Auffassung; es lassen sich vielmehr zwei unterschiedliche Interpretationsrichtungen ausmachen.[1] So wird unter einer Heuristik einerseits eine Verfahrenstechnik im Sinne einer speziellen „Rechenvorschrift" oder eines Algorithmus verstanden, die Anwendung findet bei der Bewältigung von Problemstellungen, für die keine effizienten, optimierenden Lösungswege bekannt sind. Eine derartige verfahrenstechnische Sichtweise, die die Heuristik stets als ein zweitbestes Lösungsschema deutet, soll in der vorliegenden Arbeit nicht eingenommen werden. Statt dessen wird – der zweiten Interpretationsmöglichkeit folgend – die Heuristik hier als Strukturierungsregel verstanden, mit deren Hilfe ein schlechtstrukturiertes, zunächst nicht lösbares Ausgangsproblem schrittweise in wohlstrukturierte und damit lösbare Unterprobleme transformiert wird; diese Unterprobleme sind dabei dadurch charakterisiert, daß ihre Lösung eine als befriedigend angesehene Bewältigung des Ausgangsproblems verspricht. Das konkrete Procedere des Transformationsprozesses ist dabei mit davon abhängig, durch welche Strukturmängel sich das Ausgangsproblem auszeichnet. Derartige Ursachen einer Schlechtstrukturierung können in vier verschiedene Arten differenziert werden, und zwar in Wirkungs-, Bewertungs-, Zielsetzungs- und Lösungsdefekte.

Um eine wirkungsdefekte Problemsituation handelt es sich dann, wenn die Art und Anzahl der zu beachtenden Variablen nicht bekannt sind oder unklar ist, welcher Zusammenhang zwischen dem Niveau der jeweiligen Variablen und den Ausprägungen der für das Problem relevanten Merkmale besteht. Von einem Bewertungsdefekt spricht man dagegen, wenn sich die relevanten Merkmale nicht bewerten lassen, da ihre Quantifizierung gar nicht oder nur unvollkommen möglich ist. Eine zielsetzungsdefekte Problemsituation liegt vor, wenn entweder nicht bekannt ist, welche Zielsetzungen bei der Problemlösung verfolgt werden sollen oder verschiedene Zielvorgaben anzustreben sind, die in einem Konkurrenzverhältnis zueinander stehen. Ein lösungsdefektes Problem ist dann gegeben, wenn zwar die Art und Anzahl der Varia-

---

[1] Zu den folgenden Erläuterungen des Begriffes der Heuristik und der sich anschließenden Darstellung möglicher Strukturmängel vgl. ADAM, Planung in schlechtstrukturierten Entscheidungssituationen (1983), S. 484-494; ders., Heuristische Planung (1989), Sp. 1414-1419.

blen sowie der Zusammenhang zwischen ihrem jeweiligen Niveau und den Ausprägungen der für die Problemstellung relevanten Merkmale bekannt sind, eine Bewertung der relevanten Merkmale möglich und die Zielvorgabe eindeutig ist, für seine Lösung aber keine oder zumindest keine effizienten Verfahren existieren.[2]

Die Aufgabe des Bewertungsgutachters, die Wirkungen der Kulturkollision auf die Höhe und zeitliche Verteilung der Zukunftserfolge im Rahmen der Entscheidungswertermittlung zu berücksichtigen, stellt grundsätzlich ein schlechtstrukturiertes, zunächst nicht lösbares Ausgangsproblem dar. Ursache einer derartigen mangelnden Lösbarkeit sind gleich zwei Arten von Strukturdefekten, die die Problemsituation kennzeichnen:

1) Interpretiert man die im Rahmen des Kapitels III.3.3.2.3 erläuterten Auswirkungen der Kulturkollision als die für die Problemsituation relevanten Merkmale, wird deutlich, daß das Ausgangsproblem einen Strukturmangel in Form eines Wirkungsdefektes aufweist. Dies ist deswegen der Fall, weil dem Bewertungsgutachter nicht umfassend bekannt ist, durch wie viele und welche Art von Variablen das Ausmaß der Kollisionswirkungen beeinflußt wird.

2) Die Deutung der Kollisionswirkungen als relevante Merkmale offenbart darüber hinaus, daß das Ausgangsproblem ebenfalls durch einen Bewertungsdefekt gekennzeichnet ist. Ein derartiger Strukturmangel liegt dabei insofern vor, als Unklarheit darüber herrscht, wie die Kultursynergie quantifiziert werden kann, in welchem zahlenmäßig bestimmten Umfang also die Kollisionswirkungen die aus dem Bewertungsobjekt an den Eigner fließenden Zahlungsströme beeinträchtigen.

Soll die Frage einer Berücksichtigung der Kultursynergie im Entscheidungswert im Rahmen einer heuristischen Vorgehensweise beantwortet werden, ist es folglich notwendig, das schlechtstrukturierte, von den erläuterten Wirkungs- und Bewertungsdefekten gekennzeichnete Ausgangsproblem in wohlstrukturierte und damit lösbare Unterprobleme zu überführen. Welche unterschiedlichen Transformationsschritte dabei im einzelnen vorzunehmen sind, soll im folgenden überblicksartig dargestellt werden.

---

2 Bei lösungsdefekten Problemen handelt es sich im Regelfall um kombinatorische Probleme, deren optimale Lösung oftmals allein mittels einer vollständigen Enumeration ermittelbar ist; vgl. ADAM, Planung in schlechtstrukturierten Entscheidungssituationen (1983), S. 486 f.

1.2 Die notwendigen Transformationsschritte

Die in der vorliegenden Arbeit entwickelte Heuristik, mit deren Hilfe die Kultursynergie Eingang in die Zukunftserfolgswertermittlung finden soll, beruht im Grundsatz auf fünf verschiedenen Transformationsschritten:

1) Zunächst soll der gesamte, aus der Kulturkollision resultierende negative Verbundeffekt umfassender betrachtet und in zwei verschiedenartige Teileffekte aufgespalten werden; diese werden aus Vereinfachungsgründen hier zunächst als Teilsynergie I und Teilsynergie II bezeichnet.

2) Darauf aufbauend wird modellgestützt dargestellt, welcher grundsätzliche Zusammenhang zwischen diesen beiden, aus dem Kulturzusammentreffen resultierenden Teilsynergien und der von ihnen insgesamt verursachten Zukunftserfolgswertminderung existiert.

3) In einem dritten Schritt werden die Anzahl und Art der Variablen herausgearbeitet, von denen das jeweilige Ausmaß der beiden in Schritt 1) differenzierten Teilsynergien I und II abhängig ist.

4) Anschließend soll abgeschätzt werden, welcher Zusammenhang zwischen dem Niveau der in Schritt 3) identifizierten Variablen und der jeweiligen Höhe der beiden Teilsynergien I und II besteht.

5) Auf der Grundlage des in Schritt 2) mit Hilfe eines Modells gezeigten Zusammenhangs zwischen den Teilsynergien und der Zukunftserfolgswertminderung und des in Schritt 4) abgeschätzten Zusammenhangs zwischen dem jeweiligen Niveau der in Schritt 3) identifizierten Variablen und der jeweiligen Höhe der Teilsynergien ermittelt der Bewertungsgutachter das für das Bewertungssubjekt optimale Niveau der Variablen; das damit einhergehende Ausmaß der beiden Teilsynergien findet bei der Ermittlung des Zukunftserfolgswertes eine entsprechende Berücksichtigung.

Eine graphische Darstellung des skizzierten heuristischen Vorgehens findet sich in Abbildung 8.

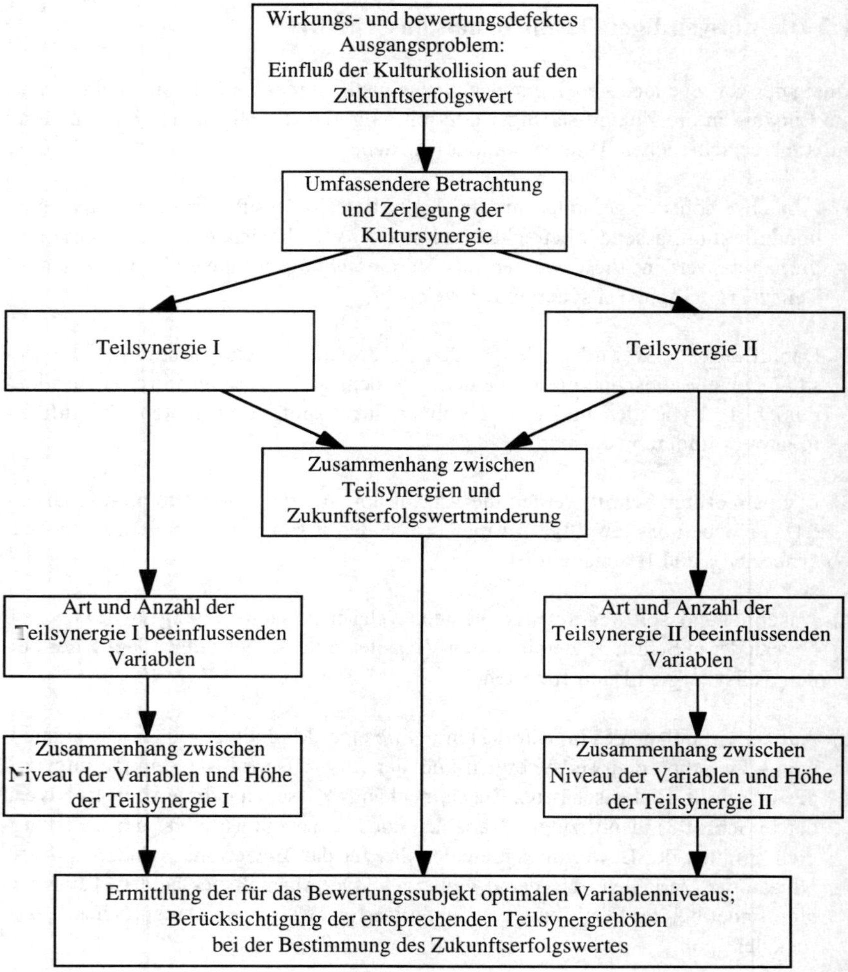

Abbildung 8: Der Aufbau der Heuristik

2. Die umfassendere Betrachtung der Kultursynergie

2.1 Die Differenzierung zwischen Teileffekten

War in den vorangegangenen Ausführungen von der „Kultursynergie" oder den „Kollisionswirkungen" die Rede, so wurde damit bisher im Grundsatz stets nur ein Teil der gesamten Wirkungen des Zusammentreffens zwischen den Kulturen des Akquisitionsobjektes und der Käuferunternehmung beschrieben. Eine derartige Partialbetrachtung wird hier zugunsten einer umfassenderen Sichtweise aufgegeben: Es wird im folgenden gezeigt, daß sich der gesamte, aus der Kulturkollision resultierende negative Verbundeffekt aus zwei verschiedenen Elementen zusammensetzt, und zwar den „primären negativen Verbundeffekten", die auch als „Kollisionswirkungen im engeren Sinne" bezeichnet werden sollen, und den „sekundären negativen Verbundeffekten", für die auch der Begriff der „Kollisionswirkungen im weiteren Sinne" verwendet wird.[3] Das dieser Unterscheidung zugrundeliegende Trennungskriterium sind dabei die verschiedenartigen Ursachenkomplexe, die für die erfolgsmindernden Kollisionswirkungen jeweils verantwortlich zeichnen.

Für den eingeschlagenen heuristischen Lösungsweg ist ein derartiges Vorgehen aus zwei Gründen sinnvoll: Erstens erleichtern die umfassendere Betrachtung der Einflüsse des Kulturzusammentreffens und ihre Differenzierung in Kollisionswirkungen im engeren und weiteren Sinne die Identifikation der Art und Anzahl der Variablen, die die gesamte Kollisionswirkung bestimmen. Zweitens kann auf der Grundlage der Trennung zwischen primären und sekundären negativen Verbundeffekten gezeigt werden, daß die Kulturkollision keineswegs in allein einer Richtung auf den Zukunftserfolgswert Einfluß nimmt, sondern vielmehr aus zwei Teileffekten besteht, die jeweils unterschiedliche, einander genau gegenläufige Wirkungen auf den Wert des Akquisitionsobjektes zeitigen – eine Konstellation, aus der entsprechende Konsequenzen im Hinblick auf das Procedere der Integration des erworbenen Betriebes in die Käuferunternehmung resultieren, wie noch zu zeigen sein wird. Auf welchen verschiedenartigen Ursachenkomplexen die Differenzierung zwischen primären und sekundären Verbundeffekten genau beruht und auf welche Art und Weise diese Teilsynergien damit die aus dem Bewertungsobjekt an seinen Eigner fließenden Zahlungsströme beeinträchtigen, soll im weiteren eingehend erläutert werden.

---

3 Die im vorangegangenen Abschnitt für die Teileffekte gewählten Bezeichnungen *Teilsynergie I* und *Teilsynergie II* werden hier also aufgegeben zugunsten der aussagekräftigeren Termini *primäre und sekundäre negative Verbundeffekte* sowie *Kollisionswirkungen im engeren und weiteren Sinne*.

2.2 Die primären negativen Verbundeffekte

Unter dem Terminus der primären negativen Verbundeffekte oder der Kollisionswirkungen im engeren Sinne sollen hier all jene Beeinträchtigungen der aus dem Bewertungsobjekt resultierenden Zukunftserfolge verstanden werden, deren unmittelbare Ursachen der am Anfang einer Kulturkollision bei den Mitgliedern der erworbenen Unternehmung einsetzende Kulturschock und/oder ein sich daran anschließender, ungünstig verlaufender Prozeß der Akkulturation sind. Die primären negativen Verbundeffekte stellen damit jene durch die Kulturkollision ausgelösten Wirkungen dar, die bereits in Kapitel III.3.3.2.3 eingehend erläutert wurden. Sie kommen also sowohl durch aus dem Kulturschock und der Akkulturation resultierende Beeinträchtigungen der Orientierungs-, Motivations- und Koordinationswirkungen der Kultur des Akquisitionsobjektes als auch durch kulturbedingte Abstimmungsschwierigkeiten zwischen dem erworbenen Betrieb und der Käuferunternehmung zustande.

Das von dem Bewertungssubjekt mit der Unternehmungsübernahme angestrebte Ziel der Gewinnerwirtschaftung kann damit durch die primären negativen Verbundeffekte sowohl von der Erlös- als auch der Kostenseite her konterkariert werden:

1) Erlöseinbußen erleidet der durch die Akquisition entstandene Unternehmungsverbund beispielsweise aufgrund einer Verzögerung oder vollständigen Einstellung von Vorhaben, die von beiden Gesellschaften gemeinsam realisiert werden sollten, aber von dauerhaften, auf kulturellen Unterschieden basierenden Mißverständnissen zwischen den Beschäftigten beider Verbundparteien und Widerständen insbesondere auf seiten des erworbenen Betriebes beeinträchtigt wurden. Als weitere Ursache eines Erlöseinbruchs kann eine durch Motivationsverluste eingeschränkte Leistungswilligkeit der Mitglieder des Akquisitionsobjektes angeführt werden, aus der beispielsweise stagnierende oder sinkende Produktions- und Absatzzahlen oder eine eingeschränkte Innovationstätigkeit resultieren. Im letzteren Fall der Beeinträchtigung der Innovationsfähigkeit des Akquisitionsobjektes schlagen sich die primären negativen Verbundeffekte nicht sofort in entsprechenden Erlösminderungen nieder, sondern werden erst dann in Form von sukzessiven Umsatzeinbußen sichtbar, wenn sich die bisher von dem Unternehmungsverbund angebotenen Produkte in der Sättigungs- oder Rückgangsphase ihres jeweiligen Lebenszyklus befinden und neue, in der Einführungs- oder Wachstumsphase stehende Produkte im Sortiment fehlen.[4] Die durch die Kulturkollision ausgelösten Orientierungs- und Motivationsverluste können darüber hinaus zu Kündigungen der Mitglieder des Akquisitionsobjektes führen, die unter Umständen ebenfalls Erlöseinbußen zeitigen: So kann es durch den

4 Vgl. zum Modell des Produktlebenszyklus insbesondere BECKER, Marketing-Konzeption (1993), S. 534-547; MEINIG, Lebenszyklen (1995), Sp. 1392-1405.

Exodus von Mitarbeitern zu einem Abfluß von Wissen und Lerneffekten in allen Funktionsbereichen des Akquisitionsobjektes kommen; darüber hinaus gehen dem Unternehmungsverbund durch das Ausscheiden bedeutender Schlüsselpersonen insbesondere aus dem Bereich des Absatzes oder der obersten Führungsebenen möglicherweise auch wichtige Kundenkontakte verloren.

2) Der bereits unter Punkt 1) angeführte Aspekt eines kulturbedingten Scheiterns gemeinsamer Vorhaben zwischen Käuferunternehmung und Akquisitionsobjekt kann sich ebenfalls auf der Kostenseite auswirken: So bringt unter Umständen die Einstellung eines bereits begonnenen Projektes für den Unternehmungsverbund hohe Kosten – beispielsweise aufgrund von Vertragsstrafen – mit sich; darüber hinaus ist es ebenfalls möglich, daß die Kulturkollision die Realisierung von durch beide Akquisitionsparteien getragenen Kostensenkungsmaßnahmen verhindert. Als Beispiel hierfür kann eine Kooperation im Bereich der Fertigung angeführt werden, die das Ziel verfolgt, Erfahrungskurveneffekte zu realisieren. Auch die bereits als Grund für Erlöseinbußen angeführten kulturkollisionsbedingten Kündigungen sind in der Lage, die Kostenbelastung des Unternehmungsverbundes zu steigern: Kann oder will die Käuferunternehmung die im Akquisitionsobjekt entstandenen Vakanzen nicht durch den Einsatz ihres eigenen Personals füllen, müssen Neueinstellungen vorgenommen werden,[5] die mit entsprechenden Suchkosten am Arbeitsmarkt einhergehen.[6] Darüber hinaus sind die neu eintretenden Mitarbeiter aufgrund ihres Mangels an Erfahrung zunächst in mehr oder minder großem Umfang einzuarbeiten und mit den an sie gestellten Aufgaben vertraut zu machen, was ebenfalls bestimmte Aufwendungen mit sich bringt. Neben den erwähnten Kündigungen kann sich die durch die Kulturkollision ausgelöste mangelnde Identifikation der Mitglieder des Akquisitionsobjektes mit den Belangen des Unternehmungsverbundes ebenfalls äußern in entsprechenden Verhaltensänderungen: So führt ein durch den Kulturschock und eine unvorteilhafte Akkulturation – beispielsweise in Richtung einer Dekulturation – hervorgerufenes Gefühl, sich in der eigenen Unternehmung plötzlich nicht mehr heimisch zu fühlen, unter Umständen zu einer mangelnden Sorgfalt im Umgang mit Betriebsgegenständen und senkt mitunter auch die Hemmschwelle im Hinblick auf wirtschaftskriminelle Handlungen.[7] Die erwähnten – auf Unverständnis

[5] Prämisse für diese These ist selbstverständlich, daß die Käuferunternehmung die Zahl der im Akquisitionsobjekt Beschäftigten mehr oder minder konstant halten will. Strebt sie dagegen einen Stellenabbau in dem von ihr übernommenen Betrieb an und handelt es sich bei dem ausscheidenden Personal um Mitarbeiter, die ohnehin entlassen werden sollten, ziehen die geschilderten Kündigungen keineswegs notwendigerweise Neueinstellungen nach sich.

[6] Derartige Suchkosten umfassen beispielsweise die für entsprechende Stellenanzeigen und Auswahlseminare zu tätigenden Aufwendungen.

[7] Vgl. zum Problem der Wirtschaftskriminalität aufgrund mangelnder Loyalität der Mitarbeiter und unternehmungskultureller Schwächen auch LOHSE, Wirtschaftskriminalität (1996), S. 146 f.

oder Widerständen beruhenden – Barrieren zwischen der Käuferunternehmung und dem Akquisitionsobjekt, die Beeinträchtigungen der Orientierung und Motivation der Angehörigen der übernommenen Gesellschaft führen innerhalb des Unternehmungsverbundes zu einem erhöhten Bedarf sowohl an Koordinations- als auch Kontrollmaßnahmen; auch sie schlagen sich in entsprechenden Aufwendungen nieder und verringern dadurch den Erfolg, den das Bewertungssubjekt infolge des Unternehmungskaufes vereinnahmen kann.

2.3 Die sekundären negativen Verbundeffekte

Dem Begriff der sekundären negativen Verbundeffekte oder der Kollisionswirkungen im weiteren Sinne werden in dieser Arbeit all jene Beeinträchtigungen der aus dem Bewertungsobjekt resultierenden Zukunftserfolge subsumiert, deren unmittelbare Ursache eine etwaige, von der Käuferunternehmung betriebene Kulturpolitik darstellt. Der Terminus der Kulturpolitik beschreibt in diesem Zusammenhang die Gesamtheit der von der akquirierenden Gesellschaft durchführbaren Maßnahmen, die das Ziel verfolgen, die mit der Situation der Kulturkollision unmittelbar einhergehenden Erfolgsbeeinträchtigungen vollständig zu vermeiden oder sie zumindest zu verringern.[8] Die *sekundären* negativen Verbundeffekte resultieren damit folglich aus Aktivitäten der Käuferunternehmung, die dazu dienen, die Entstehung der im vorangegangenen Abschnitt erläuterten *primären* negativen Verbundeffekte zu beeinträchtigen. Dieser Zusammenhang macht ebenfalls deutlich, weshalb die Sekundäreffekte hier auch als „Kollisionswirkungen im weiteren Sinne" bezeichnet werden: Sie ergeben sich zwar nicht unmittelbar aus den mit der Kulturkollision einhergehenden Phänomenen des Kulturschocks und der Akkulturation, entstehen aber aufgrund von Maßnahmen, die eine unternehmerische Reaktion auf diese betriebswirtschaftlichen Gefahren der Kulturkollision darstellen. Das Zusammentreffen der Kulturen von Akquisitionsobjekt und Käuferunternehmung führt folglich insgesamt zu zwei unterschiedlichen Wirkungen:

---

[8] Der Begriff der Kulturpolitik findet sich ebenfalls bei BLEICHER, Unternehmungspolitik und Unternehmungskultur (1984), S. 496 sowie KASPER, Kulturperspektive (1987), S. 446, doch wird er dort jeweils in einem anderen Zusammenhang verwendet als in der hier vorliegenden Arbeit: So versteht BLEICHER unter der Kulturpolitik Maßnahmen, die das Ziel anstreben, „starke Subkulturen zu schaffen und Mechanismen bereitzustellen, die einen funktionalen Ausgleich akzeptierter und geförderter Unterschiede, eine Harmonisation differenzierter Subkulturen ermöglichen", wogegen KASPER in ihr Maßnahmen sieht, die das „Ziel verfolgen, ein möglichst hohes Maß an Übereinstimmung zwischen Basisüberzeugungen der Mitarbeiter und den tragenden Werten der Unternehmensführung herbeizuführen".

1) Die Kulturkollision zeitigt „Kollisionswirkungen im engeren Sinne" oder „primäre negative Verbundeffekte"; diese entstehen unmittelbar aufgrund des von ihr ausgelösten Kulturschocks und der sich daran anschließenden Akkulturation.

2) Darüber hinaus löst die Kulturkollision – aufgrund der mit ihr verbundenen, unter Punkt 1) angeführten Gefahren – entweder bereits im Vorfeld ihrer tatsächlichen Entstehung oder erst nach ihrem Eintritt ein entsprechendes Verhalten der Käuferunternehmung aus, das die Abwehr der drohenden primären Verbundeffekte zum Ziel hat. Die mit diesem, hier als „Kulturpolitik" bezeichneten Verhalten direkt einhergehenden Erfolgsminderungen stellen daher entsprechend „Kollisionswirkungen im weiteren Sinne" oder „sekundäre negative Verbundeffekte" dar.

Ebenso wie die primären können auch die sekundären Verbundeffekte das vom Bewertungssubjekt angestrebte Ziel der Gewinnerwirtschaftung sowohl von der Erlös- als auch der Kostenseite her konterkarieren. Führt die Käuferunternehmung beispielsweise Veranstaltungen – wie Seminare, Feierlichkeiten und ähnliches – durch mit dem Ziel, die in ihr gültigen unternehmungskulturellen Wertvorstellungen den Mitgliedern des Akquisitionsobjektes sukzessive näherzubringen und der Gefahr eines Kulturschocks damit entgegenzusteuern, geht dies gezwungenermaßen mit entsprechenden Aufwendungen einher. Zu Erlöseinbußen kann es unter anderem kommen, wenn die Käuferunternehmung[9] Angehörige des übernommenen Betriebes von sich aus entläßt, um so den schon geschilderten negativen Folgen möglicher aktiver und passiver Widerstände zu begegnen, und durch diese Kündigungen bestimmte Kundenkontakte verlorengehen.[10] Das letztere Beispiel, das in ähnlicher Form bereits im vorangegangenen Abschnitt IV.2.2 zur Erläuterung der primären negativen Verbundeffekte angeführt wurde, verdeutlicht damit noch einmal den Unterschied zwischen den Kollisionswirkungen im engeren und weiteren Sinne: Entstehen die Verluste an Kundenkontakten durch Kündigungen von seiten der Mitarbeiter des Akquisitionsobjektes aufgrund einer kulturkollisionsbedingten mangelnden Identifikation mit der Unternehmung, handelt es sich bei den damit einhergehenden Erlöseinbußen entsprechend um primäre negative Verbundeffekte. Werden die Kündigungen dagegen von der Käuferunternehmung vorgenommen mit dem Ziel, den Folgen von aus der Kulturkollision resultierenden Motivationsverlusten zu begegnen,

---

9 Bleibt das Akquisitionsobjekt auch nach der erfolgten Übernahme eine rechtlich selbständige Unternehmung, werden die Kündigungen der Mitarbeiter juristisch gesehen nicht von der Käuferunternehmung, sondern von der übernommenen Gesellschaft getätigt. Im Rahmen einer wirtschaftlichen Betrachtungsweise ist es allerdings die Käuferunternehmung, die die Entlassungen vornimmt, denn sie hat die Leitung des von ihr erworbenen Betriebes inne.

10 Selbstverständlich kann ein derartiges Vorgehen neben den angeführten Erlöseinbußen auch entsprechende zusätzliche Kosten zeitigen, beispielsweise in Form von an die Entlassenen zu leistenden Abfindungen.

stellen die durch diese Entlassungen ausgelösten Erlösminderungen aufgrund des Verlustes an Kundenkontakten sekundäre negative Verbundeffekte dar.

Wie die kulturpolitischen Maßnahmen im einzelnen aussehen können und welche unterschiedlichen sekundären negativen Verbundeffekte sich aus ihnen ergeben, soll in diesem Abschnitt nicht weiter vertieft, sondern vielmehr an späterer Stelle eingehend herausgearbeitet werden. Eine graphische Darstellung der erläuterten Kollisionswirkungen im engeren und weiteren Sinne gibt Abbildung 9.

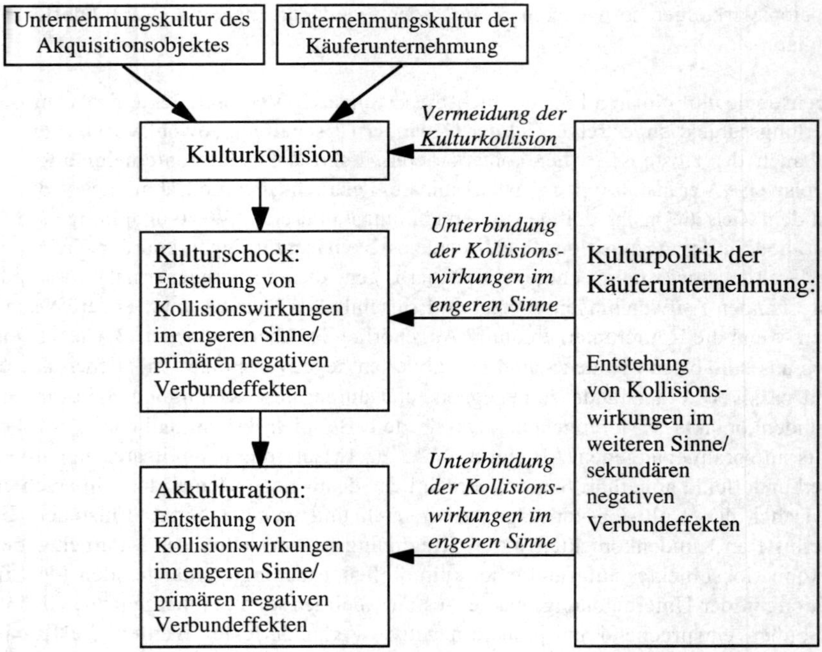

Abbildung 9: Die Kollisionswirkungen im engeren und weiteren Sinne

3. Ein Modell des Zusammenhangs zwischen Kultursynergie und Wert

3.1 Die Zielsetzung und graphische Darstellung des Modells

In den vorangegangenen Ausführungen wurde gezeigt, daß sich aus dem Zusammentreffen der Kulturen von Akquisitionsobjekt und Käuferunternehmung sowohl primäre als auch sekundäre Verbundeffekte ergeben, die jeweils die Zukunftserfolge des Bewertungsobjektes beeinträchtigen und damit den Entscheidungswert des präsumtiven Käufers mindern. Beide Teilsynergien existieren dabei nicht isoliert nebeneinander, sondern stehen vielmehr in einem engen Zusammenhang, der sich aus der Zielsetzung der Kulturpolitik ergibt: So werden die Kollisionswirkungen im engeren Sinne durch zunehmende kulturpolitische Aktivitäten verringert, wogegen die Kollisionswirkungen im weiteren Sinne durch eine vermehrte Kulturpolitik entsprechend steigen. Beide, durch das Kulturzusammentreffen ausgelösten Teilsynergien stehen damit folglich in einem substitutiven Verhältnis zueinander, denn das von der Käuferunternehmung gewählte Maß an Kulturpolitik bestimmt, inwieweit die primären negativen Verbundeffekte beseitigt werden und statt dessen sekundäre negative Verbundeffekte an ihre Stelle treten.

Vor dem Hintergrund dieser Überlegungen soll im weiteren ein Modell dargestellt werden, das die Zielsetzung verfolgt, den geschilderten Zusammenhang zwischen der Kulturpolitik der Käuferunternehmung und den im Unternehmungsverbund auftretenden primären und sekundären Verbundeffekten zu veranschaulichen, um darauf aufbauend die gesamte Minderung des Zukunftserfolgswertes durch die Kulturkollision aufzuzeigen. Ausgehend von den dabei gewonnenen Ergebnissen sucht das Modell deutlich zu machen, welches Aktivitätsoptimum die Käuferunternehmung bei der Planung ihrer kulturpolitischen Maßnahmen anstreben sollte und in welchem Ausmaß die Kultursynergie insgesamt damit im Entscheidungswert des präsumtiven Käufers Berücksichtigung finden muß.

Grundlage des in der folgenden Abbildung 10 vorgestellten Modells ist der erste Quadrant eines Koordinatensystems, wobei die Werte der Ordinate die kulturkollisionsbedingte Zukunftserfolgswertminderung ZEWM repräsentieren, während auf der Abszisse die Kulturpolitik K der Käuferunternehmung Berücksichtigung findet. Ausgedrückt wird die jeweilige Art und Weise der Kulturpolitik dabei in Form einzelner Maßnahmenbündel, die die von der akquirierenden Gesellschaft realisierbaren kulturpolitischen Vorgehensweisen widerspiegeln. Die einzelnen Maßnahmenbündel können sich dabei im Hinblick auf die Arten der in ihnen enthaltenen kulturpolitischen Maßnahmen und/oder in bezug auf die jeweilige Intensität der Durchführung dieser Aktivitäten unterscheiden. Angeordnet sind die möglichen kulturpolitischen Maßnahmenbündel auf der Abszisse nach Maßgabe ihres Einflusses auf die Kollisionswirkungen im engeren Sinne: Je stärker die von der Käuferunternehmung eingesetzten Aktivitätskombinationen die primären negativen Verbundeffekte verringern, desto weiter rechts befinden sie sich auf dieser Achse. Im Schnittpunkt von Abszisse und Ordinate betreibt die Käuferunternehmung folglich überhaupt keine Kulturpolitik; mit wachsendem Abstand zu diesem Punkt sind jene Maßnahmenbündel auf der Abszisse repräsentiert, die die primären negativen Verbundeffekte zunehmend beeinträchtigen.[11] Zu beachten ist dabei, daß ein bestimmter Abszissenpunkt durchaus mehrere verschiedene kulturpolitische Maßnahmenbündel symbolisieren kann: Dies ist stets dann der Fall, wenn unterschiedliche Maßnahmenbündel eine jeweils identische Senkung der Kollisionswirkungen im engeren Sinne versprechen.

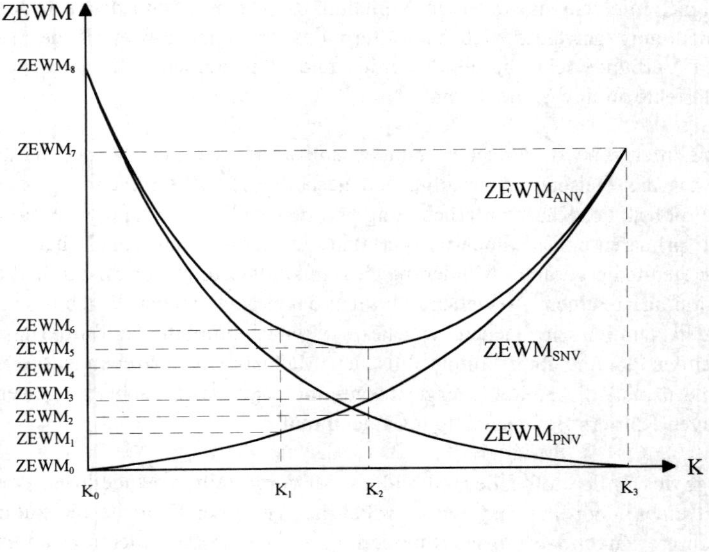

Abbildung 10: Das Modell des Zusammenhangs zwischen Kultursynergie und Zukunftserfolgswert

11 Auf der Abszisse sind also Indexwerte abgetragen, die das Aktivitätsniveau der Kulturpolitik bezeichnen.

Die im Koordinatensystem eingezeichneten Kurven $ZEWM_{PNV}$, $ZEWM_{SNV}$ und $ZEWM_{ANV}$ stellen damit folgende Sachverhalte dar:

1) Die Kurve $ZEWM_{PNV}$ beschreibt das Ausmaß der durch die primären negativen Verbundeffekte ausgelösten Zukunftserfolgswertminderungen in Abhängigkeit von der jeweiligen Kulturpolitik, die die Käuferunternehmung betreibt. Der Ursprung der $ZEWM_{PNV}$-Kurve im Punkt (K_0/$ZEWM_8$) stellt damit die Beeinträchtigung des Zukunftserfolgswertes durch die Kollisionswirkungen im engeren Sinne dar, falls die akquirierende Gesellschaft überhaupt keine Kulturpolitik betreibt; realisiert sie dagegen beispielsweise das kulturpolitische Maßnahmenbündel K_1, gelingt es ihr, die durch die primären Verbundeffekte verursachte Wertminderung auf das Niveau $ZEWM_4$ zu senken. Vollzieht die Käuferunternehmung die kulturpolitische Aktivitätskombination K_3, ist es ihr möglich, die Kollisionswirkungen im engeren Sinne vollständig zu beseitigen; die $ZEWM_{PNV}$-Kurve endet folglich im Punkt (K_3/$ZEWM_0$).

2) Die $ZEWM_{SNV}$-Kurve symbolisiert die Minderungen des Zukunftserfolgswertes aufgrund der sekundären negativen Verbundeffekte, die die von der Käuferunternehmung durchgeführte Kulturpolitik zeitigt. Der Ursprung der $ZEWM_{SNV}$-Kurve liegt daher im Schnittpunkt von Ordinate und Abszisse (K_0/$ZEWM_0$), denn wenn die erwerbende Gesellschaft keinerlei kulturpolitische Maßnahmen ergreift, kann es definitionsgemäß auch nicht zu Kollisionswirkungen im weiteren Sinne kommen. Realisiert die Käuferunternehmung dagegen beispielsweise das kulturpolitische Maßnahmenbündel K_1, geht dies einher mit sekundären Verbundeffekten, die eine Wertminderung in Höhe von $ZEWM_1$ mit sich bringen. Da es sich – wie unter 1) bereits erläutert – bei K_3 um diejenige kulturpolitische Aktivitätskombination handelt, bei der die primären Verbundeffekte vollständig beseitigt werden, endet die $ZEWM_{SNV}$-Kurve im Punkt (K_3/$ZEWM_7$): $ZEWM_7$ stellt folglich die mit diesem Maßnahmenbündel einhergehende Wertminderung aufgrund von sekundären negativen Verbundeffekten dar.

Zu beachten ist bei der $ZEWM_{SNV}$-Kurve, daß sie die Zukunftserfolgswertminderungen einer *effizienten* Kulturpolitik darstellt: Existieren mehrere verschiedene kulturpolitische Maßnahmenbündel, die jeweils eine Verringerung der primären Verbundeffekte in identischer Höhe herbeiführen können, zeigt die $ZEWM_{SNV}$-Kurve stets die kulturpolitisch bedingte Wertminderung desjenigen Bündels, das diese Beeinträchtigung der Kollisionswirkungen im engeren Sinne mit den geringsten sekundären Verbundeffekten zu bewirken vermag. Dies macht auch noch einmal deutlich, weshalb die $ZEWM_{SNV}$-Kurve im Punkt (K_3/$ZEWM_7$) endet: Zwar könnte die Käuferunternehmung ein noch umfangreicheres kulturpolitisches Maßnahmenbündel als K_3 realisieren, das mit entsprechend höheren sekundären Verbundeffekten einherginge. Ein derartiges kulturpolitisches Vorgehen wäre allerdings nicht effizient, da es keine weitergehende Beseitigung der Kollisionswirkungen im engeren Sinne herbeiführen kann als K_3; für eine nach dem Rationalitätsprinzip handelnde Käuferunternehmung ist es damit folglich nicht von Interesse.

Nicht zuletzt ist ebenfalls zu berücksichtigen, daß die $ZEWM_{SNV}$-Kurve nicht stets einen monoton steigenden Verlauf wie in Abbildung 10 aufweisen muß: Es ist denkbar, daß in Ausnahmefällen bestimmte kulturpolitische Maßnahmenbündel existieren, die mit niedrigeren Kollisionswirkungen im weiteren Sinne einhergehen als auf der Abszisse links von ihnen liegende, die primären Verbundeffekte geringer beeinträchtigende Aktivitätskombinationen. Auf Beispiele für eine derartige Konstellation soll hier allerdings verzichtet werden; eine eingehende Darstellung möglicher kulturpolitischer Maßnahmen und der durch sie verursachten sekundären negativen Verbundeffekte erfolgt vielmehr an einer späteren Stelle der vorliegenden Arbeit.

3. Die $ZEWM_{ANV}$-Kurve bildet die gesamten Minderungen des Zukunftserfolgswertes ab, die aus den von der Käuferunternehmung realisierbaren kulturpolitischen Maßnahmenbündeln resultieren. Sie stellt also die Aggregation der $ZEWM_{PNV}$- und $ZEWM_{SNV}$-Kurve dar und zeigt damit, welche Wertbeeinträchtigung sich insgesamt bei einer bestimmten kulturpolitischen Vorgehensweise einstellt als Folge sowohl der Senkung der primären Verbundeffekte als auch der Entstehung sekundärer Verbundwirkungen. Der Ursprung der $ZEWM_{ANV}$-Kurve im Punkt (K_0/$ZEWM_8$) entspricht damit jenem der $ZEWM_{PNV}$-Kurve, denn betreibt die akquirierende Gesellschaft überhaupt keine Kulturpolitik, kommt es nicht zu sekundären Verbundeffekten; die gesamte, durch das Kulturzusammentreffen ausgelöste Wertminderung entspricht damit der aus den Kollisionswirkungen im engeren Sinne resultierenden Wertbeeinträchtigung. Realisiert die Käuferunternehmung beispielsweise das kulturpolitische Maßnahmenbündel K_1, geht dies insgesamt mit einer kulturkollisionsbedingten Wertminderung in Höhe von $ZEWM_6$ einher. Eine solche Beeinträchtigung des Zukunftserfolgswertes ergibt sich dabei als Summe aus der auf primären Verbundeffekten beruhenden Wertminderung $ZEWM_4$ und der aus sekundären Verbundeffekten resultierenden Wertminderung $ZEWM_1$. Ihr Ende findet die $ZEWM_{ANV}$-Kurve im Punkt (K_3/$ZEWM_7$), der auch den Abschluß der $ZEWM_{SNV}$-Kurve markiert: Führt die Käuferunternehmung die kulturpolitische Aktivitätskombination K_3 durch, werden die Kollisionswirkungen im engeren Sinne vollständig beseitigt; die insgesamt aus der Kulturkollision resultierende Minderung des Zukunftserfolgswertes entspricht damit der auf sekundären Verbundeffekten beruhenden Wertbeeinträchtigung.

Bezüglich des Verlaufs der $ZEWM_{ANV}$-Kurve ist zu beachten, daß dieser nicht notwendigerweise in jedem Fall dem in Abbildung 10 gezeigten entsprechen muß: Weist die $ZEWM_{SNV}$-Kurve in Ausnahmefällen keine monotone Steigung auf, so besitzt die $ZEWM_{ANV}$-Kurve – da sie sich aus der Aggregation der $ZEWM_{PNV}$- und $ZEWM_{SNV}$-Kurve ergibt – unter Umständen mehrere Extrema.

Auf der Grundlage der geschilderten Kurven macht das Modell deutlich, daß die Käuferunternehmung im Hinblick auf die von ihr betriebene Kulturpolitik versuchen muß, zwei gegenläufige Tendenzen zum Ausgleich zu bringen. Handelt die Gesellschaft nach dem Rationalprinzip, wird sie danach streben, dasjenige kulturpolitische Maßnahmenbündel zu realisieren, bei dem der Absolutbetrag des Grenzschadens aufgrund der primären negativen Verbundeffekte dem durch die sekundären negativen Verbundeffekte verursachten Grenzschaden entspricht, denn die insgesamt durch die Kulturkollision verursachte Wertminderung ist dann am geringsten. Die $ZEWM_{ANV}$-Kurve weist bei diesem Maßnahmenbündel entsprechend ihr Minimum auf. Zu berücksichtigen ist bei dem hier gezeigten Vorgehen freilich, daß es den Normalfall einer monoton steigenden $ZEWM_{SNV}$-Kurve voraussetzt. Da sich die $ZEWM_{ANV}$-Kurve unter Umständen durch mehrere Extrema auszeichnet, wenn die $ZEWM_{SNV}$-Kurve keine monotone Steigung besitzt, bedarf es bei der Suche nach dem optimalen kulturpolitischen Maßnahmenbündel in einem solchen Fall der Ermittlung des absoluten Minimums der $ZEWM_{ANV}$-Kurve; liegt vor dem ersten – oder einzigen – Minimum der $ZEWM_{ANV}$-Kurve ein Maximum, ist darüber hinaus ihr linker Rand auf ein Randextremum hin zu untersuchen; existiert nach dem letzten – oder einzigen – Minimum ein Maximum, ist ihr rechter Rand einer entsprechenden Prüfung zu unterziehen.

Bezogen auf den in Abbildung 10 auf Seite 92 dargestellten Kurvenverlauf wird eine rational handelnde Käuferunternehmung folglich versuchen, die kulturpolitische Aktivitätskombination K_2 zu verwirklichen, die mit einer Wertminderung aufgrund primärer Verbundeffekte in Höhe von $ZEWM_2$ und einer Wertminderung aufgrund sekundärer Verbundeffekte in Höhe von $ZEWM_3$ einhergeht. Insgesamt verursacht K_2 damit eine Beeinträchtigung des Zukunftserfolgswertes in Höhe von $ZEWM_5$; diese stellt die geringste kulturkollisionsbedingte Wertminderung dar, die die Käuferunternehmung aufgrund einer geschickten Kulturpolitik realisieren kann. Das Minimum der $ZEWM_{ANV}$-Kurve liegt folglich im Punkt (K_2/$ZEWM_5$).

3.2 Die Konsequenzen für den Bewertungsgutachter

Das im vorangegangenen Abschnitt vorgestellte Modell macht deutlich, daß der Bewertungsgutachter im Grundsatz dreistufig vorzugehen hat, um die mit der Kulturkollision einhergehenden Beeinträchtigungen der zukünftigen Erfolge des Bewertungsobjektes im Entscheidungswert seines Mandanten zu berücksichtigen:

1) Zunächst muß sich der Bewertungsgutachter Klarheit darüber verschaffen, wie die Lage der $ZEWM_{PNV}$-Kurve in der vorliegenden Bewertungssituation aussieht. Es bedarf also der Abschätzung, welches Ausmaß die durch die primären negativen Verbundeffekte verursachte Zukunftserfolgswertminderung annimmt, wenn die Käuferunternehmung keinerlei Kulturpolitik betreibt; darüber hinaus hat der Gutachter zu ermitteln, welche kulturpolitischen Maßnahmenbündel diese Wertminderung sukzessive zu senken vermögen.

2) In einem zweiten Schritt ist der Bewertungsgutachter angehalten, die Lage der $ZEWM_{SNV}$-Kurve zu beurteilen; er muß also versuchen zu bestimmen, mit welchen, auf sekundären Verbundeffekten beruhenden Wertminderungen die einzelnen, in Schritt 1) identifizierten kulturpolitischen Maßnahmenbündel jeweils einhergehen. Hat der Gutachter sowohl die $ZEWM_{PNV}$- als auch die $ZEWM_{SNV}$-Kurve abgeschätzt, ist es ihm ebenfalls möglich, darauf aufbauend die Lage der $ZEWM_{ANV}$-Kurve zu ermitteln, ergibt diese sich doch aus der Aggregation der Werte der $ZEWM_{PNV}$- und $ZEWM_{SNV}$-Kurve.

3) Anschließend hat der Bewertungsgutachter die Aufgabe, zu klären, welches bestimmte Maßnahmenbündel aus der Menge der möglichen kulturpolitischen Vorgehensweisen sein Mandant realisieren möchte, um gegen die aus der Kulturkollision drohenden Gefahren vorzugehen.[12] Die mit dieser geplanten kulturpolitischen Aktivitätskombination insgesamt einhergehende, sowohl aus primären als auch sekundären negativen Verbundeffekten resultierende Wertminderung ist vom Bewertungsgutachter bei der Ermittlung des Entscheidungswertes seines Mandanten entsprechend zu berücksichtigen.

Will man die herausgearbeiteten Ergebnisse auf eine tatsächlich existierende Bewertungssituation übertragen, sind zwei Aspekte besonders zu beachten. Erstens ist zu berücksichtigen, daß dem gezeigten Modell eine Voraussetzung zugrunde liegt, die in der Realität in dieser Form nicht gegeben ist. So zeichnen sich die in der Abbildung 10 dargestellten Kurven durch einen stetigen Verlauf aus; innerhalb des Mo-

12 Soweit es ihm möglich ist, wird ein rational handelndes Bewertungssubjekt dabei stets diejenige kulturpolitische Aktivitätskombination zu verwirklichen suchen, die insgesamt die geringste Zukunftserfolgswertbeeinträchtigung verspricht.

dells wird also davon ausgegangen, daß der Bewertungsgutachter in der Lage ist, jeden einzelnen Punkt auf der Abszisse von K_0 bis K_3 mit einem entsprechend wirksamen kulturpolitischen Maßnahmenbündel zu belegen. Eine derartige Vorgehensweise ist aufgrund der mangelnden Kardinalskalierung der Kulturpolitik nicht möglich, so daß sich der Gutachter statt dessen damit begnügen muß, nur eine bestimmte – und zur Beschränkung des Bewertungsaufwands überschaubar bleibende – Anzahl kulturpolitischer Aktivitätskombinationen zu identifizieren. Die mit diesen Maßnahmenbündeln einhergehenden, auf primären und sekundären negativen Verbundeffekten beruhenden Zukunftserfolgswertminderungen bilden dann keine stetigen Kurven mehr, sondern stellen einzelne, aus diesen Kurven herausgegriffene Punkte dar.

Des weiteren ist im Hinblick auf das Procedere der Bestimmung der Wertminderungen festzuhalten, daß der Bewertungsgutachter nicht versuchen sollte, die sie verursachenden Erfolgseinbußen in Form von primären und sekundären Verbundeffekten in einer einwertigen Form anzugeben. Aufgrund der mit der Prognose der Kollisionswirkungen verbundenen erheblichen Unsicherheiten tut er vielmehr gut daran, sich darauf zu beschränken, für jede Periode eine Bandbreite möglicher Erfolgsminderungen und bestenfalls darüber hinaus ihre jeweiligen Eintrittswahrscheinlichkeiten abzuschätzen.[13] Dem Bewertungssubjekt bleibt es im Rahmen einer derartigen mehrwertigen Verbundeffektschätzung daraufhin überlassen, für jeden betrachteten Zeitraum eine sicherheitsäquivalente Erfolgsbeeinträchtigung[14] zu bestimmen; diese Sicherheitsäquivalente muß der Bewertungsgutachter der Ermittlung der kulturkollisionsbedingten Wertminderungen entsprechend zugrunde legen.

Wie der Bewertungsgutachter vorzugehen hat, um die Höhe der primären negativen Verbundeffekte in Abhängigkeit von der Kulturpolitik abzuschätzen, soll im folgenden Kapitel IV.4. eingehend diskutiert werden; daran anschließend wird in Kapitel IV.5. herausgearbeitet, wie die mit den möglichen kulturpolitischen Maßnahmenbündeln einhergehenden sekundären negativen Verbundeffekte prognostiziert werden können. In Kapitel IV.6. soll schließlich gezeigt werden, inwiefern die geschätzten Beeinträchtigungen der aus dem Bewertungsobjekt resultierenden Zukunftserfolge Eingang finden müssen in die Bestimmung der Grenze der Konzessionsbereitschaft des Bewertungssubjektes.

---

13 Vgl. zu der Notwendigkeit eines solchen mehrwertigen Vorgehens MOXTER, Grundsätze (1983), S. 116 f.

14 Unter einer *sicherheitsäquivalenten* Erfolgsbeeinträchtigung wird eine Erfolgsbeeinträchtigung verstanden, die dem Bewertungssubjekt nach Maßgabe seiner Risikoneigung gegenüber der Verteilung möglicher Erfolgsbeeinträchtigungen gleichwertig erscheint; vgl. hierzu SIEBEN/ SCHILDBACH, Bewertung ganzer Unternehmungen (1979), S. 460.

4. Die Abschätzung der primären negativen Verbundeffekte

4.1 Die Determinanten der primären negativen Verbundeffekte

4.1.1 Die Notwendigkeit einer Determinantenanalyse

Um das Ausmaß der sich im Rahmen einer Unternehmungsakquisition einstellenden primären negativen Verbundeffekte abzuschätzen, bedarf es im Vorfeld der Klärung, von welchen Determinanten das Auftreten derartiger Kollisionswirkungen im engeren Sinne abhängt. Beantwortet werden soll also zunächst die Fragestellung, wie Anzahl und Art der Variablen aussehen, die für diese kulturkollisionsbedingte Beeinträchtigung der aus dem Bewertungsobjekt erzielbaren Zukunftserfolge verantwortlich zeichnen; darauf aufbauend wird mit Hilfe der identifizierten Einflußfaktoren versucht, Rückschlüsse auf die zu erwartende Höhe der primären Verbundeffekte zu ziehen.

Im folgenden sollen insgesamt drei verschiedene Determinanten herausgearbeitet werden, deren kumulatives Vorliegen die Ursache für die Entstehung der Kollisionswirkungen im engeren Sinne darstellt: die Kulturrelevanz, der Kulturkontakt und die Kulturdifferenzen.

4.1.2 Die Kulturrelevanz

4.1.2.1 Die Bedeutung des Kriteriums der Kulturrelevanz

Das Kriterium der Kulturrelevanz stellt darauf ab, ob die Realisation der von dem präsumtiven Unternehmungskäufer mit der Übernahme verfolgten Ziele[15] von den Wirkungen des Zusammentreffens der Kulturen von Käuferunternehmung und Akquisitionsobjekt beeinflußt werden kann oder nicht. Liegt ein Abhängigkeitsverhältnis vor zwischen dem Ausmaß des von dem Bewertungssubjekt angestrebten Erfolges und der Situation der Kulturkollision, ist die Kulturrelevanz in einem derartigen Akquisitionsfall entsprechend zu bejahen. Die Einflußnahme des Kulturzusammentreffens auf den Grad der Zielrealisierung des Bewertungssubjektes ergibt sich dabei aus den folgenden Wirkungszusammenhängen:

---

[15] Es sei an dieser Stelle noch einmal daran erinnert, daß in der vorliegenden Arbeit von einem Bewertungssubjekt ausgegangen wird, das ausschließlich das Ziel der Gewinnmaximierung verfolgt; ist hier von *Zielen* die Rede, sind folglich die in Kapitel III.1. herausgearbeiteten Akquisitionsziele unter der Annahme der Gewinnmaximierung als Oberziel gemeint.

1) Die Träger der Grundannahmen, Werte und Normen, die die Kultur des Akquisitionsobjektes bilden, sind die Angehörigen dieser Unternehmung. Die Phänomene des Kulturschocks und der Akkulturation laufen daher ab auf der individuellen Ebene der Beschäftigten der übernommenen Gesellschaft. Kommt es zu den geschilderten negativen Wirkungen des Kulturzusammentreffens, wie beispielsweise den auf Motivationseinbußen beruhenden Produktivitätseinbrüchen, resultiert dies folglich aus einem entsprechenden unerwünschten Verhalten des Personals des erworbenen Betriebes.

2) Von Bedeutung für die vom Bewertungssubjekt angestrebten Ziele ist die Kulturkollision damit stets dann, wenn die Realisation der zu erreichenden Vorgaben unter anderem abhängig ist von einer Mitwirkung der Angehörigen des Akquisitionsobjektes: Beeinflußt die Kulturkollision das Verhalten der Beschäftigten des erworbenen Betriebes und bedarf es des Beitrags dieses Personals zur Erreichung der Zielsetzungen des Unternehmungskäufers, so sind die Auswirkungen des Kulturzusammentreffens folglich von entsprechender Relevanz für die zukünftig aus dem Bewertungsobjekt an seinen Eigner fließenden Erfolge. Ist die Beteiligung der Angehörigen der übernommenen Gesellschaft dagegen nicht vonnöten für die Verwirklichung der Zielsetzungen des präsumtiven Erwerbers, liegt analog eine Situation der Kulturirrelevanz vor, denn die Wirkungen des Kulturzusammentreffens sind für die Höhe der aus dem Akquisitionsobjekt an seinen Eigentümer fließenden Erfolge und damit auch für die Bewertung dieser Unternehmung nicht von Bedeutung.

Eine graphische Veranschaulichung des hinter dem Kriterium der Kulturrelevanz stehenden Wirkungszusammenhangs gibt Abbildung 11.

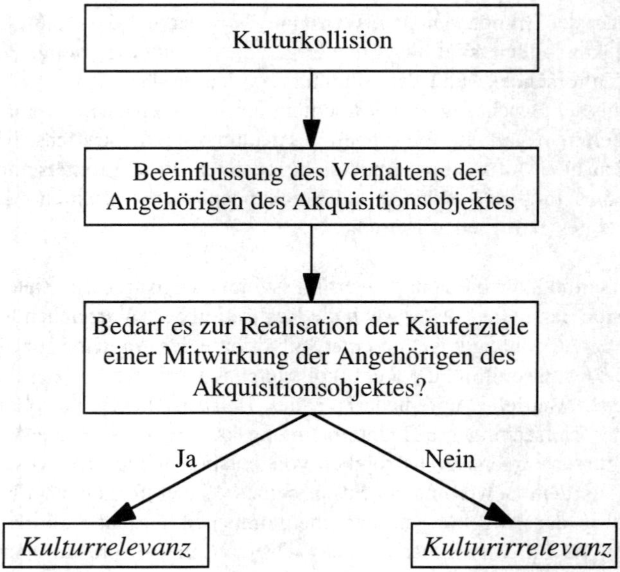

Abbildung 11: Das Kriterium der Kulturrelevanz

4.1.2.2 Die Beurteilung der Kulturrelevanz

Sucht der Bewertungsgutachter zu beurteilen, inwieweit das Kriterium der Kulturrelevanz im Rahmen des Akquisitionsvorhabens seines Mandanten tatsächlich gegeben ist, muß er sich folglich zunächst kundig machen, wie die von dem Bewertungssubjekt angestrebten Übernahmeziele im einzelnen aussehen; daraufhin hat er zu untersuchen, ob die jeweilige Realisierung dieser Zielsetzungen einer entsprechenden Mitwirkung des Personals des erworbenen Betriebes bedarf. Im folgenden soll anhand von acht verschiedenen Akquisitionszielen beispielhaft gezeigt werden, in welchen Fällen die Kulturrelevanz zu bejahen ist und wann dagegen eine Kulturirrelevanz vorliegt:

1) Strebt der präsumtive Unternehmungskäufer die Realisierung des Einzelerfolges mittels einer Fortführung des Akquisitionsobjektes an, ist zur Erreichung dieses Zieles unter anderem auch eine entsprechende Mitarbeit des Personals der über-

nommenen Gesellschaft vonnöten; die Kulturrelevanz ist in einer derartigen Situation also gegeben.[16]

2) Ebenfalls zu bejahen ist die Kulturrelevanz, wenn die Käuferunternehmung durch die Übernahme positive Synergieeffekte im Absatzbereich realisieren will in der Form, als sie selber ein umfangreiches Produktsortiment in den Unternehmungsverbund einbringt, während ein im Ausland ansässiges Akquisitionsobjekt auf sein Sitzland bezogene Marktkenntnisse und Vertriebskontakte beisteuert: Auch in einem solchen Fall beruht die Zielverwirklichung unter anderem auf einer entsprechenden Mitwirkung der Angehörigen des erworbenen Betriebes, stellen diese doch die Träger des interessierenden absatzfördernden Wissens dar.

3) Plant das Bewertungssubjekt, Synergieeffekte in Form von Kosteneinsparungen zu realisieren mittels der Zusammenlegung einzelner Abteilungen von Käuferunternehmung und Akquisitionsobjekt, so stellt die Kooperationsbereitschaft der Mitglieder des übernommenen Betriebes eine der notwendigen Voraussetzungen dar, um die Effizienz der Abläufe in diesen Bereichen zu gewährleisten. Auch in diesem Fall ist die Kulturrelevanz folglich gegeben.[17]

4) Zu bejahen ist die Kulturrelevanz ebenso bei Übernahmefällen, in denen das Bewertungssubjekt eine Gesellschaft zu erwerben sucht, die auf der dem Käuferbetrieb vor- oder nachgelagerten Produktionsstufe tätig ist, und positive Synergieeffekte durch eine Abstimmung zwischen dem Absatzbereich der vorgelagerten und dem Beschaffungsbereich der nachgelagerten Unternehmung erzielt werden sollen: Auch in einer solchen Situation bedarf es zur Zielerreichung einer entsprechenden Mitwirkung des Personals des Akquisitionsobjektes.

5) Nicht gegeben ist die Kulturrelevanz dagegen im Rahmen von Akquisitionen, bei denen die Käuferunternehmung eine Realisierung des Einzelerfolges mittels einer Zerschlagung des Übernahmeobjektes anstrebt. Zur Realisierung dieser Zielsetzung ist die Mitarbeit des Personals des erworbenen Betriebes nicht notwendig, so daß die Kulturkollision für die Höhe der aus dem Bewertungsobjekt fließenden Erfolge nicht von Bedeutung ist.

---

[16] Für die Beurteilung des Kriteriums der Kulturrelevanz ist es dabei nicht von Bedeutung, ob die Fortführung des Akquisitionsobjektes mit oder ohne Restrukturierung des Betriebsvermögens einhergeht, denn in beiden Fällen bedarf es zur Erfolgserzielung einer entsprechenden Mitwirkung der Angehörigen des erworbenen Betriebes.

[17] Voraussetzung ist dabei selbstverständlich, daß die Abteilungszusammenlegung nicht einhergeht mit einer Entlassung des Personals des übernommenen Betriebes. Wird den Beschäftigten des Akquisitionsobjektes aus den zusammenzulegenden Bereichen gekündigt, liegt entsprechend keine Kulturrelevanz im Hinblick auf das Ziel der Realisierung von Synergieeffekten in Form von Kosteneinsparungen vor.

6) Ebenfalls zu verneinen ist die Kulturrelevanz, wenn die Käuferunternehmung durch die Übernahme positive Synergieeffekte im Fertigungs- und Absatzbereich insofern realisieren will, als sie selber umfangreiche Produktions- und Vertriebskapazitäten besitzt, während das Akquisitionsobjekt patentrechtlich geschützte Rezepturen sein eigen nennt, die die erwerbende Gesellschaft nach der Übernahme entsprechend nutzen wird: Auch in einem solchen Fall bedarf die Zielverwirklichung keiner Mitwirkung der Angehörigen des akquirierten Betriebes, denn lediglich ein Teil des Vermögens dieser Unternehmung ist für die Realisierung der vom Bewertungssubjekt angestrebten Synergieeffekte von Bedeutung.

7) Sucht der Käuferbetrieb eine Kapitalgesellschaft mit einem körperschaft- und gewerbesteuerlichen Verlustvortrag zu erwerben, da er das Ziel verfolgt, seine eigenen Gewinne mit einem solchen Negativbetrag zu verrechnen, um sie unversteuert zu vereinnahmen, ist auch in diesem Akquisitionsfall keine Kulturrelevanz gegeben: Voraussetzung für die vom Bewertungssubjekt angestrebte Nutzung des Verlustvortrags ist, daß die akquirierte Gesellschaft auf die Käuferunternehmung verschmolzen wird und sie ihre Geschäftstätigkeit bis zum Zeitpunkt der Eintragung der Fusion in das Handelsregister noch nicht eingestellt hat.[18] Ist die Verschmelzung erfolgt und der Verlustvortrag des Akquisitionsobjektes damit auf die Käuferunternehmung übergegangen, kann diese die Geschäftstätigkeit des erworbenen Betriebes unmittelbar beenden.[19] Ein Beitrag des Personals des Akquisitionsobjektes ist damit folglich nicht notwendig zur Verwirklichung der Zielsetzung des Bewertungssubjektes.[20]

8) Zu verneinen ist die Kulturrelevanz nicht zuletzt ebenso bei Akquisitionsfällen, in denen die Käuferunternehmung einen Wettbewerber erwirbt, dessen Geschäftstätigkeit sie zum Zwecke der Konkurrenzausschaltung unmittelbar nach der Übernahme einstellt. Auch zur Erreichung dieses Akquisitionszieles des Bewertungssubjektes bedarf es keinerlei Mitwirkung der Angehörigen des übernommenen Betriebes.

Verfolgt der Unternehmungskäufer mit der Akquisition gleichzeitig oder sukzessive mehrere Zielsetzungen, hat der Bewertungsgutachter selbstverständlich jedes dieser Ziele seines Mandanten auf das Kriterium der Kulturrelevanz hin zu überprüfen.

---

[18] Vgl. §§ 12 Abs. 3 Satz 2, 19 Abs. 2 UmwStG. Der Versuch einer Nutzung des Verlustvortrags mittels einer Verschmelzung der Käuferunternehmung auf das Akquisitionsobjekt wird dagegen regelmäßig scheitern an der Voraussetzung der wirtschaftlichen Identität der verlusttragenden Unternehmung gemäß § 8 Abs. 4 KStG.

[19] Vgl. KNEPPER, Voraussetzung für den Verlustabzug (1994), S. 1798.

[20] Zur Kulturirrelevanz bei Übernahmen, die nicht aufgrund von leistungs-, sondern finanzwirtschaftlichen Aspekten des Akquisitionsobjektes getätigt werden, vgl. auch SIEHL/LEDFORD/SILVERMAN/FAY, Postmerger Integration (1988), S. 53.

Sucht das Bewertungssubjekt beispielsweise eine Unternehmung zu erwerben, um sowohl ihren ertragsteuerlichen Verlustvortrag zu nutzen als auch auf gegenseitigem Wissenstransfer beruhende Synergien im Forschungs- und Entwicklungsbereich zu realisieren, so ist die Kulturrelevanz im Hinblick auf die erste Zielsetzung zwar zu verneinen, bezüglich der zweiten aber zu bejahen. Die Wirkungen der Kulturkollision können in dieser Übernahmesituation also zumindest einen Teil des aus dem Bewertungsobjekt resultierenden Erfolges beeinträchtigen.

4.1.3 Der Kulturkontakt

4.1.3.1 Die Bedeutung des Kriteriums des Kulturkontaktes

Das im vorangegangenen Kapitel erläuterte Kriterium der Kulturrelevanz stellt darauf ab, ob das Kulturzusammentreffen aufgrund der Art des Übernahmezieles überhaupt in der Lage wäre, die aus dem Akquisitionsobjekt resultierenden Erfolge mittels der Entstehung primärer negativer Verbundeffekte zu beeinträchtigen und damit dessen Zukunftserfolgswert zu mindern. Der hinter dem Kriterium des Kulturkontaktes stehende Gedankengang ist dagegen ein anderer: Hierbei geht es um die Fragestellung, ob die Verfolgung eines – aufgrund der Mitwirkung des Personals des Akquisitionsobjektes – grundsätzlich durch die Kulturkollision konterkarierbaren Übernahmezieles überhaupt ein derartiges Zusammentreffen zwischen den Kulturen von Käuferunternehmung und Akquisitionsobjekt auslöst.

Das Kriterium des Kulturkontaktes gibt also Auskunft darüber, ob es aufgrund des Übernahmezieles des Bewertungssubjektes zu einer Konfrontation zwischen den Kulturen von Käuferunternehmung und erworbener Gesellschaft kommt, aus der dann die Erfolgsrealisierung beeinträchtigende primäre negative Verbundeffekte erwachsen können. Da die Kulturkollision auf der Ebene der kulturellen Artefakte der Akquisitionsparteien vonstatten geht,[21] hat sich die Beantwortung der Frage nach dem Vorhandensein des Kulturkontaktes in einem Übernahmefall entsprechend daran zu orientieren, ob die Verfolgung des Akquisitionszieles mit Maßnahmen der Käuferunternehmung einhergeht, die das Personal des übernommenen Betriebes mit den kulturellen Schöpfungen der Erwerberin konfrontieren.[22]

Eine graphische Veranschaulichung des hinter dem Kriterium des Kulturkontaktes stehenden Wirkungszusammenhangs gibt Abbildung 12.

---

[21] Vgl. hierzu die in Kapitel III.3.3.1 herausgearbeiteten Ergebnisse.

[22] Vgl. zu dem hinter dem Kriterium des Kulturkontaktes stehenden Gedankengang ferner auch NAHAVANDI/MALEKZADEH, Acculturation in Acquisitions (1988), S. 80 f., KÖRTING, Hochzeit (1989), S. 371; FREUND, Integration übernommener Unternehmen (1991), S. 496.

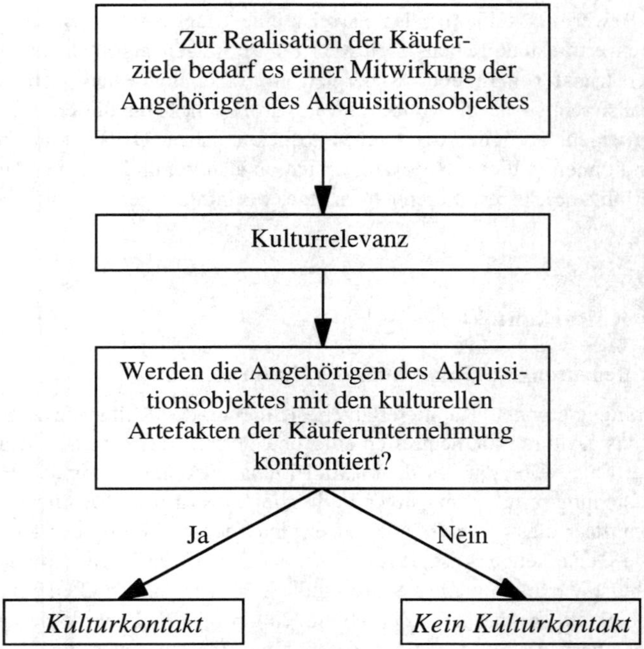

Abbildung 12: Das Kriterium des Kulturkontaktes

4.1.3.2 Die Beurteilung des Kulturkontaktes

Strebt der Bewertungsgutachter nach einer Beurteilung, ob und, wenn ja, in welchem Umfang der Kulturkontakt im Rahmen des Übernahmevorhabens seines Mandanten tatsächlich gegeben ist, muß er sich zunächst im klaren darüber sein, welche Ziele das Bewertungssubjekt verfolgt; darauf aufbauend hat er sich kundig zu machen, in welchem Ausmaß die erwerbende Gesellschaft das Akquisitionsobjekt zu integrieren sucht, um diese Zielsetzungen zu erreichen. Eine derartige betriebswirtschaftliche Eingliederung des übernommenen Betriebes in die Käuferunternehmung führt nämlich regelmäßig dazu, daß die Angehörigen des Akquisitionsobjektes mit den Artefakten der Erwerberin konfrontiert werden: So manifestieren sich die jeweiligen unternehmungskulturellen Basisannahmen, Werte und Normen des Personals der erwerbenden Gesellschaft unter anderem in der Form ihrer Organisationsstruktur, der Ausgestaltung ihrer Leistungserstellungsprozesse, ihrer Informationspolitik, ihren Kontrollmechanismen, ihren Entlohnungs- und Beförderungssystemen sowie den von ihr unterhaltenen sozialen Einrichtungen.[23] Gliedert die Käuferunternehmung das Akquisitionsobjekt in ihre eigenen Strukturen und Prozesse ein, sehen sich dessen Mitglieder folglich zumindest einem Teil der kulturellen Schöpfungen der Erwerberin gegenüber, die die in ihr gültigen Grundannahmen, Werte und Normen kommunizieren.[24]

Im folgenden soll anhand von sechs verschiedenen Akquisitionsfällen beispielhaft dargestellt werden, in welchen Situationen der Kulturkontakt vorliegt und wann dagegen kein Kulturkontakt gegeben ist:

1) Betrachtet wird zunächst eine Übernahmesituation, in der das Akquisitionsobjekt auf einer der Käuferunternehmung vorgelagerten Produktionsstufe tätig ist und die Erwerberin Synergien im Beschaffungs- und Fertigungsbereich zu realisieren sucht, indem sie die gesamte Leistungserstellung und -abgabe der übernommenen Gesellschaft an die eigenen Bedürfnisse anpaßt. Zur Erreichung dieser Ziele integriert die Käuferunternehmung den übernommenen Betrieb in ihre divisionale Aufbauorganisation, bindet sein Personal in ihre eigenen Beförderungs- und Entlohnungssysteme ein und versucht, die von ihr entwickelten formalen Kontrollmechanismen auch in der erworbenen Gesellschaft zur Anwendung kommen zu lassen. Der Kulturkontakt ist bei einer derartigen Konstellation vorhanden, da die Angehörigen des Akquisitionsobjektes aufgrund der geschilderten Maßnahmen mit kulturellen Artefakten der Erwerberin konfrontiert werden.

2) Des weiteren soll ein Akquisitionsfall angeführt werden, bei dem die Käuferunternehmung das Ziel verfolgt, Verbundvorteile im Absatzbereich in Form von Kostensenkungen zu realisieren. Dies soll geschehen mittels einer Zentralisierung der Absatzorgane beider Übernahmeparteien und der damit einhergehenden Zusammenfassung von Vertriebsaktivitäten, wie der Auftragsannahme und -abwicklung, der Kundenberatung, der Werbung und dem Kundendienst. Im Zuge dieser Integration der Absatzbereiche überträgt die Erwerberin die bei ihr gültigen positiven wie negativen Sanktionsmechanismen auf das Vertriebspersonal des Akquisitionsobjektes und richtet die gesamte Art des Auftretens dieser Gesellschaft auf den Absatzmärkten an der eigenen Marketingkonzeption aus. Auch in diesem Fall ist der Kulturkontakt damit gegeben, denn durch die erläuterten Maßnahmen sehen sich die Mitglieder des Akquisitionsobjektes den kulturellen Artefakten der Käuferunternehmung gegenüber.

3) Als drittes Beispiel soll ein Unternehmungserwerb vorgestellt werden, bei dem die Übernehmerin das Ziel verfolgt, den Einzelerfolg des Akquisitionsobjektes im

[23] Vgl. hierzu auch die Ausführungen in Kapitel II.2.4.

[24] Vgl. hierzu ebenfalls die in Kapitel III.3.3.1 dargestellten Zusammenhänge.

Rahmen einer Fortführung mit Restrukturierung zu vereinnahmen. Zu diesem Zwecke spaltet die Käuferunternehmung die erworbene Gesellschaft in vier rechtlich selbständige Teilbetriebe auf,[25] von denen zwei veräußert werden; die beiden übrigen werden in die Aufbau- und Ablauforganisation der Erwerberin integriert und nach Maßgabe der von ihr verfolgten Geschäftsfeldstrategie weitergeführt. Die Frage nach dem Vorhandensein des Kulturkontaktes ist auch in dieser Übernahmesituation zu bejahen, denn durch die geschilderten Eingriffe der Käuferunternehmung in die Strukturen und Prozesse des Akquisitionsobjektes wird dessen Personal mit den kulturellen Schöpfungen der Erwerberin konfrontiert.

4) Anders zu beurteilen ist dagegen ein Akquisitionsfall, bei dem die Käuferunternehmung den Einzelerfolg des übernommenen Betriebes aufgrund einer Fortführung ohne Restrukturierung vereinnahmen will und sich dabei praktisch jeglicher Eingriffe in die jeweiligen Gegebenheiten dieser Gesellschaft enthält: Durch ihre Beschränkung auf die bloße Vereinnahmung der Gewinne des Akquisitionsobjektes sehen sich dessen Mitglieder nicht den kulturellen Artefakten der Erwerberin gegenüber, so daß ein Kulturkontakt folglich nicht zustande kommt.[26]

5) Ebenfalls zu verneinen ist die Frage nach dem Vorhandensein des Kulturkontaktes bei einer Übernahmesituation, in der die akquirierende Gesellschaft mit Hilfe des erworbenen Betriebes Verbundvorteile im Forschungs- und Entwicklungsbereich zu erzielen sucht mittels eines gegenseitigen Austauschs technologischen Wissens, ohne dabei aber das Akquisitionsobjekt in die eigenen Prozesse und Strukturen einzugliedern. Eine Konfrontation des Personals des übernommenen Betriebes mit den kulturellen Schöpfungen der Käuferunternehmung unterbleibt damit folglich.

6) Nicht zuletzt ist der Kulturkontakt beispielsweise auch nicht gegeben bei einem Akquisitionsfall, in dem die Käuferunternehmung eine Realisierung positiver Synergieeffekte im Finanzierungsbereich insofern anstrebt, als sie eine Gesellschaft erwirbt, deren Absatzentwicklung anderen saisonalen und konjunkturellen Rhythmen unterworfen ist als ihre eigenen Geschäfte. Die zyklischen Schwankungen der Einkommensströme beider Betriebe kompensieren sich dadurch gegenseitig, so daß der Unternehmungsverbund insgesamt in den Genuß einer kontinuierlichen, stabilen Gewinnentwicklung kommt. Eine Eingliederung des Ak-

---

[25] Vgl. zu dem gesellschaftsrechtlichen Hintergrund einer solchen Aufspaltung insbesondere §§ 123-151 UmwG.

[26] Eine derartige Vorgehensweise der „Nichteinmischung“ in die Gegebenheiten des Akquisitionsobjektes ist beispielsweise dann ratsam, wenn die Käuferunternehmung vermutet, daß die bestehende Unternehmungskultur dieses Betriebes einen seiner ausschlaggebenden Wettbewerbsvorteile darstellt. Vgl. zu diesem Aspekt ferner auch KRÜGER, Management (1988), S. 373 f.

quisitionsobjektes nimmt die Erwerberin dabei nicht vor, so daß sich das Personal des übernommenen Betriebes folglich auch nicht ihren kulturellen Artefakten gegenübersieht.

Verfolgt die Käuferunternehmung mit ihrem Akquisitionsvorhaben gleichzeitig mehrere Zielsetzungen, kann es durchaus zu einer Übernahmesituation kommen, bei der der Kulturkontakt im Hinblick auf einen Teil der Ziele gegeben ist, bezüglich der Verfolgung der übrigen Vorgaben aber verneint werden muß. Als Beispiel für eine derartige Konstellation soll hier der Erwerb einer Gesellschaft angeführt werden, die ein ähnliches Gütersortiment wie die Käuferunternehmung anbietet und aus zwei räumlich und organisatorisch getrennten Teilbetrieben besteht, von denen der eine sich lediglich mit dem Bereich der Forschung und Entwicklung beschäftigt, während der andere die Funktionen Beschaffung, Fertigung und Vertrieb ausübt.

Die Erwerberin verfolgt mit der Übernahme vier verschiedene Ziele: Erstens möchte sie Synergieeffekte insofern realisieren, als sie die im Forschungs- und Entwicklungsbereich des Akquisitionsobjektes erarbeiteten Ergebnisse mit Hilfe ihrer eigenen finanziellen Möglichkeiten zügig in Form von Produkt- und Prozeßinnovationen in die Praxis umsetzt. Darüber hinaus sucht die Käuferunternehmung Verbundvorteile zweitens im Beschaffungs- und drittens im Vertriebsbereich zu erzielen aufgrund von Machtzuwächsen, die sich durch die mit dem Unternehmungszusammenschluß einhergehenden Summierungen der Bestellmengen auf den Beschaffungsmärkten und der Marktanteile auf den Absatzmärkten ergeben. Nicht zuletzt strebt die Erwerberin eine Realisierung positiver Synergien im Fertigungsbereich an in Form von Kostendegressionen, die sich aus der verbesserten Nutzung bestehender Produktionskapazitäten und der Entstehung von Lerneffekten ergeben sollen.

Um die geschilderten Übernahmeziele zu erreichen, plant die Käuferunternehmung, den Beschaffungs-, Fertigungs- und Vertriebsbereich des Akquisitionsobjektes sowohl in räumlicher als auch organisatorischer Hinsicht in ihre eigenen Bereiche einzugliedern. Der Kulturkontakt ist dabei folglich gegeben, denn das in diesen Abteilungen des übernommenen Betriebes tätige Personal wird aufgrund eines derartigen Vorgehens mit den kulturellen Artefakten der Erwerberin konfrontiert. Die bisherige Eigenständigkeit des Forschungs- und Entwicklungsbereiches des Akquisitionsobjektes behält die Käuferunternehmung dagegen bei und versucht nicht, ihn in ihre Strukturen und Prozesse zu integrieren, da eine solche Eingliederung als nicht notwendig angesehen wird für die angestrebte Wissensverwertung. Für das in diesem Bereich der übernommenen Gesellschaft tätige Personal kommt es damit nicht zu einem Kulturkontakt.

4.1.4 Die Kulturdifferenzen

4.1.4.1 Die Bedeutung des Kriteriums der Kulturdifferenzen

Das dargestellte Kriterium des Kulturkontaktes gibt Auskunft darüber, ob sich die Angehörigen des Akquisitionsobjektes infolge der Unternehmungsübernahme überhaupt den kulturellen Vorstellungen des Personals der Käuferunternehmung gegenübersehen. Für die Entstehung primärer negativer Verbundeffekte ist eine derartige Konfrontation der Unternehmungskulturen allerdings eine zwar notwendige, keinesfalls aber hinreichende Bedingung: Voraussetzung für das Eintreten der Kollisionswirkungen im engeren Sinne ist des weiteren, daß im Rahmen des Kulturkontaktes zwei Unternehmungskulturen zusammentreffen, die im Vergleich miteinander gewisse Unterschiede aufweisen – die Kulturdifferenzen.

Die Existenz der Kulturdifferenzen ist insofern für die Entstehung der primären negativen Verbundeffekte von Bedeutung, als der Kulturkontakt allein noch keine nachteiligen Wirkungen auf das Personal des Akquisitionsobjektes zeitigt. Die Phänomene des Kulturschocks und der sich anschließenden Akkulturation werden vielmehr erst dadurch ausgelöst, daß die Angehörigen des erworbenen Betriebes aufgrund der Eingliederung in die Käuferunternehmung mit solchen kulturellen Artefakten und den durch sie kommunizierten Basisannahmen, Werten und Normen konfrontiert werden, die ihnen vollständig oder zumindest zum Teil fremd und unverständlich erscheinen, ihre bisherigen kulturellen Wertesysteme in Frage stellen und dadurch Gefühle wie Orientierungslosigkeit, Unsicherheit, Selbstzweifel und Angst auslösen.[27] Dabei ist davon auszugehen, daß sich die infolge eines Kulturkontaktes eintretenden primären negativen Verbundeffekte als um so umfangreicher darstellen werden, je größer die Unterschiede zwischen den Unternehmungskulturen der beiden Übernahmeparteien sind. Entspricht die Kultur des Personals der Käuferunternehmung dagegen vollständig[28] den von den Mitgliedern des Akquisitionsobjektes geteilten Basisannahmen, Werten und Normen, kommt es für die Angehörigen des übernommenen Betriebes infolge des Kulturkontaktes nicht zu einer Konfrontation mit unternehmungskulturellen Mustern, die ihnen ungewohnt sind; die in Kapitel III.3.3.1 geschilderten Gefühle – wie Orientierungslosigkeit und Unsicherheit – unterbleiben damit, so daß die Schockwirkungen des Kulturzusammentreffens in einem

---

27 Vgl. hierzu auch die Ausführungen in Kapitel III.3.3.1.

28 Eine vollständige Übereinstimmung der Kulturen der erwerbenden und erworbenen Gesellschaft ist wegen der verschiedenartigsten Chancen und Anforderungen, denen sich die Unternehmungen im Laufe ihrer Geschäftstätigkeit jeweils gegenübersehen und die ihre kulturellen Muster beeinflussen, wohl als nur theoretisch möglicher Grenzfall anzusehen. Dennoch sind erhebliche Gemeinsamkeiten zwischen Unternehmungskulturen denkbar, beispielsweise aufgrund von ähnlichen Persönlichkeiten der Unternehmungsgründer oder vergleichbaren Erfahrungen innerhalb einer Branche. Zu letzterem Aspekt vgl. ebenfalls KRÜGER, Management (1988), S. 373.

solchen Fall nicht eintreten.[29] Eine graphische Darstellung des hinter dem Kriterium der Kulturdifferenzen stehenden Gedankenganges gibt Abbildung 13.

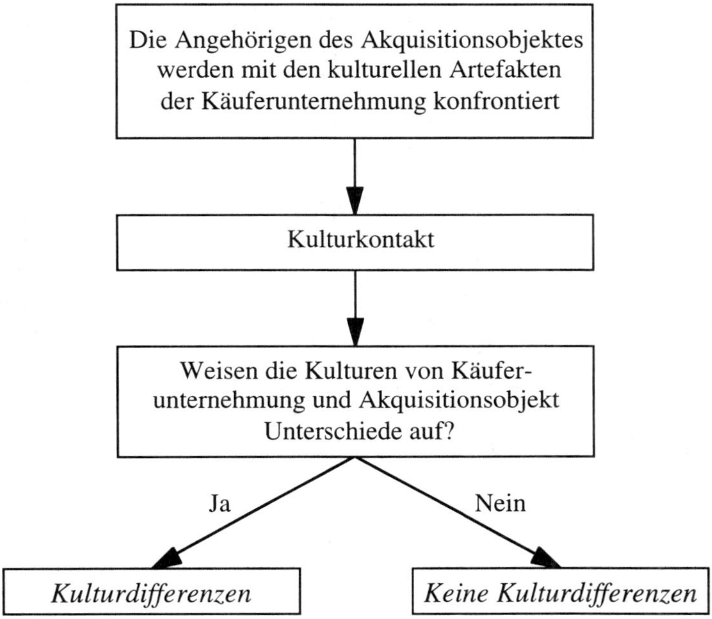

Abbildung 13: Das Kriterium der Kulturdifferenzen

Zu beachten ist, daß das Vorhandensein der Kulturdifferenzen im Gegensatz zu den Kriterien der Kulturrelevanz und des Kulturkontaktes nicht abhängig ist von den

[29] Vgl. zum Aspekt der Kulturunterschiede als Ursache negativer Kulturkollisionswirkungen auch GILL/FOULDER, Acquisition and the Aftermath (1978), S. 16; BUONO/BOWDITCH/LEWIS, Anatomy of a Merger (1985), S. 482; PRITCHETT, Managing the Shockwaves (1985), S. 13 f.; CLARKE, Measuring Strategic Fit (1987), S. 16; DE NOBLE/GUSTAFSON/HERGERT, Post-merger Integration (1988), S. 83; GROVES-RAINES/BRYANT, Human Resource Planning (1988), S. 43; KRÜGER, Management (1988), S. 373 f; SIEHL/LEDFORD/SILVERMAN/FAY, Postmerger Integration (1988), S. 51; BUONO/BOWDITCH, Human Side of Acquisitions (1989), S. 98; SIEGHOLD, Acquisitions (1989), S. 115; KRYSTEK/MINKE, Strategische Allianzen (1990), S. 30; MATUSCHKA, Risiken von Akquisitionen (1990), S. 106; BAETGE/KRUMBHOLZ, Akquisition und Unternehmensbewertung (1991), S. 17; FREUND, Integration übernommener Unternehmen (1991), S. 496 f.; KRYSTEK, Unternehmungskultur als kritischer Erfolgsfaktor (1991), S. 139; ders., Akquisition (1992), S. 546.

Zielsetzungen, die das Bewertungssubjekt mit der Unternehmungsübernahme zu erreichen sucht, sondern sich vielmehr aus dem Vergleich der jeweiligen kulturellen Gegebenheiten von erwerbender und erworbener Gesellschaft ergibt. Wie der Bewertungsgutachter vorzugehen hat, um etwaige Unterschiede zwischen den Kulturen von Käuferunternehmung und Akquisitionsobjekt zu erkennen, soll dabei im folgenden Kapitel eingehender betrachtet werden.

4.1.4.2 Die Beurteilung der Kulturdifferenzen

Sucht der Bewertungsgutachter zu beurteilen, ob im Rahmen des geplanten Übernahmevorhabens seines Mandanten Kulturdifferenzen zu Tage treten und, wenn ja, welches Ausmaß diese Unterschiede aufweisen, hat er grundsätzlich in drei Schritten vorzugehen: Zunächst muß sich der Gutachter kundig machen in bezug auf die in der Käuferunternehmung gültigen Basisannahmen, Werte und Normen sowie die Artefakte, in denen sie sich manifestieren. Daran anschließend hat er zu ermitteln, wie die entsprechenden Artefakte des Akquisitionsobjektes aussehen und welche kulturellen Vorstellungen der Angehörigen dieses Betriebes hinter ihnen stehen. In einem dritten Schritt ist es dann Aufgabe des Bewertungsgutachters, die festgestellten Eigenschaften beider Unternehmungskulturen einander gegenüberzustellen und die entsprechenden Unterschiede zwischen ihnen herauszuarbeiten.[30]

Die Erfassung der Kultur der Käuferunternehmung kann im Grundsatz auf zwei Erhebungswegen erfolgen, und zwar mittels Beobachtungen und aufgrund von Befragungen; in aller Regel werden beide Methoden miteinander kombiniert, um eine umfassende Kulturdiagnose zu erreichen. Das genaue Procedere der Kulturbestimmung stellt sich dergestalt dar, daß sich der Bewertungsgutachter zunächst im Hinblick auf die Artefakte der Käuferunternehmung kundig zu machen hat; darauf aufbauend muß er versuchen, die Werte, Normen und Basisannahmen zu identifizieren, die diesen kulturellen Schöpfungen zugrunde liegen.

Einen ersten Einblick in bezug auf die Artefakte der Käuferunternehmung kann der Bewertungsgutachter beispielsweise im Rahmen eines Rundganges durch ihre Verwaltungsgebäude und Werkshallen sammeln. Sein Augenmerk sollte sich dabei auf die architektonische Gestaltung der Räumlichkeiten, das Vorhandensein sozialer Einrichtungen, die Ausstattung der Büros auf unterschiedlichen Hierarchieebenen, die Existenz von Kleiderordnungen und ähnliches richten.[31] Einen weitergehenden Ein-

---

30 Vgl. KRYSTEK/MINKE, Strategische Allianzen (1990), S. 32; KRYSTEK, Unternehmungskultur als kritischer Erfolgsfaktor (1991), S. 140; ders., Akquisition (1992), S. 547 f.

31 Vgl. WÜTHRICH, Schlüsselgröße strategischen Managements (1984), S. 416 sowie ausführlich PÜMPIN/KOBI/WÜTHRICH, Strategische Profilierung (1985), S. 31 und 33; KOBI/WÜTHRICH, Unternehmenskultur (1986), S. 78-80.

blick in das Gefüge der Artefakte der Käuferunternehmung erhält der Gutachter aufgrund einer sich an den Betriebsrundgang anschließenden Dokumentenanalyse. Hierbei sind beispielsweise Geschäftsberichte, die betriebseigene Zeitung, von Führungskräften gehaltene Reden, Beförderungs- und Führungsrichtlinien, Organigramme und ähnliches auf ihre unternehmungskulturellen Inhalte hin zu überprüfen.[32] Auch die Teilnahme an in der Käuferunternehmung stattfindenden Sitzungen und Betriebsfesten kann es ermöglichen, weitergehende Eindrücke über die kulturellen Muster dieser Gesellschaft zu erlangen. Dabei sollte der Gutachter sein Augenmerk beispielsweise auf den Anlaß der jeweiligen Veranstaltung richten, symbolische, rituelle Handlungen der Beteiligten registrieren und die Interaktion zwischen ihnen beobachten.[33]

Die bisher angeführten Erhebungsmethoden führen dazu, daß sich der Bewertungsgutachter ein Bild im Hinblick auf die vorhandenen Artefakte der Käuferunternehmung machen kann. Ihre symbolischen Bedeutungen bleiben ihm dabei allerdings mehr oder minder verschlossen, da er die hinter den kulturellen Schöpfungen stehenden Werte, Normen und Basisannahmen nicht oder nur rudimentär kennt. Um Informationen in bezug auf diese Elemente der Unternehmungskultur zu gewinnen, hat der Gutachter eine Befragung der Angehörigen des Betriebes – und, falls möglich, auch des Unternehmungsgründers – durchzuführen, die in Form von Fragebogenaktionen, Einzel- und Gruppeninterviews durchgeführt werden kann.[34] Zu beachten ist

---

32 Vgl. zur Kulturdiagnose mittels Dokumentenanalyse DEAL/KENNEDY, Corporate Cultures (1982), S. 131; FREY/KOBI/WISSMANN/WÜTHRICH, Unternehmenskultur (1984), S. 44; WÜTHRICH, Schlüsselgröße strategischen Managements (1984), S. 416; ALLEN, Phases for Bringing About Cultural Change (1985), S. 340; BUONO/BOWDITCH/LEWIS, Anatomy of a Merger (1985), S. 483; PÜMPIN/KOBI/WÜTHRICH, Strategische Profilierung (1985), S. 31 f.; KOBI/WÜTHRICH, Unternehmenskultur (1986), S. 76 f.

33 Vgl. SILVERZWEIG/ALLEN, Corporate Culture (1976), S. 36; BATE, Impact of Organizational Culture (1984), S. 48 f.; WÜTHRICH, Schlüsselgröße strategischen Managements (1984), S. 416; PÜMPIN/KOBI/WÜTHRICH, Strategische Profilierung (1985), S. 31; KOBI/WÜTHRICH, Unternehmenskultur (1986), S. 85; STEINMANN/SCHREYÖGG, Management (1993), S. 592. Vgl. dagegen kritisch in bezug auf die Kulturerfassung mittels teilnehmender Beobachtung DRUMM, Erfassung und Messung (1991), S. 169. Als problematisch im Hinblick auf diesen Erhebungsschritt und auch die folgenden Erfassungsmethoden kann sich freilich der begrenzte, oft nur vierzehn Tage umfassende Zeithorizont der Unternehmungsanalyse darstellen.

34 Vgl. zur Kulturdiagnose mittels Fragebögen und Interviews insbesondere SILVERZWEIG/ALLEN, Corporate Culture (1976), S. 36; DEAL/KENNEDY, Corporate Cultures (1982), S. 132 f.; BATE, Impact of Organizational Culture (1984), S. 48 f.; WÜTHRICH, Schlüsselgröße strategischen Managements (1984), S. 416; ALLEN, Phases for Bringing About Cultural Change (1985), S. 340-343; BUONO/BOWDITCH/LEWIS, Anatomy of a Merger (1985), S. 483; LORSCH, Invisible Barrier to Change (1985), S. 97-99; PÜMPIN/KOBI/WÜTHRICH, Strategische Profilierung (1985), S. 31 und 34; KOBI/WÜTHRICH, Unternehmenskultur (1986), S. 81-88; NEUBERGER/KOMPA, Krisenmanager (1986), S. 66; DIERKES, Unternehmensführung (1988), S. 565; HOFFMANN, Gestaltung von Unternehmungskulturen (1989), S. 171; ATTWOOD, Corporate Culture (1990), S. 27; SACKMANN, Organizational Knowledge (1992), S. 144-147; SCHEIN, Culture and Leadership (1992), S. 173 f., 177-180 und 184-186. Eine

bei einer derartigen Vorgehensweise, daß den Mitgliedern der Gesellschaft manche ihrer Werte und Normen, insbesondere aber die ihnen zugrundeliegenden Basisannahmen kaum bewußt sind, da sie sich über die Zeit zu Selbstverständlichkeiten entwickelt haben.[35] Für die Fragestellungen bedeutet dies, daß der Gutachter regelmäßig einen nur begrenzten Erkenntnisgewinn haben wird bei einer ausschließlich direkten Erkundigung nach den kulturellen Vorstellungen, die hinter den beobachteten Artefakten stehen. Weitaus aufschlußreicher ist statt dessen eine Befragung, die auch auf indirektem Wege Informationen über die Unternehmungskultur liefert, indem sie auf solche betrieblichen Abläufe und Gegebenheiten abstellt, die entsprechende Rückschlüsse zulassen auf die in der Käuferunternehmung gültigen Werte, Normen und Basisannahmen.[36] So kann der Gutachter Erkenntnisse über die tieferen Ebenen der Kultur der Käuferunternehmung beispielsweise mittels Fragen nach ihrer Geschichte, insbesondere bezüglich der Reaktionen der Gesellschaft auf kritische Ereignisse und im Hinblick auf die Persönlichkeit ihres Gründers und eventuell anderer wichtiger Führungskräfte gewinnen.[37] Ebenfalls aufschlußreich sind für den Gutachter Erkundigungen nach den Kriterien, die bei der Einstellung neuen Personals eine Rolle spielen; darüber hinaus sollte er sich eingehend informieren, welche Werte und Normen, Ge- und Verbote neu in die Gesellschaft eingetretenen Mitarbeitern in den ersten Wochen und Monaten nach ihrem Arbeitsbeginn kommuniziert werden, um sie in die Gemeinschaft der Unternehmungsmitglieder zu integrieren. Die dabei gewonnenen Erkenntnisse kann der Gutachter ergänzen, indem er die neuen Betriebsangehörigen selbst befragt im Hinblick darauf, welche kulturellen Vorstellungen ihnen in der Zeit ihrer Unternehmungszugehörigkeit bislang deutlich geworden sind.[38]

Hat der Bewertungsgutachter die einzelnen Elemente der Kultur der Käuferunternehmung erfaßt, fällt ihm im Anschluß daran die Aufgabe zu, eine entsprechende Kulturdiagnose ebenso im Hinblick auf das Akquisitionsobjekt vorzunehmen. Das dabei einzuschlagende Vorgehen unterscheidet sich grundsätzlich nicht von dem bereits gezeigten Procedere zur Erhebung der Kultur der erwerbenden Gesellschaft;

---

kritische Position in bezug auf die Kulturerfassung mittels Interviews nimmt dagegen DRUMM, Erfassung und Messung (1991), S. 169 ein.

35 Vgl. hierzu auch die Ausführungen in Kapitel II.2.4.

36 Vgl. WILKINS, Culture Audit (1983), S. 26 f.

37 Vgl. zur Kulturdiagnose aufgrund eines Studiums der Geschichte der Unternehmung – die sich der Bewertungsgutachter freilich nicht ausschließlich aufgrund von Befragungen, sondern auch im Rahmen der Dokumentenanalyse erschließen kann – SCHEIN, Awareness of Organizational Culture (1984), S. 13; SATHE, Change Corporate Culture (1985), S. 237-239; KOBI/WÜTHRICH, Unternehmenskultur (1986), S. 76 f.; DIERKES, Unternehmensführung (1988), S. 565; SCHEIN, Culture and Leadership (1992), S. 177-179; STEINMANN/SCHREYÖGG, Management (1993), S. 592.

38 Vgl. SCHEIN, Awareness of Organizational Culture (1984), S. 13.

auch bei dem zu übernehmenden Betrieb sollte der Bewertungsgutachter also einen Rundgang durch die Werkshallen und Verwaltungsgebäude machen, eine Dokumentenanalyse durchführen, an Veranstaltungen – wie Sitzungen und Feierlichkeiten – teilnehmen und die Angehörigen dieser Gesellschaft im Rahmen von Fragebogenaktionen, Einzel- und Gruppeninterviews zu Auskünften in bezug auf ihre kulturellen Vorstellungen bewegen. Im Gegensatz zur Erhebung der Kultur der Käuferunternehmung ist es bei der Diagnose der kulturellen Muster des Bewertungsobjektes allerdings denkbar, daß bestimmte Analyseschritte – wie beispielsweise die ausführliche Befragung des Personals des zu erwerbenden Betriebes mittels Interviews – an entsprechenden Widerständen von seiten des Verkäufers scheitern.[39] In einem solchen Fall muß der Gutachter versuchen, die notwendigen Informationen auf anderen Wegen zu erlangen, wie unter anderem durch die Befragung ehemaliger Angehöriger des Akquisitionsobjektes.

Ist die Erhebung der Kulturen von Käuferunternehmung und zu erwerbendem Betrieb abgeschlossen, gilt es im Anschluß daran, die ermittelten Vorstellungsgefüge beider Gesellschaften einander gegenüberzustellen, um die Unterschiede zwischen ihnen bestimmen zu können. Aufgrund der außerordentlichen Komplexität des Phänomens „Unternehmungskultur" steht der Bewertungsgutachter dabei allerdings vor der Frage, anhand welcher Kriterien er die multidimensionalen kulturellen Muster miteinander vergleichen soll, um so etwaige Kulturdifferenzen entsprechend zu identifizieren. Im Schrifttum finden sich zu dieser Problematik diverse Versuche, bestimmte Merkmale herauszuarbeiten, anhand derer der jeweilige Inhalt einer Unternehmungskultur beurteilt werden kann und die damit auch zum direkten Vergleich verschiedener kultureller Muster herangezogen werden können.

So unterscheidet beispielsweise PÜMPIN[40] sieben Orientierungen, und zwar die Kunden-, Mitarbeiter-, Resultats- und Leistungs-, Innovations-, Kosten-, Unternehmungs- und Technologieorientierung, die die Unternehmungskultur alle in einem mehr oder minder starkem Maße aufweisen kann und deren jeweils vorliegende Ausprägungen damit den Inhalt der betrachteten Kultur beschreiben. Eine Definition dieser Orientierungen nimmt PÜMPIN nicht vor, sondern begnügt sich damit, den jeweiligen Orientierungen bestimmte Begriffe zu subsumieren. So umschreibt er die

---

39 Vgl. hierzu auch KRYSTEK, Akquisition (1992), S. 548. Grund für eine derartige Informationsrationierung von seiten des Verkäufers kann beispielsweise die Sorge sein, daß die Käuferunternehmung im Rahmen der Befragung des Personals des Akquisitionsobjektes Kenntnis erlangt über technologische, ökonomische oder juristische Sachverhalte, durch die die Position des Verkäufers in der Preisverhandlung geschwächt wird.

40 Vgl. für das Folgende PÜMPIN, Unternehmenskultur und Unternehmenserfolg (1984), S. 15-17; ferner auch FREY/KOBI/WISSMANN/WÜTHRICH, Unternehmenskultur (1984), S. 45-49; PÜMPIN/KOBI/WÜTHRICH, Strategische Profilierung (1985), S. 29 f.; PÜMPIN/WÜTHRICH, Betrieblicher Wert (1985), S. 23 f.; KOBI/WÜTHRICH, Unternehmenskultur (1986), S. 91 f. und 97.

Kundenorientierung mit „Wertschätzung des Kunden“, „Kunde ist König“ und die Mitarbeiterorientierung mit „Wertschätzung des Mitarbeiters“, „Vertrauen“, „Partizipation“, „Grundhaltung gegenüber Mitarbeitern“. Die Resultats- und Leistungsorientierung umreißt er mit den Begriffen „Zielbewußtsein“, „Einsatzbereitschaft“, „Arbeitsintensität“, „Aggressivität“; die Innovationsorientierung wird konkretisiert durch „Förderung eines innovativen Verhaltens in allen Bereichen“, „Innovationshäufigkeit“, „Testen“, „Bereitschaft, Fehler zu machen“. Die Kostenorientierung charakterisiert er mittels der Termini „Kostenbewußtsein“, „Sparmaßnahmen“, „Kostenbewirtschaftung“. Die Unternehmungsorientierung wird umschrieben mit „Loyalität“, „Gemeinschaftsgeist“, „Identifikation mit Unternehmen“ und die Technologieorientierung mit „Technisierungsgrad“, „Bedeutung der Technik oder der Werkstoffe“. In bezug auf die jeweilige Ausprägung der einzelnen Orientierungen unterscheidet PÜMPIN fünf Intensitätsstufen, die er – ausgehend von der schwächsten – mit den Symbolen „– –“, „– “, „0“, „+“ und „+ +“ kennzeichnet.

Auf der Basis dieses Ansatzes sieht die Diagnose der Unternehmungskultur folglich so aus, daß der Gutachter letztendlich ermitteln muß, welche Ausprägungen die sieben verschiedenen Orientierungen im Rahmen des Vorstellungsgefüges der Kultur aufweisen. Sollen die Unterschiede zwischen den Kulturen zweier Gesellschaften ermittelt werden, sind entsprechend die in diesen beiden Vorstellungsgefügen jeweils festgestellten Intensitätsgrade der einzelnen Orientierungen miteinander zu vergleichen: Je unterschiedlich stark die Orientierungen in beiden Kulturen ausgeprägt sind, desto größer sind damit auch die Kulturdifferenzen. Belegt man die Spalten eines Rasters mit den fünf Intensitätsstufen und seine Zeilen mit den sieben Orientierungen, bildet die bei einer bestimmten Kultur diagnostizierten Ausprägungen als Punkte in diesem Raster ab und verbindet die einzelnen Punkte miteinander, läßt sich die betrachtete Unternehmungskultur entsprechend in Form eines Profiles darstellen. Trägt man die Kulturen zweier Gesellschaften in einem solchen Raster ein, können anhand des Vergleiches der Kulturprofile beider Unternehmungen folglich die Kulturdifferenzen zwischen ihnen identifiziert werden. Eine derartige Vorgehensweise liegt der Abbildung 14 auf der Folgeseite zugrunde.

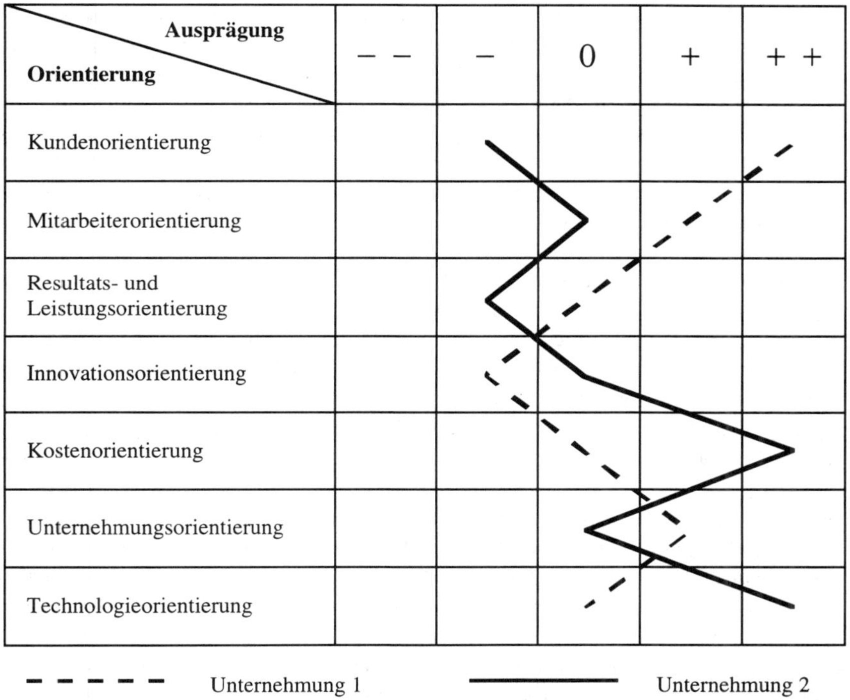

Abbildung 14: Die Kulturprofile als Ergebnis der Kulturdiagnose[41]

Beurteilt man den Ansatz PÜMPINS im Hinblick auf seine Anwendbarkeit für die Zwecke des Bewertungsgutachters, ist er letztendlich allerdings als ungeeignet abzulehnen, da er drei erhebliche Schwachpunkte aufweist und daher wenig schlüssig erscheint:

1) Die angeführten sieben Orientierungen sind keineswegs unabhängig voneinander. So kann beispielsweise eine in der Unternehmung zu konstatierende erhebliche Produktinnovationstätigkeit sowohl auf eine ausgeprägte Innovationsorientierung hindeuten als auch Zeichen einer starken Kundenorientierung sein. Ähn-

[41] In enger Anlehnung an PÜMPIN, Unternehmenskultur und Unternehmenserfolg (1984), S. 16. Vgl. ferner auch FREY/KOBI/WISSMANN/WÜTHRICH, Unternehmenskultur (1984), S. 47 f.; PÜMPIN/KOBI/WÜTHRICH, Strategische Profilierung (1985), S. 38; KOBI/WÜTHRICH, Unternehmenskultur (1986), S. 97.

liches gilt für Prozeßinnovationen: Sie können zum einen Rückschlüsse auf die Innovationsorientierung zulassen, zum anderen aber auch Hinweise auf die Kostenorientierung des Personals geben. Darüber hinaus lassen sich ohnehin die unterschiedlichsten, in der Unternehmung vollzogenen Sparmaßnahmen oder ein ausgeprägtes Kostenbewußtsein als Indizien sowohl für eine erhebliche Kostenorientierung als auch für eine ausgeprägte Resultatsorientierung interpretieren, falls die angestrebten Ergebnisse in Größen gemessen werden, die auch die angefallenen Kosten berücksichtigen.[42]

2) Des weiteren ist nicht nachvollziehbar, weshalb gerade durch die sieben von PÜMPIN angeführten Orientierungen eine umfassende Berücksichtigung aller relevanten Dimensionen einer Unternehmungskultur gegeben sein sollte. So ist es beispielsweise nicht schlüssig, daß zwar eine Kunden- und Mitarbeiterorientierung betrachtet werden, nicht aber eine Lieferanten- oder Kapitalgeberorientierung. Unklar bleibt unter anderem auch, weshalb zwar eine Kosten-, nicht aber eine Erlösorientierung zur Kulturdiagnose herangezogen wird.

3) Nicht zuletzt bleibt offen, wie die fünf verschiedenen Intensitätsstufen gegeneinander abzugrenzen sind und wie die jeweiligen Ausprägungen der Orientierungen gemessen werden können, um sie im Anschluß daran einer der fünf Stufen zuzuordnen.

Ein dem Ansatz PÜMPINS recht ähnliches Vorgehen findet sich bei ADAMER/HINTERHUBER/KAINDL[43]. Neben der Kunden-, Mitarbeiter-, Innovations- und Kostenorientierung ziehen sie jedoch die Kriterien „Serviceorientierung", „Unternehmerisches Verhalten", „Helikopterfähigkeit", „Kontrolle", „Risikoneigung", „Organisation", „Kommunikation", „Flexibilität", „Standardisierung", „Durchsetzungsvermögen", „Entscheidungsfreudigkeit", „Differenzierung" und „Technikorientierung" als Merkmale heran, um anhand ihrer jeweils vorliegenden Ausprägungen den Inhalt der betrachteten Unternehmungskultur zu diagnostizieren. Eine Definition der angeführten Kriterien – deren Ausprägungen zum Teil nach leitenden und sonstigen Mitarbeitern getrennt erhoben werden – nehmen ADAMER/HINTERHUBER/KAINDL dabei nicht vor.

Auch der Ansatz von ADAMER/HINTERHUBER/KAINDL ist zur Lösung der Aufgabe des Bewertungsgutachters wenig zweckmäßig, weist er doch im Grundsatz die gleichen Schwachpunkte wie das Vorgehen PÜMPINS auf:

---

42 So findet die Kostenhöhe beispielsweise Eingang in Gewinngrößen, nicht dagegen aber in Absatz- oder Umsatzzahlen.

43 Vgl. für das Weitere ADAMER/HINTERHUBER/KAINDL, Unternehmungskultur (1992), S. 66.

1) Auch die von ADAMER/HINTERHUBER/KAINDL angeführten Merkmale sind teilweise nicht voneinander unabhängig. So bestehen neben den bereits dargestellten Interdependenzen zwischen Kunden-, Innovations- und Kostenorientierung beispielsweise auch Zusammenhänge zwischen den Kriterien „Unternehmerisches Verhalten" und „Risikoneigung", wird ersteres doch erheblich beeinflußt durch die Bereitschaft, Risiken einzugehen. Des weiteren ist nicht schlüssig, weshalb sowohl „Standardisierung" als auch „Differenzierung" als Merkmale angeführt werden, stellen sie doch Gegensätze dar, so daß die Ermittlung der Ausprägung des einen gleichzeitig über das Vorhandensein des anderen Auskunft gibt.

2) Ebenso wie bei PÜMPIN ist auch bei ADAMER/HINTERHUBER/KAINDL nicht nachvollziehbar, weshalb durch die von ihnen angeführten Kriterien eine ausreichende Erfassung der relevanten Dimensionen einer Unternehmungskultur gegeben sein sollte. So führen auch sie beispielsweise eine Kunden-, Mitarbeiter- und Kostenorientierung ins Felde, vernachlässigen aber eine Lieferanten-, Kapitalgeber- und Erlösorientierung.

3) Darüber hinaus bleibt bei ADAMER/HINTERHUBER/KAINDL ebenfalls ungeklärt, wie die jeweiligen Ausprägungen der von ihnen angeführten Merkmale gemessen werden können.

Im Gegensatz zu den bereits gezeigten Ansätzen beschränkt sich MATUSCHKA[44] auf das Anführen von sechs Kriterien, anhand derer eine Charakterisierung der Kulturen von Käuferunternehmung und Akquisitionsobjekt vorzunehmen ist und – darauf aufbauend – die Identifikation der zwischen ihnen bestehenden Kulturdifferenzen zu erfolgen hat. Es sind dies die – in diesem Zusammenhang nicht definierten – Merkmale „Zuverlässigkeit", „Professionalität", „Qualität der Leistung", „Motivation und Qualifikation der Mitarbeiter", „ausgewogenes Preis-Leistungs-Verhältnis" und „Flexibilität". Auch dieses Vorgehen ist für den Bewertungsgutachter allerdings wenig zweckmäßig, da es praktisch die gleichen Schwachstellen wie die Ansätze von PÜMPIN und ADAMER/HINTERHUBER/KAINDL aufweist:

1) Auch zwischen den von MATUSCHKA angeführten Kriterien bestehen gewisse Abhängigkeiten: So beeinflußt beispielsweise die Qualität der Leistung gleichzeitig die Ausgewogenheit des Preis-Leistungs-Verhältnisses, und die Qualifikation der Mitarbeiter wirkt sich ebenfalls auf die in der Unternehmung anzutreffende Professionalität aus.

---

44 Vgl. im folgenden MATUSCHKA, Risiken von Akquisitionen (1990), S. 110 f.

2) Des weiteren ist fraglich, ob anhand der Ausprägungen einiger der sechs Kriterien überhaupt Rückschlüsse auf den Charakter der zu diagnostizierenden Unternehmungskultur gewonnen werden können. So stellt beispielsweise die Motivation der Mitarbeiter nicht einen Teil der Unternehmungskultur dar, sondern vielmehr ein Ergebnis ihrer Wirkungen.[45] Auch die Qualität der Leistung und die Ausgewogenheit des Preis-Leistungs-Verhältnisses stellen keine Dimensionen des kulturellen Vorstellungsgefüges dar, sondern beruhen einzig und allein auf der völlig subjektiven Einschätzung der Nachfrager auf den Absatzmärkten der betrachteten Unternehmung.

3) Nicht zuletzt bleibt bei MATUSCHKA ebenso wie bei PÜMPIN und ADAMER/HINTERHUBER/KAINDL auch offen, wie die jeweiligen Ausprägungen der für die Kulturdiagnose als relevant erklärten Kriterien ermittelt werden sollen. Eine derartige Messung dürfte sich beispielsweise insbesondere bei den Merkmalen „Zuverlässigkeit" und „Professionalität" als äußerst schwierig erweisen.

Ebenso wie MATUSCHKA führt auch CLARKE[46] sechs Kriterien an, anhand derer eine Diagnose der Kulturen von Käuferunternehmung und Akquisitionsobjekt sowie eine sich daran anschließende Identifikation der jeweiligen Unterschiede zwischen ihnen vollzogen werden soll. Diese Merkmale lauten „durchschnittliches Alter der Mitglieder des Leitungsorgans", „Einsatz von Stellenbewertungsverfahren", „prozentualer Anteil der Tantiemen an den Gehältern", „Anzahl der Führungsebenen", „Ausmaß, in dem oberste Führungskräfte direkten Kundenkontakt haben" und „prozentualer Anteil der Beförderungen aus den eigenen Reihen an den Stellenbesetzungen".

Graphisch setzt CLARKE sein Konzept dergestalt um, als er jedem Kriterium eine eigene Achse zuordnet, die dessen mögliche Ausprägungen aufzeigt; die so entstehenden sechs Achsen werden dabei sternförmig angeordnet. Wurden die Unternehmungskulturen der interessierenden Gesellschaften im Hinblick auf die Merkmale diagnostiziert, werden die dabei jeweils festgestellten Ausprägungen entsprechend als Punkte auf den einzelnen Achsen vermerkt und diese Punkte miteinander verbunden. Anhand der dabei entstehenden Profile wird es möglich, die zwischen den beiden untersuchten Unternehmungen bestehenden Kulturdifferenzen auch graphisch zu veranschaulichen. Da die Form der bei diesem Vorgehen herausgearbeiteten Profile entfernt an ein Spinnennetz erinnert, bezeichnet CLARKE seine Methode der Visualisierung der kulturellen Unterschiede als „Kulturnetz". Eine Darstellung dieses Vorgehens gibt Abbildung 15.

---

45 Vgl. hierzu die Ausführungen in Kapitel II.2.2.

46 Vgl. im weiteren CLARKE, Measuring Strategic Fit (1987), S. 16-18.

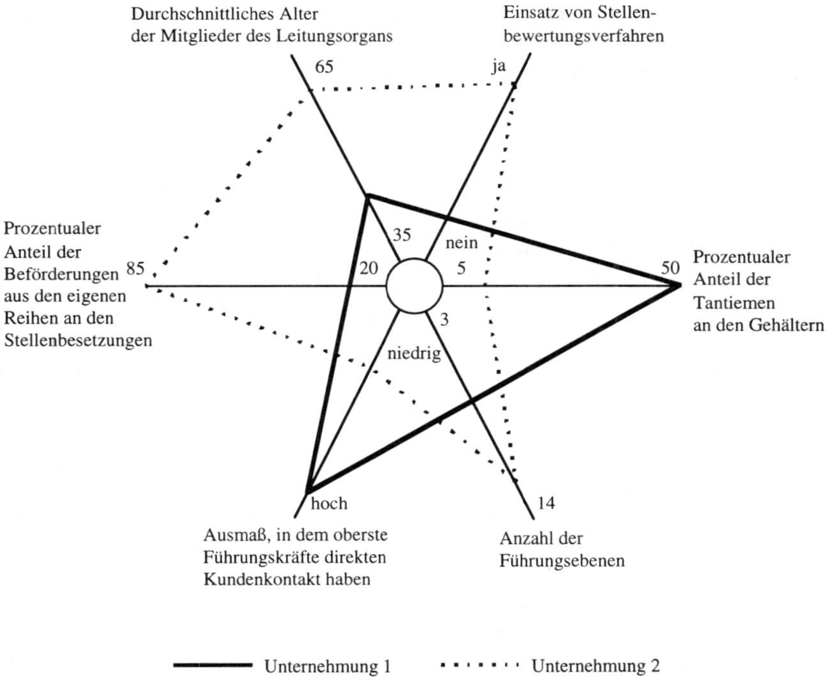

Abbildung 15: Das Kulturnetz[47]

Auch der Ansatz CLARKES weist allerdings gewisse Schwachstellen auf, die seine Anwendbarkeit für die Zwecke des Bewertungsgutachters letztendlich fragwürdig erscheinen lassen:

1) Es ist nicht nachvollziehbar, weshalb die Erhebung der Ausprägungen der angeführten sechs Merkmale genauere Rückschlüsse ermöglichen soll in bezug auf die in den untersuchten Unternehmungen gültigen kulturellen Muster, handelt es sich bei diesen Kriterien doch nicht um Aspekte des Vorstellungsgefüges einer Gesellschaft, sondern allenfalls um Artefakte, die auf seiner Grundlage entstanden sind. Die Schwierigkeit der Kulturdiagnose besteht aber gerade darin, nicht auf der Ebene der kulturellen Schöpfungen zu verharren, sondern die hinter ihnen stehenden Werte, Normen und Basisannahmen zu ergründen. Entsprechend

[47] In enger Anlehnung an CLARKE, Measuring Strategic Fit (1987), S. 18.

darf sich auch der Gutachter bei der Ermittlung der Kulturdifferenzen nicht darauf beschränken, lediglich die Unterschiede zwischen den Artefakten der betrachteten Unternehmungen herauszuarbeiten, sondern muß vielmehr versuchen, auch die Verschiedenartigkeit der Vorstellungsmuster zu identifizieren.

2. Selbst wenn angenommen wird, daß die alleinige Betrachtung der kulturellen Artefakte grundsätzlich eine zufriedenstellende Identifikation der Kulturdifferenzen ermöglicht, bleibt unklar, weshalb gerade durch die sechs von CLARKE angeführten Kriterien eine ausreichende Herausarbeitung der interessierenden Unternehmungskulturen und der zwischen ihnen bestehenden Unterschiede gewährleistet sein soll. So könnten beispielsweise neben der Anzahl der Führungsebenen auch weitere Aspekte der Organisationsstruktur erhoben werden, und die Frage nach dem Alter der Führungskräfte ließe sich unter anderem ergänzen durch eine Analyse ihrer jeweiligen beruflichen Qualifikationen.

Den gezeigten vier Ansätzen von PÜMPIN, ADAMER/HINTERHUBER/KAINDL, MATUSCHKA und CLARKE soll im folgenden ein Vorgehen zur Identifikation der Kulturdifferenzen gegenübergestellt werden, das die Zielsetzung des kulturellen Musters eines Betriebes zum Ausgangspunkt seiner Überlegungen macht. So wurde die Unternehmungskultur in dieser Arbeit definiert als die Gesamtheit der Grundannahmen, Wertvorstellungen und Normen, die die Angehörigen einer Unternehmung erlernt haben, um die Probleme ihrer Gruppe in bezug auf die Anpassung an die Außenwelt und ihren inneren Zusammenhalt bewältigen zu können. Da die Unternehmungskultur also einen Lösungsmechanismus darstellt, mit dessen Hilfe die Betriebsangehörigen ihre Schwierigkeiten der externen Adaption und internen Integration zu meistern suchen, hat ihre Diagnose folglich darauf abzustellen, auf welche Art und Weise sie diesen Problemen begegnet.[48] Die Bestimmung etwaiger Kulturdifferenzen sieht damit dergestalt aus, daß herauszuarbeiten ist, welche Unterschiede die jeweiligen kulturellen Lösungsmechanismen der untersuchten Gesellschaften aufweisen.

Die Abgleichung der Lösungsmechanismen hat sich dabei zu orientieren an den einzelnen Dimensionen, aus denen sich die Problembereiche der externen Adaption und internen Integration zusammensetzen. So bedarf es für die erfolgreiche Anpassung an die Außenwelt gemeinsamer Vorstellungen der Unternehmungsmitglieder im Hinblick auf die Mission der Gesellschaft, die daraus abzuleitenden Ziele, die Mittel zur Zielerreichung, die Kriterien zur Messung der Zielerreichung und die Möglichkeiten einer etwaigen Kurskorrektur. Abstimmung und Zusammenhalt innerhalb der Gruppe der Betriebsangehörigen setzen sowohl eine gemeinsame Sprache voraus als auch Einigkeit in bezug auf die über die Gruppenzugehörigkeit entscheidenden Kriterien, die Verteilung von Macht und Autorität, die Handhabung von Ver-

48 Vgl. hierzu auch SCHEIN, Awareness of Organizational Culture (1984), S. 13.

trautheit, Freundschaft und Liebe zwischen den Gruppenangehörigen, die Definition positiven wie negativen Verhaltens und seiner Sanktionierung sowie die Glaubensvorstellungen, mit denen „Unerklärliches“ erklärbar wird.[49]

Wie die Lösungsschemata der Unternehmungskulturen von Käuferunternehmung und Akquisitionsobjekt im Hinblick auf die geschilderten Problembereiche aussehen können, soll anhand des in den folgenden Abbildungen 16 und 17 dargestellten Beispiels gezeigt werden. Die dabei im Rahmen der Kulturdiagnose erfolgte Ermittlung der kulturellen Lösungsschemata der Übernahmeparteien und die sich daran anschließende Gegenüberstellung der Diagnoseergebnisse machen deutlich, daß sich die Kulturen beider Gesellschaften in dem vorgestellten Akquisitionsfall lediglich in bezug auf die jeweilige unternehmerische Mission gleichen und im Hinblick auf die von den Betriebsangehörigen gepflegte Sprache und die in den Unternehmungen gültigen Kriterien der Gruppenzugehörigkeit gewisse Ähnlichkeiten aufweisen. Angesichts der übrigen Dimensionen der Problembereiche der externen Adaption und internen Integration geben die Kulturen von Akquisitionsobjekt und Käuferunternehmung dagegen stark unterschiedliche Lösungsmuster vor, so daß in all diesen Bereichen erhebliche Kulturdifferenzen zwischen beiden Gesellschaften zu verzeichnen sind.

49 Eine ausführliche Erläuterung der Dimensionen der Problembereiche der externen Adaption und internen Integration findet sich in Kapitel II.2.1.

Problemdimensionen der externen Adaption \ Unternehmung	Akquisitionsobjekt	Käuferunternehmung
Mission	Gewinnmaximierung	Gewinnmaximierung
Ziele	Angebot eines engen Sortiments qualitativ hochwertiger, technologisch komplexer Fertigungsanlagen im hochpreisigen Segment, ergänzt um Dienstleistungen wie Beratung und Wartung	Angebot eines breiten Sortiments von Komponenten im niedrigpreisigen Segment für technologisch komplexe Produkte sowohl des Investitions- als auch des Konsumgüterbereichs
Mittel zur Zielerreichung	Divisionale Organisationsstruktur, hohe Zahl von Hierarchiestufen, restriktive Weitergabe von Informationen, stetige Qualitätskontrollen innerhalb des Produktionsprozesses, intensive Forschungsaktivitäten, erfolgsabhängige Bemessung der Löhne und Gehälter, Hochpreisstrategie am Absatzmarkt	Divisional-funktionale Matrix-Organisationsstruktur, geringe Zahl von Hierarchiestufen, kaum gefilterter Informationsfluß, stark computergesteuerte Fertigung, stete Suche nach Kostensenkungspotentialen, an Hierarchiestufen orientierte Bemessung der Löhne- und Gehälter, Niedrigpreisstrategie am Absatzmarkt
Kriterien zur Messung der Zielerreichung	Gewinnentwicklung, Anzahl der Kundenbeschwerden, Umfang der technologischen Inventionen im Forschungs- und Entwicklungsbereich	Gewinnentwicklung, Höhe des relativen Marktanteils, Ausmaß identifizierter Kostensenkungspotentiale
Möglichkeiten zur Kurskorrektur	Erhöhung der Forschungs- u. Entwicklungsaktivitäten, Verstärkung der Marktforschungsaktivitäten, insbesondere in bezug auf die Kundenwünsche, Gehaltskürzungen	Umgestaltung des Gütersortiments, Verkleinerung oder Auflösung von Unternehmungsteilen, Entlassung von Mitarbeitern, Verstärkung der Werbung, Senkung der Preise

Abbildung 16: Die Ergebnisse der Kulturdiagnose im Hinblick auf die Problematik der externen Adaption

Unternehmung / Problemdimensionen der internen Integration	**Akquisitionsobjekt**	**Käuferunternehmung**
Gemeinsame Sprache	Kaufmännisch geprägte Sprache, familiärer Umgangston	Kaufmännisch geprägte Sprache, formaler Umgangston
Kriterien bezüglich Gruppenzugehörigkeit	Arbeitsvertrag, darüber hinaus Beibehaltung engen Kontaktes zu Mitarbeitern im Ruhestand	Arbeitsvertrag
Kriterien bezüglich Macht- und Autoritätsverteilung	Ausmaß vorzuweisender Erfolge, Aufbau sozialer Netzwerke innerhalb der Gruppe der Unternehmungsangehörigen	Dauer der Unternehmungszugehörigkeit, Art der Ausbildung
Normen bezüglich Vertrautheit, Freundschaft, Liebe zwischen Gruppenangehörigen	Zwischen Mitarbeitern jeglicher Hierarchiestufen erlaubt	Zwischen Mitarbeitern gleicher Hierarchiestufen erwünscht, zwischen Mitarbeitern unterschiedlicher Hierarchiestufen unerwünscht
Positives Verhalten und seine Sanktionierung	Entwicklung eigener Konzepte und ihre eigenverantwortliche Realisierung, Befriedigung der Kundenbedürfnisse; Sanktionierung: Vergrößerung des Verantwortungsbereiches, Prämienzahlungen, Lohn- und Gehaltserhöhungen	Konstruktive Mitwirkung innerhalb eines Teams, zuverlässige Erledigung zugewiesener Teilaufgaben, Weiterleitung relevanter Informationen; Sanktionierung: Auszeichnung der Mitarbeiter im Rahmen von Betriebsfesten, Angebot von Weiterbildungsmaßnahmen
Negatives Verhalten und seine Sanktionierung	Verfehlung vorgegebener Erfolgszahlen, Mißachtung von Kundenwünschen; Sanktionierung: Lohn- und Gehaltskürzungen, keine oder verlangsamte Beförderung	Eigennütziges, teamschädigendes Verhalten, Infragestellung von Anweisungen, Überschreitung vorgegebener Zeit- oder Kostenrestriktionen; Sanktionierung: Abmahnung, Versetzung ins Ausland, Entlassung
Glaubensvorstellungen	Es sind die Fähigkeiten der Vorstandsmitglieder A und B, die zum bisherigen Unternehmungswachstum geführt haben. Die Kenntnis der Kundenwünsche ist am Absatzmarkt erfolgsentscheidend.	Die bisherigen schweren Krisen wurden nur durch die Hilfe von Unternehmungsberatungen überstanden. Niedrige Preise sind am Absatzmarkt erfolgsentscheidend.

Abbildung 17: Die Ergebnisse der Kulturdiagnose im Hinblick auf die Problematik der internen Integration

Eine graphische Übersicht über die in diesem Kapitel insgesamt dargestellten Schritte zur Beurteilung der Kulturdifferenzen gibt Abbildung 18.

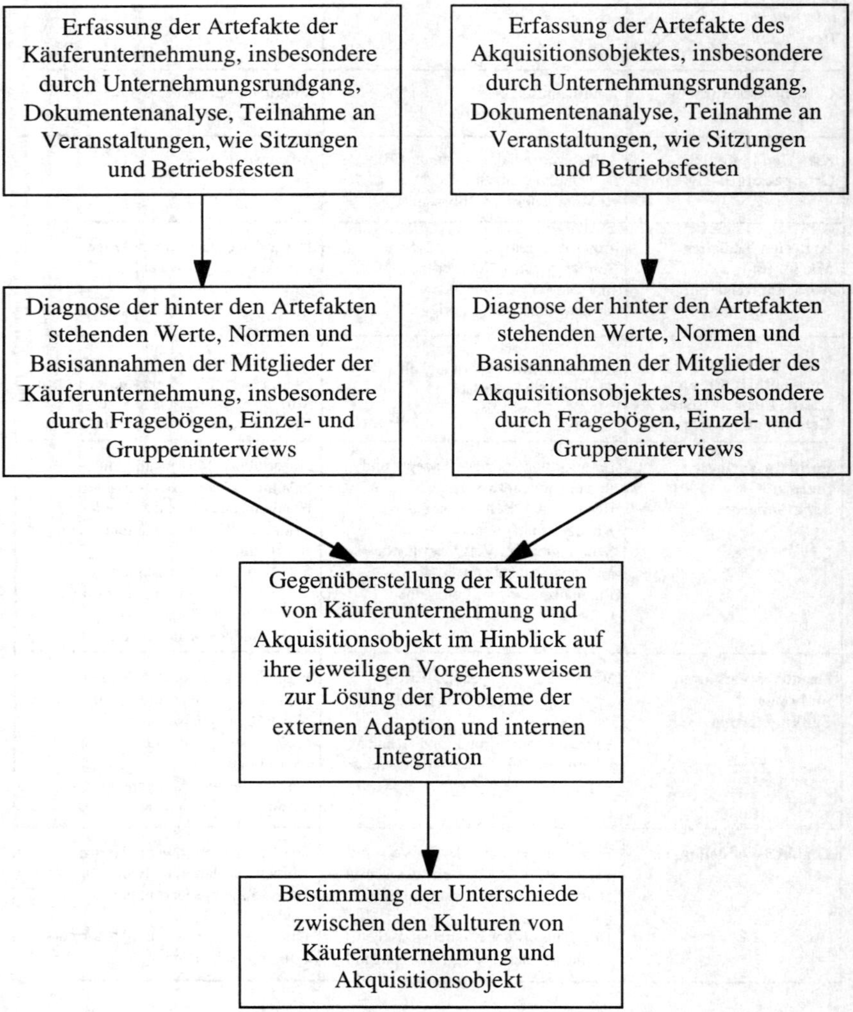

Abbildung 18: Die Beurteilung der Kulturdifferenzen

Zu beachten ist bei der Ermittlung der Kulturdifferenzen, daß sie grundsätzlich nicht in jedem Fall in bezug auf die gesamte Käuferunternehmung und das gesamte Akquisitionsobjekt vorgenommen werden muß, sondern selbstverständlich nur im Hinblick auf jene Teile beider Gesellschaften, bei denen sowohl die Kulturrelevanz als auch der Kulturkontakt zu bejahen sind. Als Beispiel sei hier ein Übernahmefall angeführt, bei dem das Akquisitionsobjekt – ein Anbieter von Artikeln im Bereich der Photographie – nach Produktsparten in zwei räumlich und organisatorisch getrennte Teilbetriebe zergliedert ist. Einer dieser Teilbetriebe zeichnet verantwortlich für Entwicklung, Fertigung und Vertrieb von mechanischen Erzeugnissen, wie Kameras und Objektiven, während der zweite Unternehmungsteil entsprechend Entwicklung, Fertigung und Vertrieb von chemischen Erzeugnissen – wie Filmen und Entwicklungsflüssigkeiten – ausübt. Die Käuferunternehmung produziert dagegen Mikroskope und besteht ebenfalls aus zwei voneinander getrennten Teilbetrieben, von denen einer die Fabrikation und Vermarktung derartiger Produkte für gewerbliche Kunden innehat, während der andere dies für den Konsumgüterbereich übernimmt. Die Erwerberin verfolgt mit der Unternehmungsakquisition insgesamt zweierlei Zielsetzungen: Erstens sucht sie den übernommenen Teilbetrieb „Chemische Erzeugnisse“ in Form einer stark eigenständigen Tochtergesellschaft weiterzuführen, um so seinen Einzelerfolg zu vereinnahmen; zweitens strebt sie eine umfassende Integration des Teilbetriebes „Mechanische Erzeugnisse“ in ihren eigenen Bereich „Gewerbliche Kunden“ an, um auf diese Weise erhebliche Synergieeffekte zu realisieren.

Für den Bewertungsgutachter bedeutet dies, daß Diagnose und Vergleich der Kulturen von Akquisitionsobjekt und Käuferunternehmung lediglich in bezug auf die Teilbetriebe „Mechanische Erzeugnisse“ und „Gewerbliche Kunden“ zu erfolgen haben. Rundgänge, Dokumentenanalysen und ähnliches sind also lediglich innerhalb dieser Unternehmungsbereiche durchzuführen; ebenso müssen sich die Befragungen in Form von Fragebögen oder Interviews nur an jene Mitarbeiter richten, die in einem dieser beiden Teilbetriebe beschäftigt sind. Eine derartige Beschränkung des Diagnoseumfangs auf bestimmte Bereiche der beiden Akquisitionsparteien geht nicht nur mit einem verringerten Erhebungsaufwand des Bewertungsgutachters einher, sondern stellt darüber hinaus ebenfalls sicher, daß etwaige, in den vom Kulturkontakt betroffenen Teilbereichen existierende Subkulturen bei der Identifikation der Kulturdifferenzen angemessen berücksichtigt werden. So ist es beispielsweise denkbar, daß zwischen den Unternehmungskulturen der erwerbenden und erworbenen Gesellschaft im Grundsatz erhebliche Unterschiede bestehen, in den jeweils zusammenzulegenden Teilbetrieben aber dagegen subkulturelle Lösungsmechanismen Gültigkeit haben, die starke Ähnlichkeiten aufweisen.

4.2 Das Ausmaß der primären negativen Verbundeffekte ohne Kulturpolitik

Im vorangegangenen Kapitel 4.1 wurde herausgearbeitet, daß primäre negative Verbundeffekte lediglich dann entstehen können, wenn in der betrachteten Akquisitionssituation die drei Voraussetzungen der Kulturrelevanz, des Kulturkontaktes und der Kulturdifferenzen kumulativ erfüllt sind:

1. Bedarf es zur Erreichung der angestrebten Übernahmeziele nicht der Mitwirkung des Personals des Akquisitionsobjektes, sind der durch einen Kulturkontakt und Kulturdifferenzen entstehende Kulturschock und eine sich anschließende Akkulturation in der erworbenen Gesellschaft für die Ermittlung des Entscheidungswertes des Käufers nicht von Bedeutung, da die aus dem Bewertungsobjekt fließenden Zahlungsströme durch sie keinerlei Beeinträchtigung erfahren.

2. Erfordert die Realisierung der Akquisitionsziele dagegen einen Beitrag der Angehörigen des übernommenen Betriebes und bestehen darüber hinaus Unterschiede zwischen den kulturellen Mustern von Käuferunternehmung und erworbener Gesellschaft, kommt es stets dann nicht zu einem Kulturschock und einer Akkulturation sowie den sich daraus ergebenden primären negativen Verbundeffekten, wenn innerhalb des durch die Akquisition entstehenden Unternehmungsverbundes ein Zusammentreffen der Kulturen beider Übernahmeparteien verhindert wird.

3. Ebenso unterbleiben der Kulturschock und die Akkulturation sowie die mit ihnen einhergehenden Kollisionswirkungen im engeren Sinne, wenn zur Erreichung der angestrebten Übernahmeziele zwar die Mitwirkung des Personals des Bewertungsobjektes notwendig ist und sich des weiteren ein Kulturkontakt zwischen erwerbender und erworbener Gesellschaft einstellt, die jeweiligen kulturellen Lösungsmechanismen beider Akquisitionsparteien aber keine nennenswerten Unterschiede aufweisen.

Die dargestellten Zusammenhänge lassen damit diejenigen Teile des Schrifttums in einem kritischen Licht erscheinen, die auf dem Standpunkt stehen, daß die mit der Unternehmungsübernahme angestrebten Ziele grundsätzlich dann gefährdet seien, wenn zwischen akquirierender und akquirierter Gesellschaft größere unternehmungskulturelle Differenzen vorliegen. So behauptet beispielsweise SIEGHOLD[50], daß die Ähnlichkeit der Kulturen der erwerbenden und erworbenen Gesellschaft einen unternehmungsstrategieunabhängigen Erfolgsfaktor einer Akquisition darstelle. Eine derartige Sichtweise ist deshalb nicht schlüssig, weil gezeigt wurde, daß etwaige

---

50 Vgl. SIEGHOLD, Acquisitions (1989), S. 115 und 117.

Kulturunterschiede den aus der Übernahme resultierenden Erfolg lediglich dann gefährden, wenn die Realisierung der vom Bewertungssubjekt angestrebten Zielsetzungen sowohl einer Mitwirkung des Personals des übernommenen Betriebes bedarf als auch zu einem Zusammentreffen der Kulturen beider Akquisitionsparteien führt. Da die Kulturdifferenzen also nur dann erfolgsbeeinträchtigend wirken können, wenn sie sowohl mit der Kulturrelevanz als auch dem Kulturkontakt einhergehen, sich das Vorhandensein dieser beiden Voraussetzungen aber aus den Zielen und Strategien des Bewertungssubjektes ergibt, handelt es sich bei der Ähnlichkeit der Kulturen der Übernahmeparteien keineswegs um einen unternehmungsstrategieunabhängigen, sondern vielmehr um einen unternehmungsstrategie*abhängigen* Erfolgsfaktor einer Akquisition.

Eine im Hinblick auf die Bedeutung der Kulturunterschiede ähnlich pauschale Position wie SIEGHOLD nimmt KRYSTEK[51] ein: Er ist der Meinung, daß im „Rahmen der Phase einer Identifikation und Bewertung geeigneter Partner [...] die Ermittlung der Kultur des (potentiellen) Akquisitionspartners sowie ein Vergleich mit der eigenen Kultur im Mittelpunkt" stehen und die „Entscheidung über die Durchführung der Akquisition [...] – neben anderen Faktoren – als Ergebnis des Kulturvergleichs auch das Ausmaß des Kultur-Fits einbeziehen" müsse. Auch diese Sichtweise ist vor dem Hintergrund der herausgearbeiteten Ergebnisse letztendlich nicht nachvollziehbar, spielen die Kulturdifferenzen zwischen Käuferunternehmung und Übernahmeobjekt doch nur dann eine Rolle im Hinblick auf die Akquisitionsziele, wenn bei dem betrachteten Unternehmungskauf auch Kulturrelevanz und Kulturkontakt gemeinsam gegeben sind. Ist dies dagegen nicht der Fall, sind etwaige kulturelle Unterschiede zwischen den Akquisitionsparteien völlig entscheidungsirrelevant und in der Phase einer Identifikation und Beurteilung möglicher Übernahmeobjekte daher auch nicht von Interesse.

Für den Bewertungsgutachter sind die in Kapitel IV.4.1 aufgezeigten Zusammenhänge insofern von erheblicher Bedeutung, als sie deutlich machen, daß er zunächst eine dreistufige, hierarchische Prüfung des Akquisitionsvorhabens seines Mandanten vornehmen muß, will er das Ausmaß abschätzen, in dem die Unternehmungsübernahme mit primären negativen Verbundeffekten einhergehen kann, falls kulturpolitische Maßnahmen der Käuferunternehmung vollständig unterbleiben:

1) Ausgangspunkt der Analyse ist der vom Bewertungsgutachter auf Basis der individuellen Zielsetzungen des Bewertungssubjektes und abstrahierend von jeglicher Kulturkollisionsproblematik prognostizierte Zahlungsstrom, den das Übernahmeobjekt in der Zukunft verspricht. Er ist daraufhin zu überprüfen, ob seine Realisierung einer Mitwirkung der Angehörigen des erworbenen Betriebes be-

[51] KRYSTEK, Akquisition (1992), S. 548 (im Original zum Teil kursiv).

darf, ob also die Voraussetzung der Kulturrelevanz zu bejahen ist. Werden dabei Bestandteile des Zahlungsstromes identifiziert, deren Zustandekommen einen Beitrag des Personals des Akquisitionsobjektes benötigt, sind sie in weiteren Analysestufen eingehender zu untersuchen, da sie grundsätzlich Beeinträchtigungen in Form von Kollisionswirkungen im engeren Sinne erfahren können. Diejenigen Zahlungsstromteile aber, deren Erzielung nicht das Merkmal der Kulturrelevanz aufweist, sind keinem weiteren Prüfungsschritt zu unterziehen, da bei ihnen nicht die Gefahr einer Verringerung aufgrund von primären negativen Verbundeffekten besteht. Der gesamte prognostizierte Zahlungsstrom des Bewertungsobjektes wird in der ersten Analysephase also in einen kulturirrelevanten und einen kulturrelevanten Teil differenziert; lediglich letzterer ist für die weiteren Überlegungen von Interesse. Zu beachten ist allerdings, daß sich die betrachtete Akquisitionssituation selbstverständlich auch derart darstellen kann, als sich der prognostizierte Zahlungsstrom nicht aus einem kulturrelevanten und einem kulturirrelevanten Bestandteil zusammensetzt, sondern in seiner Gänze ausschließlich das Merkmal der Kulturrelevanz oder aber der Kulturirrelevanz aufweist. In ersterem Fall ist dann der gesamte Zahlungsstrom der zweiten Prüfungsphase zu unterziehen; in letzterem Fall endet die Untersuchung des Bewertungsgutachters an dieser Stelle, da er das Ergebnis gewonnen hat, daß die Unternehmungsübernahme mit keinerlei primären negativen Verbundeffekten einhergehen wird, die die von seinem Mandanten angestrebten Erfolge beeinträchtigen.

2) Die im ersten Analyseschritt identifizierten kulturrelevanten Zahlungsstromteile sind im Rahmen einer zweiten Prüfungsphase auf das Vorliegen des Merkmals des Kulturkontaktes hin zu untersuchen. Der Bewertungsgutachter hat sich also kundig zu machen, ob die geplante Vorgehensweise zur Erzielung der Unternehmungserfolge dazu führt, daß die daran mitwirkenden Angehörigen der erworbenen Gesellschaft mit den Artefakten der Kultur der Käuferunternehmung konfrontiert werden. Kommt es dabei zu der Identifikation von Zahlungsstromteilen, deren Zustandekommen ein Zusammentreffen der Kulturen von Akquisitionsobjekt und Käuferunternehmung mit sich bringt, sind diese in einer dritten Analysestufe eingehender zu untersuchen, da bei ihnen grundsätzlich Beeinträchtigungen in Form von primären negativen Verbundeffekten eintreten können. Dagegen sind Zahlungsstromteile, deren Realisierung nicht zu der Entstehung des Kulturkontaktes führt, keinem weiteren Prüfungsschritt zu unterziehen, da bei ihnen keine Gefahr einer Verringerung aufgrund von Kollisionswirkungen im engeren Sinne besteht. Die Gesamtheit der im ersten Analyseschritt identifizierten kulturrelevanten Zahlungsstromteile des Bewertungsobjektes wird in der zweiten Analysephase also differenziert in einen Teil ohne Kulturkontakt und in einen Teil mit Kulturkontakt; lediglich letzterer ist für die weiteren Überlegungen von Interesse. Zu beachten ist allerdings, daß sich die Übernahmesituation möglicherweise auch dadurch auszeichnet, daß sich die Gesamtheit der kulturrelevanten Zah-

lungsstromteile nicht zusammensetzt aus einem Bestandteil, bei dem der Kulturkontakt bejaht werden kann und einem anderen, bei dem dies nicht der Fall ist: Denkbar ist ebenfalls, daß das Merkmal des Kulturkontaktes entweder bei allen Zahlungsstromteilen vorliegt oder aber bei keinem von ihnen gegeben ist. In ersterem Fall ist dann die Gesamtheit der Zahlungsstromteile der dritten Prüfungsphase zu unterziehen; in letzterem Fall kann der Bewertungsgutachter seine Analyse an diesem Punkt beenden, da er zu dem Resultat gekommen ist, daß sich im Rahmen der Unternehmungsakquisition keinerlei primäre negative Verbundeffekte einstellen werden, die die vom Bewertungssubjekt angestrebten Erfolge schmälern.

3) Hat der Bewertungsgutachter in den ersten beiden Analyseschritten diejenigen Zahlungsstromteile identifiziert, die sich sowohl durch das Merkmal der Kulturrelevanz als auch des Kulturkontaktes auszeichnen, muß er in einer letzten Prüfungsphase klären, ob die an der Erwirtschaftung dieser Erfolgsbeiträge beteiligten Betriebsbereiche von Akquisitionsobjekt und Käuferunternehmung Unterschiede im Hinblick auf ihre jeweiligen unternehmungskulturellen Muster aufweisen. Finden sich keinerlei Differenzen zwischen den kulturellen Lösungsmechanismen der beiden Übernahmeparteien, kann der Bewertungsgutachter seine Untersuchung an dieser Stelle mit dem Ergebnis abschließen, daß die geplante Unternehmungsakquisition nicht mit Kollisionswirkungen im engeren Sinne einhergehen wird, die die von seinem Mandanten angestrebten Erfolge beeinträchtigen. Werden dagegen in allen oder – aufgrund der Existenz stark ausgeprägter Subkulturen – zumindest in manchen Betriebsbereichen von Käuferunternehmung und Übernahmeobjekt Unterschiede in den kulturellen Mustern ermittelt, stellen die aus der Zusammenarbeit dieser Unternehmungsbereiche resultierenden, zugleich durch die Merkmale der Kulturrelevanz und des Kulturkontaktes geprägten Zahlungsstromteile diejenigen Erfolgsbestandteile dar, die aufgrund von primären negativen Verbundeffekten geschmälert werden können. Die gezeigte hierarchische Abprüfung in drei Stufen ermöglicht es dem Bewertungsgutachter also, aus dem von ihm auf Basis der individuellen Zielsetzungen des Bewertungssubjektes prognostizierten Gesamtzahlungsstrom diejenigen Erfolgsbestandteile herauszufiltern, die sich nicht durch das kumulierte Vorhandensein der Merkmale der Kulturrelevanz, des Kulturkontaktes und der Kulturdifferenzen auszeichnen und daher keine Verringerung durch primäre negative Verbundeffekte erfahren können. Übrig bleiben damit entsprechend jene Zahlungsstromteile, die grundsätzlich der Gefahr unterliegen, durch Kollisionswirkungen im engeren Sinne beeinträchtigt zu werden.

Eine graphische Veranschaulichung der drei gezeigten Analyseschritte gibt Abbildung 19.

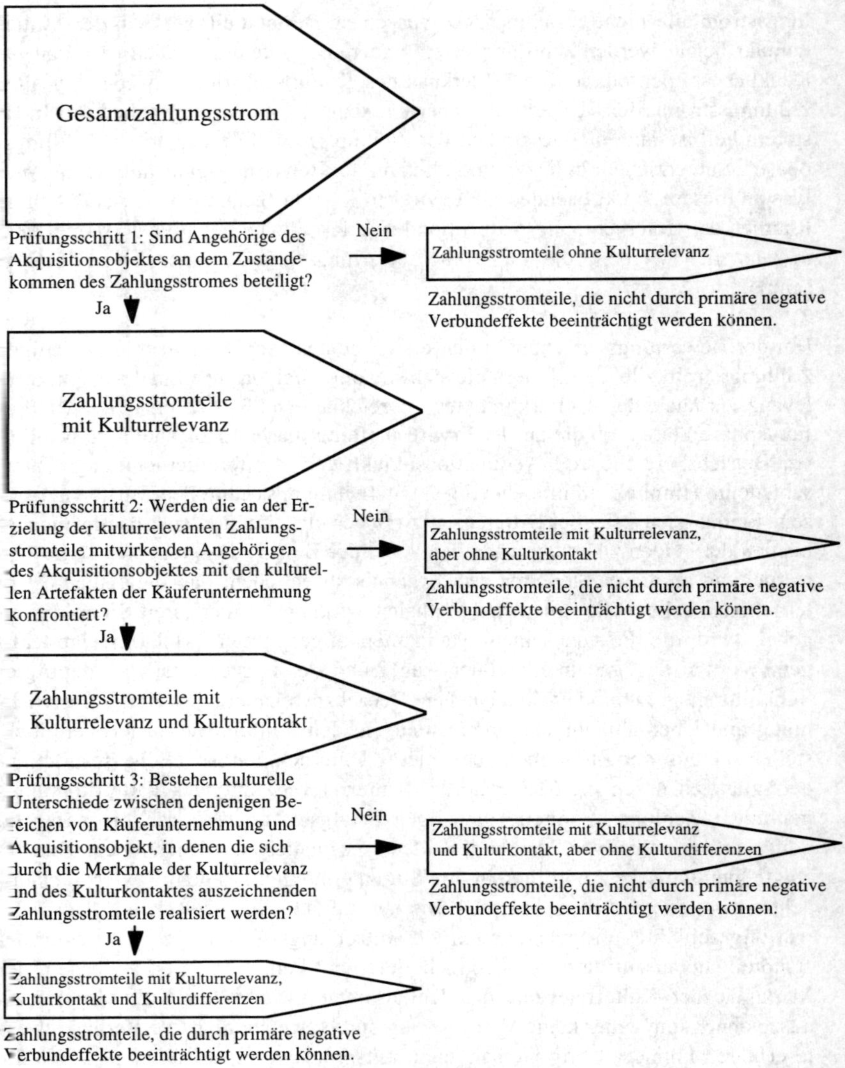

Abbildung 19: Die hierarchische Abprüfung des Zahlungsstromes

Die dargestellte dreistufige Vorgehensweise zur Identifikation der durch primäre negative Verbundeffekte gefährdeten Zahlungsstromteile soll im folgenden im Rahmen eines einfachen Beispielfalles Anwendung finden. Betrachtet wird dabei ein Akquisitionsobjekt, das in der Chemiebranche tätig ist und eine Konzernstruktur aufweist. Die Muttergesellschaft dieses zum Verkauf stehenden Konzerns hat ihren Sitz in der Bundesrepublik Deutschland und besteht aus zwei räumlich und organisatorisch voneinander getrennten Teilbetrieben. Einer dieser Teilbetriebe beschäftigt sich mit der Herstellung und Vermarktung von Industriechemikalien, während der andere Teilbetrieb Fertigung und Vertrieb von Chemikalien für den landwirtschaftlichen Bedarf innehat. Die rechtlich eigenständige Tochterunternehmung der deutschen Obergesellschaft sitzt dagegen in der Republik Südafrika und hat sich dort auf das Angebot spezieller, zur Goldgewinnung notwendiger Bergbauchemikalien konzentriert.

Die Käuferunternehmung, die in derselben Branche wie der zu erwerbende Konzern tätig ist, will mit dessen Übernahme verschiedene Zielsetzungen realisieren. So strebt sie an, Verbundeffekte sowohl in der Fertigung als auch dem Vertrieb zu verwirklichen, indem die beiden Teilbetriebe „Industriechemikalien" und „Landwirtschaftschemikalien" des Akquisitionsobjektes in ihre eigenen, Industrie- und Haushaltschemikalien erzeugenden und vermarktenden Geschäftsbereiche integriert werden. Darüber hinaus möchte sie den aus der südafrikanischen Tochtergesellschaft fließenden Einzelerfolg realisieren, wobei deren betriebliche Eigenständigkeit unangetastet bleiben soll. Nicht zuletzt sucht die Käuferunternehmung diverse, zum Eigentum des Akquisitionsobjektes gehörende, patentrechtlich geschützte Rezepturen mittels Lizenzvergaben zu verwerten.

Auf der Grundlage dieser Zielsetzungen der Käuferunternehmung prognostiziert der von ihr beauftragte Bewertungsgutachter einen aus der Übernahme des Akquisitionsobjektes resultierenden gleichbleibenden Zahlungsstrom in Höhe von 100 Geldeinheiten per annum,[52] der sich wie folgt zusammensetzt:

1) Erfolge in Höhe von 30 Geldeinheiten per annum werden erwartet im Hinblick auf die Einbindung des Teilbetriebes „Industriechemikalien" des Akquisitionsobjektes in den ebenfalls auf Industriechemikalien spezialisierten Geschäftsbereich der Erwerberin.

---

[52] Genaugenommen sollte der Bewertungsgutachter, wie bereits in Kapitel II.1.4 erläutert, keine einwertigen Prognosen abgeben, sondern sich darauf beschränken, eine Bandbreite möglicher Erfolge und bestenfalls darüber hinaus ihre jeweiligen Eintrittswahrscheinlichkeiten zu schätzen. Die in diesem Beispiel dennoch angenommene einwertige Prognose der zukünftigen Zahlungsüberschüsse dient lediglich einer einfacheren Darstellung der interessierenden Zusammenhänge.

2) In bezug auf die Integration des Teilbetriebes „Landwirtschaftschemikalien“ in den Haushaltschemikalien fertigenden und vermarktenden Geschäftsbereich der Käuferunternehmung werden Zahlungsüberschüsse veranschlagt, die sich auf 20 Geldeinheiten per annum belaufen.

3) Die Prognose der aus der Fortführung der südafrikanischen Tochtergesellschaft resultierenden Erfolge beläuft sich auf 10 Geldeinheiten per annum.

4) Aus der Verwertung der patentrechtlich geschützten Rezepturen des Akquisitionsobjektes mittels Lizenzvergaben erwartet die Käuferunternehmung zukünftige Zahlungsüberschüsse in Höhe von 40 Geldeinheiten per annum.

Um innerhalb des prognostizierten Gesamtzahlungsstromes in Höhe von 100 Geldeinheiten per annum diejenigen Komponenten identifizieren zu können, die der Gefahr einer Beeinträchtigung aufgrund von primären negativen Verbundeffekten unterliegen, hat der Bewertungsgutachter die einzelnen Erfolgsbestandteile den geschilderten hierarchischen Prüfungsschritten zu unterziehen:

1) Zunächst bedarf es daher einer Betrachtung der einzelnen Zahlungsstromteile im Hinblick auf die Fragestellung, ob Angehörige des Akquisitionsobjektes an ihrer jeweiligen Realisierung beteiligt sind. Zu bejahen ist dies sowohl bei der Erzielung von Synergieeffekten durch die Integration der Teilbetriebe „Industriechemikalien“ und „Landwirtschaftschemikalien“ in die Käuferunternehmung als auch im Falle der Vereinnahmung des Einzelerfolges aus der Fortführung der südafrikanischen Tochtergesellschaft. Nicht gegeben ist das Merkmal der Kulturrelevanz dagegen in bezug auf die Verwertung der patentrechtlich geschützten Rezepturen des Akquisitionsobjektes mittels Lizenzvergaben. Die daraus erwarteten Zahlungsüberschüsse in Höhe von 40 Geldeinheiten per annum sind aus dem Gesamtzahlungsstrom folglich herauszufiltern, da sie nicht durch Kollisionswirkungen im engeren Sinne geschmälert werden können. Als Ergebnis der ersten Analysestufe bleiben damit Zahlungsstromteile übrig, die sich insgesamt auf 60 Geldeinheiten per annum belaufen und vom Bewertungsgutachter weiteren Prüfungen zu unterziehen sind, um festzustellen, ob sie der Gefahr einer Beeinträchtigung in Form von primären negativen Verbundeffekten unterliegen.

2) Im Anschluß an den ersten Analyseschritt bedarf es auf der Folgestufe einer Untersuchung der sich durch das Merkmal der Kulturrelevanz auszeichnenden Zahlungsstromteile im Hinblick darauf, ob die an ihrer Erzielung mitwirkenden Angehörigen des Akquisitionsobjektes mit den kulturellen Artefakten der Käuferunternehmung konfrontiert werden. Zu bejahen ist dies im Falle der Erzielung von Synergieeffekten durch die Integration der Teilbetriebe „Industriechemikalien“ und „Landwirtschaftschemikalien“ in die Käuferunternehmung. Nicht gegeben

ist das Merkmal des Kulturkontaktes dagegen im Hinblick auf die Vereinnahmung des Einzelerfolges aus der Fortführung der südafrikanischen Tochtergesellschaft, da das Bewertungssubjekt deren Eigenständigkeit unbeeinflußt lassen möchte und daher keine Eingriffe in die Gegebenheiten dieser Unternehmung vorzunehmen gedenkt. Die prognostizierten, aus der Tochtergesellschaft fließenden Erfolge in Höhe von 10 Geldeinheiten per annum sind damit aus den in der ersten Stufe übriggebliebenen Zahlungsstromteilen herauszurechnen, da sie nicht der Gefahr einer Beeinträchtigung in Form von primären negativen Verbundeffekten unterliegen. Als Ergebnis der zweiten Analysestufe bleiben damit Zahlungsstromteile übrig, die sich insgesamt auf 50 Geldeinheiten per annum belaufen und vom Bewertungsgutachter im Rahmen eines dritten Prüfungsschrittes zu untersuchen sind, um Kenntnis darüber zu erlangen, ob sie Schmälerungen aufgrund von Kollisionswirkungen im engeren Sinne erfahren können.

3) In der dritten Analysephase besteht die Aufgabe des Bewertungsgutachters darin, zu ermitteln, ob Unterschiede zwischen den Kulturen von Käufergesellschaft und zu erwerbender Unternehmung existieren. Die Diagnose der jeweiligen kulturellen Muster und die Identifikation etwaiger Differenzen zwischen ihnen konzentrieren sich dabei freilich lediglich auf jene Betriebsbereiche der Akquisitionsparteien, aus deren Zusammenwirken die in den ersten beiden Prüfungsstufen herausgearbeiteten, sich durch die Merkmale der Kulturrelevanz und des Kulturkontaktes auszeichnenden Zahlungsstromteile resultieren. In der betrachteten Übernahmesituation kommt der Bewertungsgutachter im Rahmen seiner Untersuchungen zu dem Ergebnis, daß sich die in dem Teilbetrieb „Landwirtschaftschemikalien" des Akquisitionsobjektes herrschenden kulturellen Vorstellungen erheblich von den im Geschäftsbereich „Haushaltschemikalien" der Erwerberin gültigen kulturellen Lösungsmustern unterscheiden. Dagegen weist der Teilbetrieb „Industriechemikalien" der zu übernehmenden Gesellschaft eine starke Subkultur auf, die dem im gleichnamigen Geschäftsbereich der Käuferunternehmung geltenden kulturellen Muster weitestgehend entspricht. Der aus der Zusammenlegung dieser Betriebsteile resultierende Zahlungsstromteil in Höhe von 30 Geldeinheiten per annum zeichnet sich folglich nicht durch das Merkmal der Kulturdifferenzen aus, so daß er keine Schmälerung in Form von Kollisionswirkungen im engeren Sinne erfahren kann und damit keiner weiteren Betrachtung bedarf. Anders sieht die Situation dagegen bei den 20 Geldeinheiten per annum betragenden Zahlungsüberschüssen aus, die sich aus der Zusammenlegung der Bereiche „Landwirtschaftschemikalien" und „Haushaltschemikalien" ergeben. Sie stellen den einzigen Teil des Gesamtzahlungsstromes in Höhe von 100 Geldeinheiten per annum dar, der alle drei Merkmale der Kulturrelevanz, des Kulturkontaktes und der Kulturdifferenzen aufweist und sich daher der Gefahr einer Beeinträchtigung aufgrund von primären negativen Verbundeffekten gegenübersieht.

Will der Bewertungsgutachter das Ausmaß der primären negativen Verbundeffekte abschätzen unter der Annahme, daß jegliche kulturpolitischen Maßnahmen von seiten der Käuferunternehmung unterlassen werden, erlaubt ihm die dargestellte dreistufige Abprüfung des Gesamtzahlungsstromes also die Angabe einer Bandbreite, innerhalb derer das Ausmaß der primären negativen Verbundeffekte liegen kann: Günstigstenfalls kann es zu überhaupt keinen Kollisionswirkungen im engeren Sinne kommen, so daß der Gesamtzahlungsstrom unbeeinträchtigt bleibt; schlechtestenfalls können die negativen primären Verbundeffekte so bedeutsam sein, daß es zu einer vollständigen Nichtrealisierung der dieser Gefahr unterliegenden, im Rahmen der gezeigten Analyseschritte identifizierten Zahlungsstromteile kommt, die sich in einer entsprechenden Minderung des Gesamtzahlungsstromes niederschlägt.

Genügt es dem Bewertungsgutachter nicht, lediglich diese mögliche Bandbreite der negativen primären Verbundeffekte herauszuarbeiten, sondern strebt er danach, innerhalb dieser Bandbreite genauere Schätzungen der zukünftigen Kollisionswirkungen im engeren Sinne vorzunehmen, muß er sich im Rahmen seiner Prognose an denjenigen Wirkungszusammenhängen orientieren, die den dargestellten Merkmalen der Kulturrelevanz, des Kulturkontaktes und der Kulturdifferenzen zugrunde liegen:

1) So wird das Ausmaß der primären negativen Verbundeffekte ceteris paribus tendenziell um so größer sein, je umfangreicher das Personal des Akquisitionsobjektes an der Zielerreichung des Bewertungssubjektes mitwirkt.

2) Des weiteren wird das Ausmaß der primären negativen Verbundeffekte ceteris paribus tendenziell um so größer sein, je stärker das Personal des Akquisitionsobjektes mit den kulturellen Artefakten der Käuferunternehmung konfrontiert wird.

3) Nicht zuletzt wird das Ausmaß der primären negativen Verbundeffekte ceteris paribus tendenziell um so größer sein, je erheblicher die Unterschiede sind, die die kulturellen Muster beider Übernahmeparteien im Vergleich miteinander aufweisen.

Hat der Bewertungsgutachter die Höhe der primären negativen Verbundeffekte prognostiziert unter der Annahme, daß die Käuferunternehmung jegliche kulturpolitischen Maßnahmen unterläßt, ist damit entsprechend die Abschätzung des Ursprungspunktes (K_0/$ZEWM_8$) der in Kapitel IV.3.1 dargestellten $ZEWM_{PNV}$-Kurve erfolgt.

4.3 Die Verringerung der primären negativen Verbundeffekte mittels Kulturpolitik

4.3.1 Die Determinanten der primären negativen Verbundeffekte als Ansatzpunkte der Kulturpolitik

Im Anschluß an die Abschätzung des Umfangs der primären negativen Verbundeffekte unter der Prämisse einer Unterlassung jeglicher Kulturpolitik muß der Bewertungsgutachter versuchen zu ermitteln, inwieweit die Käuferunternehmung dieses Ausmaß der Kollisionswirkungen im engeren Sinne mit Hilfe von kulturpolitischen Aktivitäten zu verringern vermag. Ging es im vorangegangenen Kapitel IV.4.2 um die Beurteilung des Ursprungs der $ZEWM_{PNV}$-Kurve, steht nun also entsprechend die Frage nach dem weiteren Verlauf dieser Kurve im Mittelpunkt.

Der Begriff der Kulturpolitik wurde bereits in Kapitel IV.2.3 definiert als die Gesamtheit der von der akquirierenden Gesellschaft durchführbaren Maßnahmen, die das Ziel verfolgen, die mit der Situation der Kulturkollision unmittelbar einhergehenden Erfolgsbeeinträchtigungen vollständig zu vermeiden oder sie zumindest zu verringern. Die einzelnen kulturpolitischen Aktivitäten der Käuferunternehmung können dabei verschiedene Stoßrichtungen einnehmen, die sich aus den folgenden Wirkungszusammenhängen ergeben:

1) Die Entstehung und das Ausmaß der primären negativen Verbundeffekte hängen – wie bereits in den vorangegangenen Ausführungen gezeigt – letztendlich von drei verschiedenen Determinanten ab, nämlich der Mitwirkung des Personals des Akquisitionsobjektes an der Zielerreichung des Bewertungssubjektes (Kulturrelevanz), der Konfrontation dieser Mitarbeiter mit den kulturellen Artefakten der Käuferunternehmung (Kulturkontakt) und den Unterschieden, die die Kulturen beider Übernahmeparteien im Vergleich miteinander aufweisen (Kulturdifferenzen).

2) Sucht die Kulturpolitik das Auftreten von Kollisionswirkungen im engeren Sinne einzuschränken oder völlig zu unterbinden, müssen sich ihre einzelnen Maßnahmen folglich darauf richten, die Determinanten dieser Erfolgsbeeinträchtigungen in einer entsprechenden Weise zu beeinflussen.

3) Letztendlich kann die Käuferunternehmung im Rahmen ihrer Kulturpolitik damit drei verschiedene Strategien verfolgen, die die Einwirkung auf jeweils eine der Determinanten der primären negativen Verbundeffekte zum Ziel haben: Die Kulturbeseitigung, die auf den Aspekt der Mitwirkung des Personals des Akquisitionsobjektes an der Zielerreichung des Bewertungssubjektes abstellt, die Kulturtrennung, die sich auf die Problematik der Konfrontation dieser Mitarbeiter mit

den kulturellen Artefakten der Käuferunternehmung konzentriert, und die Kulturanpassung, die die Unterschiede der Kulturen beider Übernahmeparteien im Blickfeld hat. Darüber hinaus ist es der Erwerberin ebenfalls möglich, Kombinationsstrategien zu realisieren, die darauf abstellen, zwei oder sogar alle drei dieser Determinanten zu beeinflussen. Wie die möglichen kulturpolitischen Vorgehensweisen der Käuferunternehmung dabei im einzelnen aussehen und welchen Einfluß diese auf die Kollisionswirkungen im engeren Sinne nehmen, soll in den folgenden Kapiteln einer näheren Betrachtung unterzogen werden.

Eine graphische Veranschaulichung des dargestellten Zusammenhangs zwischen den Determinanten der primären negativen Verbundeffekte und den einzelnen kulturpolitischen Strategien gibt Abbildung 20.

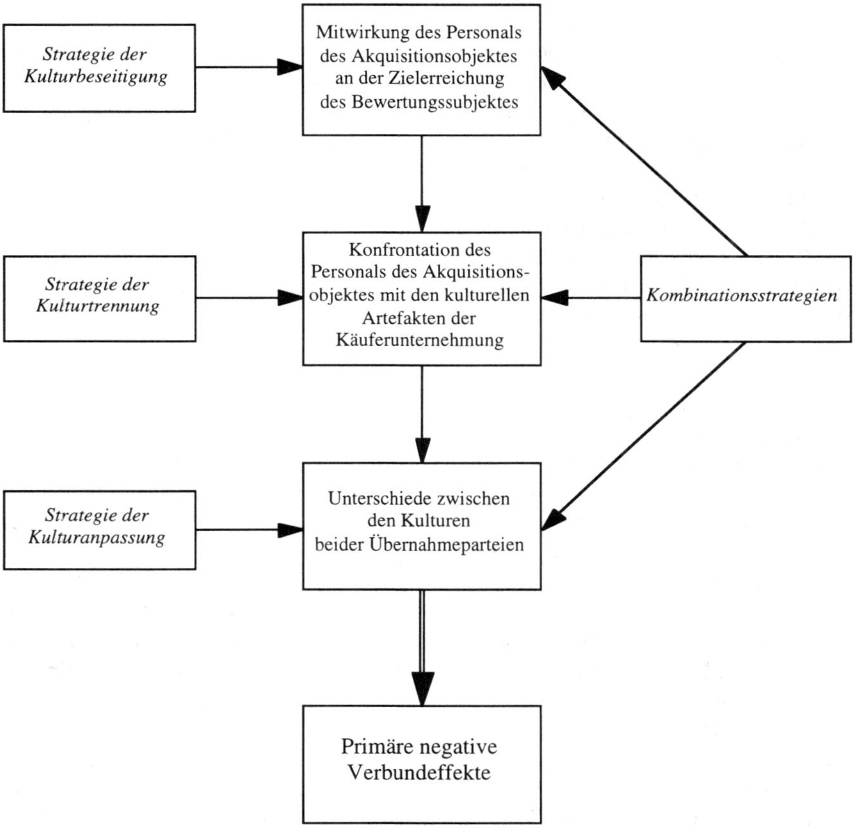

Abbildung 20: Die Ansatzpunkte der kulturpolitischen Strategien

4.3.2 Die Strategie der Kulturbeseitigung

4.3.2.1 Die Wirkungsweise der Kulturbeseitigung

Bei der Beteiligung des Personals des übernommenen Betriebes an der Zielerreichung der Käuferunternehmung handelt es sich – wie bereits in Kapitel IV.4.1.2 erläutert – insofern um eine Determinante der Entstehung von primären negativen Verbundeffekten, als die Angehörigen des Akquisitionsobjektes die Träger seiner Unternehmungskultur darstellen und sich ein etwaiger Kulturschock und die sich daran anschließende Akkulturation daher auf ihrer individuellen Ebene abspielen. Kommt es aufgrund der Kulturkollision zu primären negativen Verbundeffekten, ergeben sich diese folglich aus einem entsprechenden unerwünschten Verhalten der Angehörigen der erworbenen Unternehmung. Die Gefahr einer Beeinträchtigung der aus dem Bewertungsobjekt zu erzielenden Erfolge resultiert damit also nicht per se aus der Mitwirkung des Personals dieses Betriebes. Als eigentliche Ursache der Entstehung von Kollisionswirkungen im engeren Sinne ist vielmehr die Tatsache anzusehen, daß die Angehörigen der übernommenen Gesellschaft spezifische, die Kultur dieser Unternehmung ausmachende Basisannahmen, Werte und Normen internalisiert haben, aufgrund derer sie gegenüber den ungewohnten, in der Erwerberin gültigen kulturellen Gegebenheiten zumindest anfangs eine von Unverständnis und Ablehnung geprägte Haltung einnehmen.

Die Strategie der Kulturbeseitigung setzt dabei genau an diesem Wirkungszusammenhang an: Sie verfolgt das Ziel, den Großteil oder die Gesamtheit der Angehörigen des Akquisitionsobjektes unmittelbar nach der erfolgten Übernahme zu entlassen[53] und durch neu eingestelltes Personal entsprechend zu ersetzen, da die bisherigen Mitglieder dieses Betriebes die Träger der in ihm gültigen kulturellen Muster darstellen. Wird das gesamte, in der übernommenen Gesellschaft bislang beschäftigte Personal durch Neuzugänge substituiert, geht damit die in dem Akquisitionsobjekt bisher bestehende Unternehmungskultur vollständig[54] verloren.[55] Die Konsequenz eines solchen Schrittes ist, daß es nicht zu einem Zusammentreffen der kulturellen Muster beider Übernahmeparteien kommt und damit folglich auch die Entstehung jeglicher Kollisionswirkungen im engeren Sinne unterbunden wird. Verfolgt die Käuferunternehmung eine solche Strategie der vollständigen Kulturbeseitigung, sieht sie sich also keinerlei primären negativen Verbundeffekten gegenüber; die in Kapitel IV.3.1 dargestellte $ZEWM_{PNV}$-Kurve endet bei einer derartigen Kulturpolitik entsprechend im Punkt (K_3/$ZEWM_0$) auf der Abszisse. Eine graphische Darstellung der herausgearbeiteten Wirkungsweise der Strategie der Kulturbeseitigung gibt Abbildung 21 auf der nächsten Seite. Wie die Käuferunternehmung im Rahmen der Strategie der Kulturbeseitigung im einzelnen vorzugehen hat, soll im folgenden Abschnitt genauer betrachtet werden.

---

53 Voraussetzung für solch umfangreiche und unmittelbare Kündigungen ist freilich, daß die für das Akquisitionsobjekt geltenden juristischen Rahmenbedingungen ein derartiges Vorgehen zulassen.

54 Von den Entlassungen in ihrer Existenz unberührt bleiben allerdings manche kulturelle Artefakte aufgrund ihrer Materialität, wie beispielsweise die Architektur der Unternehmungsgebäude. Durch den Exodus des Personals der übernommenen Gesellschaft und damit den vollständigen Verlust der in ihr bislang gültigen Basisannahmen, Werte und Normen kommt den verbleibenden kulturellen Artefakten jedoch jeglicher unternehmungskultureller Inhalt, also ihre Symbolkraft, abhanden.

55 Vgl. zu diesem Gedankengang ebenfalls NAHAVANDI/MALEKZADEH, Acculturation in Acquisitions (1988), S. 82; ferner auch MATENAAR, Organisationskultur (1983), S. 26 sowie KRYSTEK/MINKE, Strategische Allianzen (1990), S. 31.

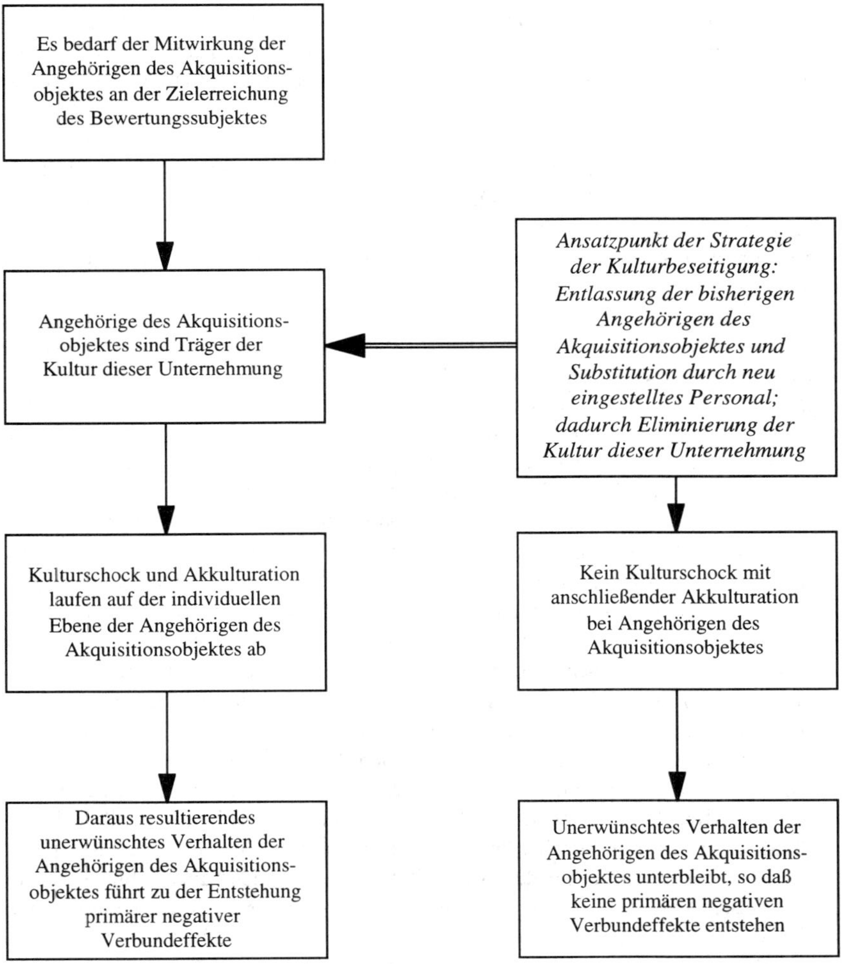

Abbildung 21: Die Wirkungsweise der Strategie der Kulturbeseitigung

4.3.2.2 Das Procedere der Kulturbeseitigung

Sucht die Käuferunternehmung eine Strategie der Kulturbeseitigung zu realisieren, hat sie dabei im Grundsatz in drei Schritten vorzugehen:

1. Ist der Unternehmungskauf erfolgt, so daß die Erwerberin die Leitung des Akquisitionsobjektes ausüben kann, hat sie im Anschluß daran zunächst die Gesamtheit oder zumindest den Großteil der Mitarbeiter des übernommenen Betriebes zu entlassen.

2. Soweit die Käuferunternehmung die durch die Entlassungen im Akquisitionsobjekt entstandenen Vakanzen nicht durch den Einsatz eigener Mitarbeiter füllen kann, hat sie das für die erworbene Gesellschaft notwendige Personal am Arbeitsmarkt zu suchen und in einem entsprechenden Ausmaß Neueinstellungen vorzunehmen.

3. Tritt neues Personal in das Akquisitionsobjekt und damit in den durch die Übernahme entstandenen Unternehmungsverbund ein, ist es die Aufgabe der Mitglieder der Käuferunternehmung, diese Neuzugänge, die bislang keine kulturellen Vorstellungen miteinander teilen, mit der bestehenden Kultur der Erwerberin vertraut zu machen und sie so in die Gemeinschaft der Unternehmungsangehörigen einzubinden. Deutlich wird an dieser Stelle, weshalb die Strategie der Kulturbeseitigung die Entlassung der Gesamtheit oder zumindest eines Großteils des Personals des Akquisitionsobjektes voraussetzt: Werden nur wenige Kündigungen vorgenommen, so daß eine erhebliche Zahl der bisherigen Mitglieder des übernommenen Betriebes auch weiterhin dort beschäftigt bleibt, besteht die Gefahr, daß die notwendige Sozialisation der Neuzugänge nicht von der Käuferunternehmung, sondern vor allem von den verbliebenen Angehörigen des Akquisitionsobjektes beeinflußt wird. Ist dies der Fall, wird dem neu in die übernommene Gesellschaft eingetretenen Personal freilich deren bisherige Kultur kommuniziert und ihm nicht das Gefüge der Basisannahmen, Werte und Normen der Erwerberin nahegebracht. Wo genau die „kritische Masse“ der Entlassungen liegt, ab der eine derartige Weitergabe der Kultur des Akquisitionsobjektes nicht mehr befürchtet werden muß, ist allerdings schwierig abzuschätzen; darüber hinaus wird die Weitergabe der Kultur des Akquisitionsobjektes nicht allein abhängen von der bloßen Anzahl der in ihm verbleibenden bisherigen Mitglieder, sondern auch von deren auf Macht und Autorität basierenden individuellen Einfluß, den sie auf die neu eingestellten Mitarbeiter ausüben können.

Eine graphische Darstellung der geschilderten Schritte der Strategie der Kulturbeseitigung – auf deren sekundäre negative Verbundeffekte später in Kapitel IV.5. eingegangen wird – findet sich in Abbildung 22. Die unterschiedlichen Schraffuren symbolisieren dabei die in den beiden Übernahmeparteien jeweils gültigen kulturellen Muster.

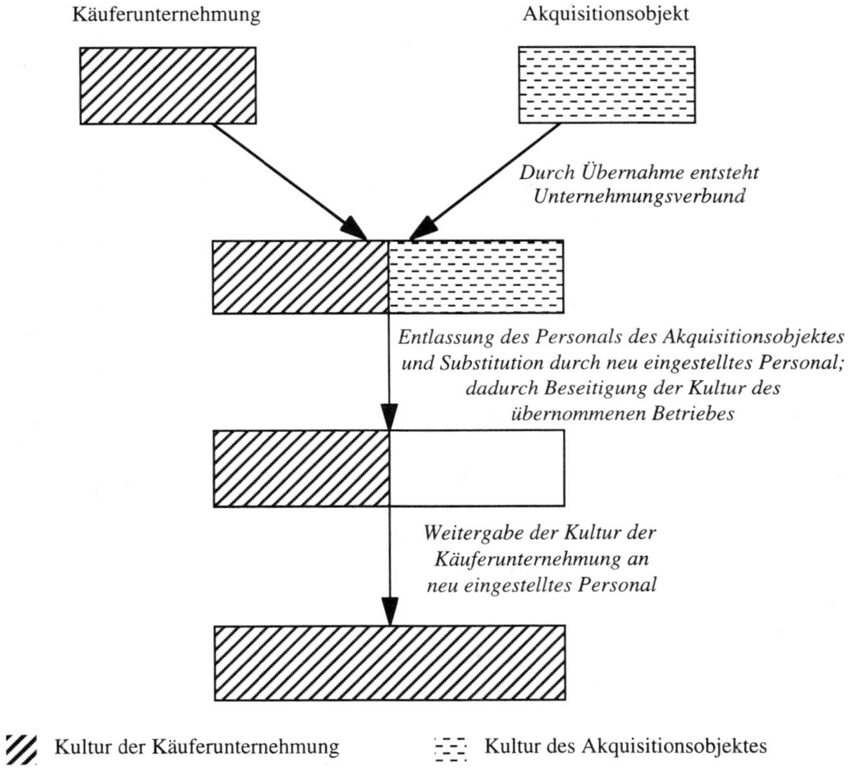

Abbildung 22: Das Procedere der Strategie der Kulturbeseitigung

4.3.3 Die Strategie der Kulturtrennung

4.3.3.1 Die Wirkungsweise der Kulturtrennung

Neben der Beteiligung des Personals des Akquisitionsobjektes an der Zielerreichung der Käuferunternehmung hängt – wie bereits in Kapitel IV.4.1.3 gezeigt – die Entstehung der primären negativen Verbundeffekte ebenfalls von dem Ausmaß ab, in dem sich die an der Erfolgsrealisierung des Bewertungssubjektes beteiligten Angehörigen des übernommenen Betriebes den jeweiligen kulturellen Artefakten der Erwerberin gegenübersehen. Eine derartige Konfrontation der Mitglieder des Bewertungsobjektes mit den kulturellen Schöpfungen der Käuferunternehmung stellt dabei allerdings kein quasi „automatisches“ Resultat der Unternehmungsübernahme dar. Ihre Intensität ist vielmehr abhängig von der Stärke der Eingriffe, die die Erwerberin in dem akquirierten Betrieb vornimmt, um den aus ihm resultierenden Einzelerfolg zu steigern oder um ihn zum Zwecke der Realisierung positiver Synergieeffekte zu integrieren.

Dieser Wirkungszusammenhang ist der Ansatzpunkt der Strategie der Kulturtrennung: In ihrem Rahmen strebt die Käuferunternehmung an, die Häufigkeit und das Ausmaß der Eingriffe in die betriebswirtschaftlichen Gegebenheiten der übernommenen Gesellschaft zu verringern, um so der Konfrontation des Personals des Akquisitionsobjektes mit ihren eigenen unternehmungskulturellen Artefakten entgegenzuwirken. Das Ziel der Strategie der Kulturtrennung besteht folglich darin, den Kontakt zwischen den Kulturen beider Übernahmeparteien einzuschränken, so daß der Kulturschock sowie die sich daran anschließende Akkulturation abgemildert werden und die aus ihnen resultierenden primären negativen Verbundeffekte entsprechend geringer ausfallen.[56] Je umfassender also das Bewertungssubjekt auf Eingriffe im Akquisitionsobjekt zu verzichten sucht, desto schwächer wird der Kulturkontakt zwischen der übernehmenden und der übernommenen Gesellschaft sein und desto weniger Kollisionswirkungen im engeren Sinne wird es sich ceteris paribus gegenübersehen. Unterläßt die Käuferunternehmung jegliche Veränderungen der Gegebenheiten des erworbenen Betriebes, unterbindet sie das Zustandekommen des Kulturkontaktes damit vollständig, so daß keine primären negativen Verbundeffekte entstehen können; die in Kapitel IV.3.1 auf Seite 92 f. dargestellte $ZEWM_{PNV}$-Kurve endet bei einer solchen Kulturpolitik entsprechend im Punkt (K_3/$ZEWM_0$) auf der Abszisse.

Eine graphische Veranschaulichung der dargestellten Wirkungsweise der Strategie der Kulturtrennung gibt auf der Folgeseite Abbildung 23. Welches Vorgehen die Erwerberin im Rahmen einer solchen Strategie im einzelnen einschlagen kann, soll im nächsten Abschnitt eingehender betrachtet werden.

---

[56] Vgl. hierzu ebenfalls GOMEZ/WEBER, Akquisitionsstrategie (1989), S. 75 f.; FREUND, Integration übernommener Unternehmen (1991), S. 496 sowie ferner auch MATENAAR, Organisationskultur (1983), S. 26.

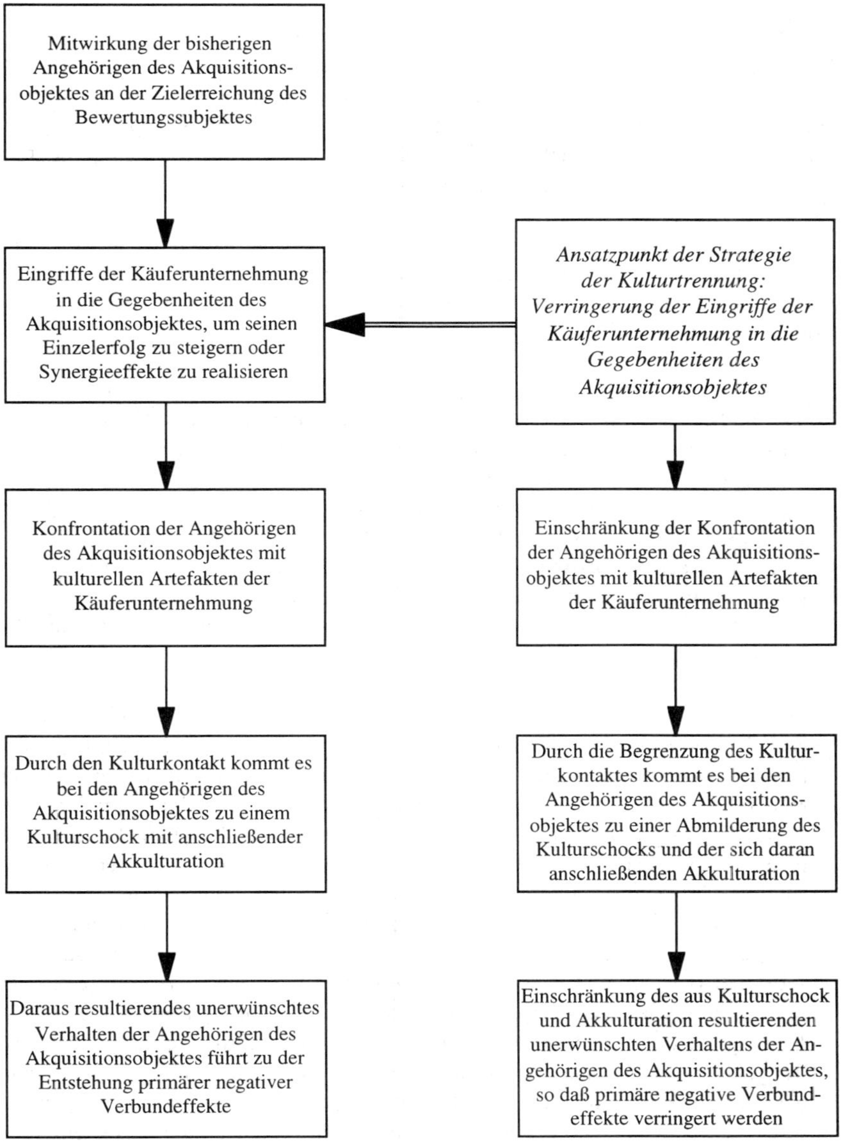

Abbildung 23: Die Wirkungsweise der Strategie der Kulturtrennung

4.3.3.2 Das Procedere der Kulturtrennung

Strebt die Erwerberin danach, der Entstehung primärer negativer Verbundeffekte mittels einer Strategie der Kulturtrennung zu begegnen, ist sie bemüht, ihre Eingriffe in den erworbenen Betrieb möglichst gering zu halten, um die Konfrontation des Personals des Akquisitionsobjektes mit ihren eigenen kulturellen Artefakten zu begrenzen. Zur Realisierung einer derartigen Verringerung des Kontaktes zwischen ihrer eigenen Kultur und jener der übernommenen Gesellschaft kann die Käuferunternehmung im Grundsatz in vier Bereichen aktiv werden, die im folgenden näher dargestellt werden sollen. Zu berücksichtigen ist dabei, daß diese Tätigkeitsfelder keineswegs vollkommen unabhängig nebeneinander stehen, sondern durchaus gewisse Interdependenzen aufweisen können:

1) Es ist der Erwerberin möglich, jene Eingriffe im Akquisitionsobjekt zu verringern oder vollkommen zu unterlassen, die zwar nicht unmittelbar die Umgestaltung der Strukturen und Prozesse des übernommenen Betriebes zum Ziel haben, für die Mitarbeiter dieser Unternehmung aber dennoch erhebliche Symbolkraft besitzen. Derartigen Maßnahmen sind beispielsweise die Aufhebung der rechtlichen Selbständigkeit des Akquisitionsobjektes und die Umänderung seiner Firma, seines Sitzes oder seiner Satzung zu subsumieren. Weitere, in diese Kategorie fallende Eingriffe sind unter anderem die Abschaffung oder Veränderung der im Akquisitionsobjekt gepflegten Rituale, wie die regelmäßige Ausrichtung von Betriebsfesten oder die Herausgabe einer unternehmungsinternen Zeitung.

2) Sucht die Erwerberin die juristische Selbständigkeit des Übernahmeobjektes zu erhalten, kann sie insofern Eingriffe in die Gegebenheiten dieses Betriebes vornehmen, als sie seine bisherige Rechtsform modifiziert. Auch derartige Maßnahmen sind im Rahmen einer Strategie der Kulturtrennung auf den Prüfstand zu stellen und gegebenenfalls zu vermeiden, da sie für das Personal der übernommenen Gesellschaft erhebliche Umwälzungen mit sich bringen können. Von besonderer Intensität sind diese Veränderungen insbesondere dann, wenn eine Einzelunternehmung oder Personengesellschaft nach der Übernahme in eine Kapitalgesellschaft oder – vice versa – eine Kapitalgesellschaft in eine Personengesellschaft oder eine Einzelunternehmung umgewandelt wird. Erwirbt die Käuferunternehmung beispielsweise einen Betrieb in der Rechtsform einer Kommanditgesellschaft und transformiert ihn im Anschluß an die Akquisition in eine Aktiengesellschaft, so kann dies für die Belegschaft mit einer umfangreichen Veränderung ihrer Mitbestimmungsmöglichkeiten einhergehen; für die Führungskräfte des Akquisitionsobjektes bedeutet der Rechtsformwechsel unter anderem auch, daß sie Rechenschaft ablegen müssen vor Institutionen wie dem Aufsichtsrat oder dem mit der Prüfung des Jahresabschlusses und Lageberichtes betrauten Wirtschaftsprüfer.

3) Eine dritte Art von Eingriffen der Käuferunternehmung stellen jene Maßnahmen dar, die auf die Veränderung der Aufbau- und Ablauforganisation der akquirierten Gesellschaft abstellen. Plant das Bewertungssubjekt derartige Aktivitäten, sollten auch sie im Zusammenhang mit einer Strategie der Kulturtrennung kritisch hinterfragt werden, da sie die von der Kultur des Übernahmeobjektes beeinflußten organisatorischen Gegebenheiten in erheblichem Umfang umgestalten können und für das Personal dieser Unternehmung damit entsprechend tiefgreifende Einschnitte in die bislang gewohnten Strukturen und Prozesse darstellen. So können sich die Angehörigen des Akquisitionsobjektes aufgrund von Modifikationen der Aufbauorganisation beispielsweise verkleinerten oder neuartigen Verantwortungsbereichen gegenübersehen, sich in veränderten Hierarchien, Kommunikations- und Kontrollsystemen wiederfinden oder eine Transformation ihrer bisherigen Linienstellen in Stabsstellen erfahren. Eingriffe der Erwerberin mit dem Ziel einer Umgestaltung der Ablauforganisation können für die Mitarbeiter der übernommenen Unternehmung unter anderem mit umfangreichen Modifikationen ihrer Arbeitsinhalte, einer Umgestaltung ihrer Arbeitszeiten oder einer Veränderung ihrer Arbeitsräume einhergehen.

4) Nicht zuletzt ist es dem Bewertungssubjekt ebenfalls möglich, nach der erfolgten Übernahme Eingriffe im Akquisitionsobjekt vorzunehmen, die eine Veränderung der Vermögensstruktur dieses Betriebes zum Ziel haben. Derartigen Maßnahmen sind unter anderem die Auflösung einzelner Betriebsbereiche, die Zusammenlegung von Unternehmungsteilen, die Veräußerung von Werkswohnungen oder die Schließung anderer der Unternehmung gehörender sozialer Einrichtungen zu subsumieren. Auch diese Aktivitäten sind im Rahmen einer Strategie der Kulturtrennung auf den Prüfstand zu stellen und gegebenenfalls zu vermeiden, da sie für das Personal der erworbenen Unternehmung unter Umständen erhebliche Umwälzungen mit sich bringen. So können die Angehörigen des Akquisitionsobjektes derartige Einschnitte in den über die Zeit gewachsenen Unternehmungsumfang schnell als Indizien einer „Eroberermentalität“ der Erwerberin interpretieren und sich selbst entsprechend als in die Verteidigung gedrängte „Verlierer“ fühlen; eine solche, mit Widerständen und Motivationsverlusten verbundene Sichtweise wird beispielsweise insbesondere dann gegeben sein, wenn die Mitglieder der erworbenen Gesellschaft von der Angst vor möglichen Entlassungen umgetrieben werden oder durch die Schließung sozialer Betriebseinrichtungen den Verlust von Zusatzleistungen erfahren, die im Rahmen der bislang gültigen Unternehmungskultur als selbstverständlich angesehenen wurden.[57]

---

[57] Eine umfassende Darstellung dieser Zusammenhänge gibt BURCHERT, Transformation ehemals volkseigener Betriebe (1996), S. 86-202 im Hinblick auf die Umstellung der Betriebsstrukturen in den „neuen“ Bundesländern.

Eine graphische Darstellung der Vorgehensweise der Strategie der Kulturtrennung – auf deren sekundäre negative Verbundeffekte später in Kapitel IV.5. eingegangen wird – gibt Abbildung 24. Die unterschiedlichen Schraffuren symbolisieren dabei die in den beiden Übernahmeparteien jeweils gültigen kulturellen Muster.

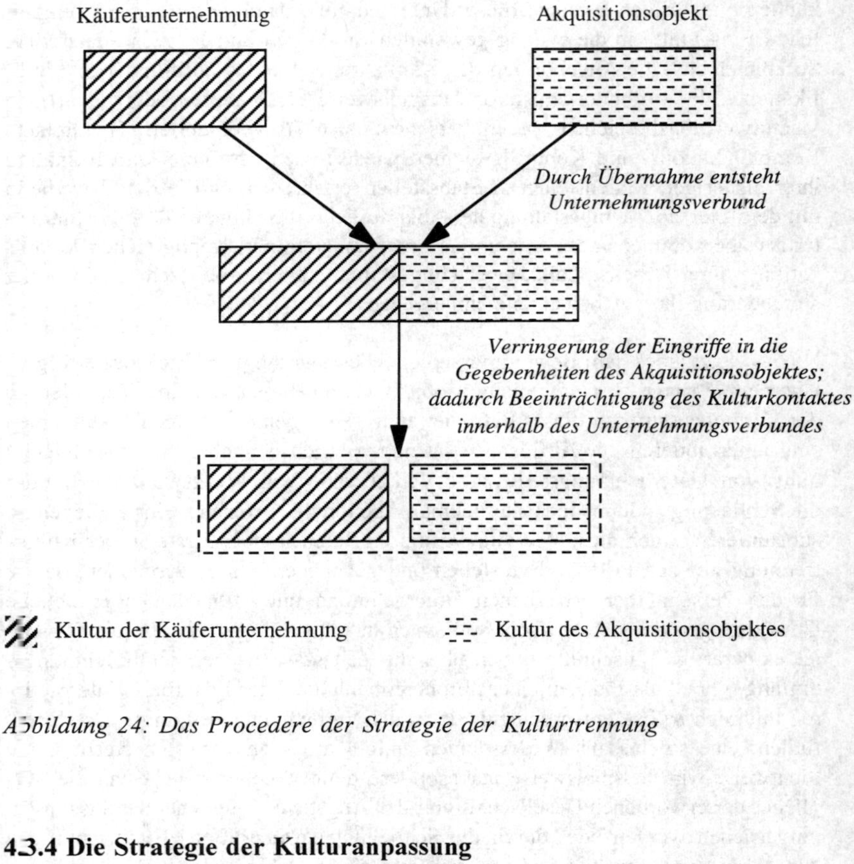

Abbildung 24: Das Procedere der Strategie der Kulturtrennung

4.3.4 Die Strategie der Kulturanpassung

4.3.4.1 Die Wirkungsweise der Kulturanpassung

Neben dem Ausmaß, in dem das Personal des Akquisitionsobjektes an der Zielerreichung des Bewertungssubjektes mitwirkt und der Intensität, in der es mit den kulturellen Artefakten der Übernehmerin konfrontiert wird, ist die Höhe der primären negativen Verbundeffekte ebenfalls – wie bereits in Kapitel IV.4.1.4 dargestellt – abhängig von der Stärke der Unterschiede, die zwischen den kulturellen Mustern der beiden Übernahmeparteien existieren. Derartige Kulturdifferenzen zwischen der übernommenen Gesellschaft und der Käuferunternehmung stellen dabei den Ansatzpunkt der Strategie der Kulturanpassung dar: Ziel dieser kulturpolitischen Vorgehensweise ist es, die Unterschiede zwischen den Basisannahmen, Werten und Normen der Mitglieder der an der Akquisition beteiligten Betriebe durch entsprechende Maßnahmen abzubauen, um so der Entstehung von Kollisionswirkungen im engeren Sinne zu begegnen.[58] Die im Rahmen der Kulturanpassung angestrebte Verminderung der Kulturdifferenzen kann dabei insgesamt auf drei Wegen erfolgen:

1) Es ist der Käuferunternehmung möglich, die bestehenden kulturellen Unterschiede zwischen ihr und dem Akquisitionsobjekt insofern abzubauen, als sie versucht, die Kultur der erworbenen Gesellschaft ihrem eigenen Gefüge von Basisannahmen, Werten und Normen soweit wie möglich anzupassen. Die Kultur der Erwerberin bleibt bei diesem Vorgehen also tendenziell unbeeinflußt; die Kultur der übernommenen Gesellschaft wird dagegen entsprechend verändert.

2) Des weiteren steht der Erwerberin ebenfalls der Weg offen, die Kulturdifferenzen zu verringern mittels einer entsprechenden Anpassung ihrer eigenen kulturellen Gegebenheiten an diejenigen des akquirierten Betriebes. Die Kultur des Übernahmeobjektes bleibt bei diesem Vorgehen also tendenziell unbeeinflußt; die Kultur der Käuferunternehmung wird dagegen entsprechend angeglichen.

3) Nicht zuletzt ist es dem Bewertungssubjekt ebenfalls möglich, im Rahmen der Strategie der Kulturanpassung einen Abbau der kulturellen Unterschiede insofern zu erreichen, als die Unternehmungskulturen beider Akquisitionsparteien Veränderungmaßnahmen unterzogen und dadurch einander angeglichen werden. Keines der beiden kulturellen Muster bleibt bei diesem Vorgehen also unbeeinflußt; die Basisannahmen, Werte und Normen von erwerbender und erworbener Gesellschaft werden in eine für beide Übernahmeparteien neue Unternehmungskultur transformiert.

Im Hinblick auf die Wirkung der Strategie der Kulturanpassung gilt somit, daß die Kollisionswirkungen im engeren Sinne ceteris paribus um so geringer werden, je umfassender es der Käuferunternehmung gelingt, die bestehenden Kulturdifferenzen abzubauen – sei es durch eine ausschließliche Anpassung ihrer eigenen kulturellen Muster, eine alleinige Veränderung der Kultur des Akquisitionsobjektes oder eine

---

[58] Vgl. zu diesem Gedankengang ebenfalls MCLEAN, Acquisitions (1985), S. 44; BUONO/BOWDITCH, Human Side of Acquisitions (1989), S. 164 f.; GOMEZ/WEBER, Akquisitionsstrategie (1989), S. 76; KÖRTING, Hochzeit (1989), S. 371-376; KRYSTEK/MINKE, Strategische Allianzen (1990), S. 33 f.; MÜLLER-STEWENS, Personalwirtschaftliche Problemfelder (1991), S. 166; KRYSTEK, Akquisition (1992), S. 555-559 sowie ferner auch MATENAAR, Organisationskultur (1983), S. 26.

Umgestaltung der Kulturen beider Übernahmeparteien. Im Gegensatz zu den Strategien der Kulturbeseitigung und der Kulturtrennung ist es dem Bewertungssubjekt im Rahmen der Kulturanpassung allerdings nicht möglich, die Entstehung primärer negativer Verbundeffekte vollständig zu unterbinden und damit den Abszissenpunkt (K_3/$ZEWM_0$) der in Kapitel IV.3.1 dargestellten $ZEWM_{PNV}$-Kurve zu realisieren. Eine totale Verhinderung des Eintritts von Kollisionswirkungen im engeren Sinne ist bei der Kulturanpassung dabei deshalb nicht erreichbar, weil jede Unternehmungskultur ein über die Zeit gewachsenes, von den Beschäftigten der jeweiligen Gesellschaft internalisiertes Muster von Basisannahmen, Werten und Normen darstellt, das sich durch etwaige kulturpolitische Maßnahmen in kurzer Zeit nicht umfassend verändern läßt. Die im Rahmen der Kulturanpassung vorzunehmenden Aktivitäten müssen ihren Einfluß vielmehr erst über einen längeren Zeitraum entfalten, um allmählich die gewünschte Kulturtransformation zu erzielen. Für die Wirkungsweise der Strategie der Kulturanpassung hat dies zwei Konsequenzen:

1. Da die Käuferunternehmung durch die Kulturanpassung lediglich in der Lage ist, bestehende Kulturdifferenzen sukzessive, über einen längeren Zeitraum hinweg abzubauen, ist es ihr im Rahmen eines derartigen kulturpolitischen Vorgehens nicht möglich, den unmittelbar nach der Unternehmungsübernahme eintretenden Kulturschock bei den Mitgliedern des Akquisitionsobjektes zu verhindern. Die aufgrund dieses Kulturschocks entstehenden primären negativen Verbundeffekte bleiben von der Strategie der Kulturanpassung folglich unbeeinflußt; sie können durch eine solche Kulturpolitik nicht verringert werden.

2. Statt auf den Kulturschock richtet sich die Strategie der Kulturanpassung vielmehr ausschließlich auf den sich daran anschließenden Prozeß der Akkulturation[59]: Die Käuferunternehmung ist im Zuge einer solchen Kulturpolitik bestrebt, den Verlauf der interkulturellen Auseinandersetzung durch entsprechende Maßnahmen in eine für sie günstige Richtung zu lenken und die aus ihm resultierenden primären negativen Verbundeffekte auf diesem Wege zu verringern. Verfolgt die Erwerberin das Ziel, ihre eigene Kultur zu erhalten und statt dessen die des Akquisitionsobjektes anzupassen, wird sie folglich versuchen, eine Kultureinbringung oder Kulturassimilation auf seiten des übernommenen Betriebes zu erreichen. Sucht die Käuferunternehmung dagegen die in ihr gültigen Basisannahmen, Werte und Normen in jene des Bewertungsobjektes zu transformieren, wird sie – quasi als „spiegelbildliche Akkulturation“ – eine entsprechende Einbringung oder Assimilation ihrer eigenen Kultur anstreben. Möchte das Bewertungssubjekt sowohl das eigene als auch das fremde kulturelle Muster in Richtung auf eine gemeinsame Unternehmungskultur verändern, sind dahingehend in beiden

59 Vgl. zum Prozeß der Akkulturation auch die in Kapitel III.3.3 auf S. 62-65 und 68-72 dargestellten Zusammenhänge.

Übernahmeparteien Kultureinbringungs- oder Kulturassimilationsprozesse in Gang zu setzen.

Eine graphische Darstellung der herausgearbeiteten Wirkungsweise der Strategie der Kulturanpassung gibt Abbildung 25.

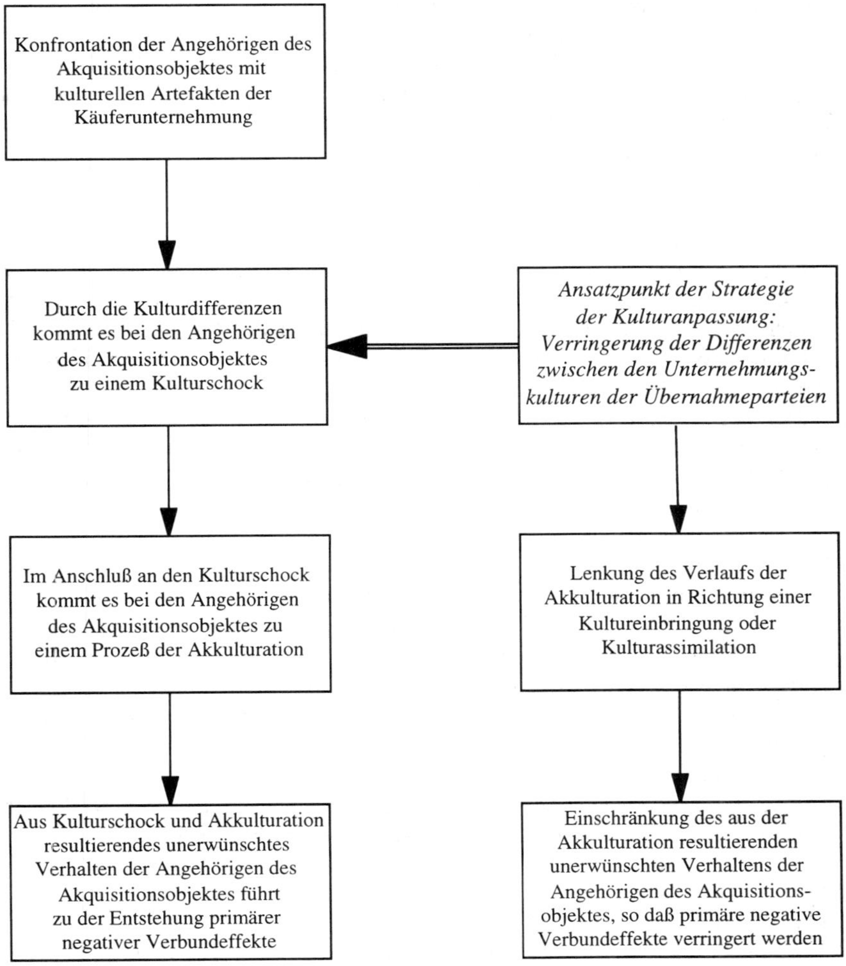

Abbildung 25: Die Wirkungsweise der Strategie der Kulturanpassung

4.3.4.2 Das Procedere der Kulturanpassung

Im vorangegangenen Kapitel wurde herausgearbeitet, daß der Abbau bestehender Kulturdifferenzen auf drei verschiedenen Wegen erfolgen kann, und zwar durch eine Anpassung der Kultur des Akquisitionsobjektes an die Basisannahmen, Werte und Normen der Erwerberin, eine Angleichung der kulturellen Gegebenheiten der Käuferunternehmung an jene der erworbenen Gesellschaft oder eine Transformation der kulturellen Muster beider Übernahmeparteien in Richtung einer für beide Betriebe neuen Unternehmungskultur. Die Strategie der Kulturanpassung geht daher notwendigerweise stets mit Maßnahmen zur Kulturveränderung einher, die sich entweder auf nur eine der Akquisitionsparteien richten oder aber sowohl die Erwerberin als auch das Übernahmeobjekt betreffen. Wie derartige Aktivitäten zur Erzielung eines kulturellen Wandels unter anderem aussehen können, soll im folgenden einer eingehenderen Betrachtung unterzogen werden:

1) Es ist der Käuferunternehmung möglich, ihrem eigenen Personal und/oder den Mitgliedern des übernommenen Betriebes die angestrebten kulturellen Muster mittels Seminaren oder ähnlichen Veranstaltungen näherzubringen.[60] Zu berücksichtigen ist dabei, daß es in derartigen Veranstaltungen nicht allein um die bloße Präsentation der für das teilnehmende Personal fremden Unternehmungskultur geht; entscheidend ist vielmehr, die Seminarteilnehmer darüber hinaus davon zu überzeugen, daß dieses System von Basisannahmen, Werten und Normen einen effizienten Lösungsmechanismus für die Bewältigung ihrer Probleme der externen Adaption und internen Integration darstellt und der von ihnen bisher getragenen Kultur überlegen ist.

2) Des weiteren kann die Erwerberin versuchen, einen Kulturwandel mit Hilfe des Einsatzes von „Kulturpromotoren" zu realisieren: Im Rahmen eines derartigen Vorgehens werden Unternehmungsangehörige, die die angestrebte Kultur internalisiert haben und – beispielsweise aufgrund ihrer Autorität oder ihres Charismas – überzeugend repräsentieren können, in Schlüsselpositionen desjenigen Betriebes gesetzt, dessen Basisannahmen, Werte und Normen verändert werden sollen. Begleitend zu ihrer Förderung von Kulturpromotoren ist es der Käuferunternehmung darüber hinaus möglich, jene Personen zu entlassen, die „Kulturopponenten" darstellen, also dem gewünschten Kulturwandel besonders ablehnend gegenüberstehen und aufgrund ihrer hierarchischen oder sozialen Stellung

60 Vgl. zur Kulturveränderung mittels Seminaren insbesondere HINTERHUBER/HOLLEIS, Verbindung von Unternehmensstrategie und Unternehmenskultur (1988), S. 13; BUONO/BOWDITCH, Human Side of Acquisitions (1989), S. 207; HINTERHUBER, Wettbewerbsstrategie (1990), S. 231; ferner auch SATHE, Implications of Corporate Culture (1983), S. 19-21; ders., Change Corporate Culture (1985), S. 248-252.

innerhalb der Gruppe der Betriebsangehörigen in der Lage sind, einen entsprechenden Einfluß auf andere Mitarbeiter auszuüben.[61]

3) Eng verwandt mit dem Einsatz von Kulturpromotoren ist der Versuch einer Kulturveränderung mittels der Einrichtung von „Integrationsteams", die aus Angehörigen sowohl des Akquisitionsobjektes als auch der Käuferunternehmung bestehen. Das Ziel einer derartigen Gruppenbildung besteht dabei zunächst darin, innerhalb des Teams entweder eine einseitige Vermittlung der Basisannahmen, Werte und Normen einer der Übernahmeparteien zu erreichen oder aber Ansätze einer für beide Gesellschaften neuen Unternehmungskultur gemeinsam zu entwickeln.[62] Die dabei erarbeiteten Ergebnisse sollen die Teammitglieder in ihre jeweilige Unternehmung hineintragen und vor den dort Beschäftigten überzeugend repräsentieren. Wie im Falle der Kulturpromotoren ist es also auch bei diesem Vorgehen notwendig, daß es sich bei den Teammitgliedern um solche Betriebsangehörige handelt, die eine herausgehobene hierarchische oder soziale Stellung in der Unternehmung innehaben und dadurch in der Lage sind, andere Mitarbeiter entsprechend zu beeinflussen.

4) Nicht zuletzt ist es der Käuferunternehmung ebenfalls möglich, eine Kulturveränderung mit Hilfe entsprechender Sanktionssysteme zu erzielen: Dabei wird sie versuchen, mit der angestrebten Unternehmungskultur konformes Verhalten des Personals durch positive Sanktionen materieller oder immaterieller Art zu unterstützen, wogegen der Wunschkultur zuwiderlaufende Aktivitäten der Betriebsangehörigen entsprechende negative Reaktionen – wie Gehaltskürzungen, Versetzungen oder Entlassungen – nach sich ziehen werden.[63]

---

61 Vgl. SILVERZWEIG/ALLEN, Corporate Culture (1976), S. 39 und 43; SCHWARTZ/DAVIS, Matching Culture and Strategy (1981), S. 44; TRICE/BEYER, Organizational Rites (1985), S. 381; BLEICHER, Strukturen und Kulturen der Organisation (1986), S. 104 f.; HINTERHUBER/HOLLEIS, Verbindung von Unternehmensstrategie und Unternehmenskultur (1988), S. 14; HOFFMANN, Gestaltung von Unternehmungskulturen (1989), S. 172; HINTERHUBER, Wettbewerbsstrategie (1990), S. 232; KRYSTEK/MINKE, Strategische Allianzen (1990), S. 33; KRYSTEK, Akquisition (1992), S. 557.

62 Vgl. zur Kulturveränderung mit Hilfe von Integrationsteams insbesondere BLEICHER, Strukturen und Kulturen der Organisation (1986), S. 105; BUONO/BOWDITCH, Human Side of Acquisitions (1989), S. 213 f. und 216 f.; KRYSTEK/MINKE, Strategische Allianzen (1990), S. 34; KRYSTEK, Akquisition (1992), S. 558; ferner auch SILVERZWEIG/ALLEN, Corporate Culture (1976), S. 43 sowie TRICE/BEYER, Organizational Rites (1985), S. 385-387.

63 Vgl. zu einem derartigen Vorgehen SETHIA/VON GLINOW, Managing the Reward System (1985), S. 406-408; TRICE/BEYER, Organizational Rites (1985), S. 380-382; BLEICHER, Strukturen und Kulturen der Organisation (1986), S. 105; HINTERHUBER/HOLLEIS, Verbindung von Unternehmensstrategie und Unternehmenskultur (1988), S. 13 f.; HOFFMANN, Gestaltung von Unternehmungskulturen (1989), S. 172; HINTERHUBER, Wettbewerbsstrategie (1990), S. 231 f.; KRYSTEK/MINKE, Strategische Allianzen (1990), S. 34; MÜLLER-STEWENS, Personalwirtschaftliche Problemfelder (1991), S. 166; KRYSTEK, Akquisition (1992), S. 557.

Eine graphische Veranschaulichung der Vorgehensweise der Strategie der Kulturanpassung – auf deren sekundäre negative Verbundeffekte später in Kapitel IV.5. eingegangen wird – gibt Abbildung 26. Die unterschiedlichen Schraffuren symbolisieren dabei die in den beiden Übernahmeparteien jeweils gültigen kulturellen Muster.

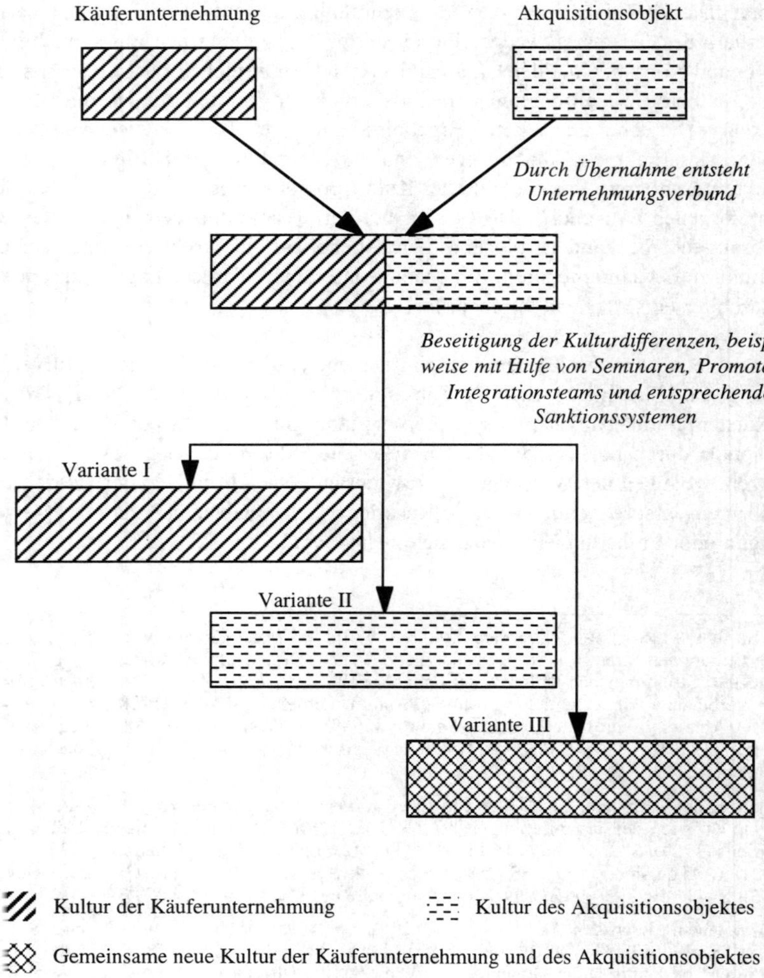

Abbildung 26: Das Procedere der Strategie der Kulturanpassung

Problematisch sind die gezeigten Maßnahmen zur Erzielung eines Kulturwandels insofern, als im Vorfeld nicht genau absehbar ist, ob sie in der betreffenden Übernahmesituation tatsächlich eine Veränderung der Basisannahmen, Werte und Normen der betroffenen Unternehmungsangehörigen herbeiführen können; darüber hinaus herrscht Unklarheit dahingehend, über welchen Zeitraum sich eine etwaige Kulturtransformation erstrecken wird. So kann sich die Erwerberin im Rahmen der Strategie der Kulturanpassung beispielsweise der Schwierigkeit gegenübersehen, beurteilen zu müssen, ob die durch Seminare oder Promotoren vermittelten und durch Sanktionssysteme geförderten Wertvorstellungen von den Beschäftigten tatsächlich internalisiert werden oder ein entsprechendes kulturkonformes Verhalten vielmehr lediglich auf einer opportunistischen Haltung des Personals basiert.[64] Für den Bewertungsgutachter birgt die geschilderte Problematik damit die Konsequenz, daß die zur Abschätzung des Verlaufes der $ZEWM_{PNV}$-Kurve notwendige Beurteilung der durch die Kulturanpassungsstrategie zukünftig erzielbaren Verringerungen der primären negativen Verbundeffekte ebenfalls mit erheblichen Schwierigkeiten verbunden ist. Die Prognose der mittels eines derartigen kulturpolitischen Vorgehens realisierbaren Beeinträchtigungen der Kollisionswirkungen im engeren Sinne wird daher in aller Regel nur im Rahmen größerer Bandbreiten möglich sein.

4.3.5 Kombinationsstrategien der Kulturpolitik

Neben den gezeigten Grundstrategien der Kulturbeseitigung, der Kulturtrennung und der Kulturanpassung ist es der Käuferunternehmung ebenfalls möglich, eine Kulturpolitik zu betreiben, die eine Kombination dieser drei Vorgehensweisen darstellt. Es kommt in einem solchen Fall folglich nicht zu der Beeinflussung lediglich einer der drei Determinanten der primären negativen Verbundeffekte, sondern zu der parallelen oder sukzessiven Einwirkung auf mehrere dieser Einflußfaktoren. Grundsätzlich stehen der akquirierenden Gesellschaft vier verschiedene Kombinationsstrategien offen:

1) Es ist der Erwerberin möglich, gleichzeitig sowohl eine Strategie der Kulturbeseitigung als auch der Kulturanpassung zu betreiben: Vollzieht sie eine Kulturbeseitigung, ohne dabei das gesamte bisherige Personal zu entlassen, kann sie parallel zu diesem Schritt versuchen, die Kulturdifferenzen zwischen ihren eigenen Beschäftigten und den verbleibenden Mitgliedern des Akquisitionsobjektes mittels

64 Vgl. im Hinblick auf diese Problematik jeglicher Maßnahmen zur Kulturveränderung ULRICH, Systemsteuerung (1984), S. 317 f.; ALLEN, Phases for Bringing About Cultural Change (1985), S. 346-348; WILKINS/PATTERSON, Culture-Change Projects (1985), S. 268-271; HEINEN/DILL, Unternehmenskultur aus betriebswirtschaftlicher Sicht (1986), S. 212 f.; KRYSTEK, Akquisition (1992), S. 555.

einer Strategie der Kulturanpassung zu reduzieren. Nicht sinnvoll ist dagegen eine derartige Ergänzung der Kulturbeseitigung um eine Strategie der Kulturtrennung, stellt doch die Entlassung eines Großteils der Belegschaft des Übernahmeobjektes einen erheblichen Eingriff in dessen Gegebenheiten dar, der der Wirkungsweise der Kulturtrennung vollständig zuwiderläuft.

2) Des weiteren steht es der Käuferunternehmung ebenfalls offen, gleichzeitig eine Strategie der Kulturtrennung und der Kulturanpassung zu verfolgen. Im Rahmen einer derartigen Vorgehensweise ist sie bestrebt, die Kulturen beider Übernahmeparteien soweit als möglich voneinander unbeeinflußt zu belassen; in jenen kulturellen Bereichen aber, in denen dies nicht realisierbar ist, wie beispielsweise in bezug auf Fragen der gemeinsamen Mission und der Ziele des Unternehmungsverbundes, versucht die Erwerberin, bestehende Differenzen mittels einer Strategie der Kulturanpassung abzubauen.

3) Darüber hinaus ist es der akquirierenden Gesellschaft möglich, statt der gezeigten gleichzeitigen Vollziehung der Kulturtrennung und der Kulturanpassung einen sukzessiven Einsatz dieser beiden kulturpolitischen Strategien vorzunehmen: So kann sie nach dem erfolgten Unternehmungserwerb zunächst eine umfassende Kulturtrennung zur Vermeidung des Kulturschocks vornehmen, die über die Zeit schrittweise abgebaut und durch eine entsprechende Kulturanpassung substituiert wird.

4) Handelt es sich bei dem Übernahmeobjekt um eine Gesellschaft, die sich aus mehreren räumlich und organisatorisch voneinander getrennten Teilbetrieben zusammensetzt, steht es der Erwerberin nicht zuletzt auch offen, parallel in jedem dieser isolierten Unternehmungsbereiche eine eigenständige kulturpolitische Strategie zu verfolgen. Weist der zu akquirierende Betrieb beispielsweise eine dreigeteilte Struktur auf, kann das Bewertungssubjekt gleichzeitig in jeweils einem dieser Bereiche eine Kulturbeseitigung, eine Kulturtrennung und eine Kulturanpassung betreiben.

Einen graphischen Überblick über die möglichen kulturpolitischen Kombinationsstrategien gibt Abbildung 27 auf der Folgeseite.

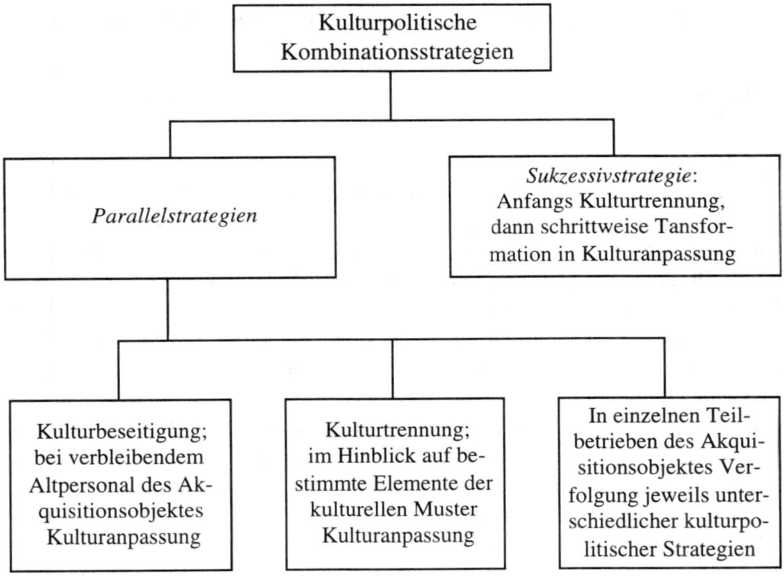

Abbildung 27: Die Kombinationsstrategien der Kulturpolitik

5. Die Abschätzung der sekundären negativen Verbundeffekte

5.1 Die Notwendigkeit einer Analyse der Kulturpolitik

Es wurde bereits in Kapitel IV.2 gezeigt, daß die von dem Bewertungssubjekt durchführbaren kulturpolitischen Maßnahmen im Grundsatz sowohl Vor- als auch Nachteile aufweisen: Zum einen ermöglichen sie es, die aus dem Kulturzusammentreffen resultierenden primären negativen Verbundeffekte entweder vollständig zu beseitigen oder ihr Ausmaß zumindest zu verringern; zum anderen verursachen sie selbst Zukunftserfolgswertminderungen in Form von sekundären negativen Verbundeffekten, die auch als „Kollisionswirkungen im weiteren Sinne" bezeichnet werden können. Hat sich der Bewertungsgutachter ein Bild über den Verlauf der $ZEWM_{PNV}$-Kurve gemacht, muß er daher – wie in Kapitel IV.3 dargestellt – im Anschluß daran versuchen, die Lage der $ZEWM_{SNV}$-Kurve abzuschätzen, um durch die Aggregation der jeweiligen Werte beider Kurven letztendlich Aufschluß über die Gestalt der $ZEWM_{ANV}$-Kurve zu erlangen. War der Gutachter also zunächst bestrebt, die Höhe der primären negativen Verbundeffekte in Abhängigkeit von der jeweiligen Kulturpolitik der Käuferunternehmung zu prognostizieren, sucht er nun zu beurteilen, mit welchem Ausmaß an sekundären negativen Verbundeffekten die von seinem Mandanten realisierbaren kulturpolitischen Aktivitätskombinationen im einzelnen einhergehen werden.

Stehen dem Bewertungssubjekt zum Teil mehrere kulturpolitische Vorgehensweisen offen, die eine jeweils gleich große Reduzierung der Kollisionswirkungen im engeren Sinne versprechen, hat der Gutachter in einem solchen Fall das *effiziente* Maßnahmenbündel unter diesen unterschiedlichen Möglichkeiten zu identifizieren, also diejenige Aktivitätskombination, die die Verringerung der primären negativen Verbundeffekte mit den geringsten Kollisionswirkungen im weiteren Sinne zu verwirklichen vermag: Nur diese Alternative findet dann eine entsprechende Berücksichtigung bei der Abschätzung der $ZEWM_{SNV}$-Kurve, sind doch die von ihr dominierten anderen kulturpolitischen Vorgehensweisen für die weiteren Entscheidungen der Käuferunternehmung nicht von Bedeutung.

Mit welchen sekundären negativen Verbundeffekten die einzelnen kulturpolitischen Maßnahmen der Erwerberin einhergehen können, soll im folgenden genauer herausgearbeitet werden. Die Analyse erfolgt dabei differenziert nach den Grundstrategien der Kulturpolitik, da jede dieser drei Vorgehensweisen auf einem anderen Wege zu Kollisionswirkungen im weiteren Sinne führt.

5.2 Die sekundären negativen Verbundeffekte aufgrund der kulturpolitischen Strategien

5.2.1 Die Verbundeffekte aufgrund der Kulturbeseitigung

Verfolgt die Käuferunternehmung eine Strategie der Kulturbeseitigung, lassen sich zwei verschiedene Schritte im Rahmen einer solchen Kulturpolitik differenzieren, die die Ursache diverser sekundärer negativer Verbundeffekte darstellen: Erstens resultieren derartige Kollisionswirkungen im weiteren Sinne aus der Entlassung der bisherigen Mitglieder des Akquisitionsobjektes; zweitens ergeben sie sich aus der entsprechenden Einstellung neuen Personals. Welche Wirkungszusammenhänge dabei zum Tragen kommen, soll im weiteren eingehender betrachtet werden.

Trennt sich die Erwerberin von den Angehörigen des übernommenen Betriebes, kann dieser Vorgang kumulativ auf insgesamt sechs verschiedenen Wegen zu der Entstehung sekundärer negativer Verbundeffekte führen. Sucht der Bewertungsgutachter das Gesamtausmaß der Kollisionswirkungen im weiteren Sinne abzuschätzen, muß er folglich jede der sechs möglichen Quellen auf die zukünftige Entstehung derartiger Synergiewirkungen abprüfen:

1) Die Käuferunternehmung kann gezwungen sein, Zahlungen an das von ihr entlassene Personal der akquirierten Unternehmung zu leisten, beispielsweise in Form von individuell ausgehandelten Abfindungen oder im Rahmen eines von ihr aufzustellenden Sozialplanes[65]. Das genaue Ausmaß dieser Erfolgsbeeinträchtigung ist dabei abhängig von den jeweiligen arbeitsrechtlichen Bestimmungen des Sitzlandes des Übernahmeobjektes, der sozialen Struktur seiner Belegschaft sowie der absoluten Zahl der in ihm beschäftigten Personen. Ist die Rechtslage eindeutig, wird der Bewertungsgutachter die Höhe derartiger Beeinträchtigungen der Zahlungsüberschüsse vergleichsweise genau prognostizieren können; als schwieriger stellt sich die Abschätzung dieser sekundären negativen Verbundeffekte dagegen dar, wenn – beispielsweise im Falle eines im Ausland sitzenden Übernahmeobjektes – juristische Unklarheiten bestehen und sich die Käuferunternehmung daher der Gefahr gerichtlicher Auseinandersetzungen mit einem für sie ungewissen Ausgang gegenübersieht.

---

[65] So kann es im Rahmen eines Sozialplanes zur Gewährung von Überbrückungsgeldern zur Ergänzung des Arbeitslosengeldes oder als Lohnausgleich kommen, sofern der Entlassene auf einem neuen Arbeitsplatz ein geringeres Einkommen als bisher verdient; des weiteren ist es beispielsweise möglich, daß eine derartige Einigung zwischen Arbeitgeber und Betriebsrat die Leistung von Entlassungsabfindungen oder die Übernahme von Umschulungskosten zum Gegenstand hat. Zu beachten ist in diesem Zusammenhang, daß die Regelungen des Sozialplanes grundsätzlich keine leitenden Angestellten betreffen. Eine eingehende Darstellung der rechtlichen Grundlagen und der möglichen Inhalte des Sozialplanes findet sich bei SORG, Sozialplan (1992), Sp. 2089-2098.

2) Des weiteren sind Minderungen des aus dem akquirierten Betrieb fließenden Zahlungsstromes auch insofern möglich, als es aufgrund der Entlassung seines bisherigen Personals zu einem entsprechenden Abfluß von Wissen und Fähigkeiten kommt.[66] So haben insbesondere die Führungskräfte dieser Gesellschaft über die Zeit ihrer Unternehmungszugehörigkeit beispielsweise spezielle Kenntnisse gesammelt im Hinblick auf die Prozesse der Leistungserstellung ihres Betriebes und die Gegebenheiten, denen er sich an den Beschaffungs- und Absatzmärkten gegenübersieht; darüber hinaus war es auch allen anderen Beschäftigten während ihrer Tätigkeit im Übernahmeobjekt möglich, Lerneffekte[67] im Rahmen ihrer jeweiligen Aufgabenerfüllung zu erzielen. Für den Bewertungsgutachter wird das Ausmaß der aus einem solchen Verlust an Fähigkeiten und Kenntnissen resultierenden Erfolgsminderungen in aller Regel nur innerhalb größerer Bandbreiten abschätzbar sein; zu beachten ist dabei, daß sich derartige sekundäre negative Verbundeffekte ceteris paribus tendenziell als um so größer darstellen werden, je länger die Arbeitnehmer von der akquirierten Gesellschaft jeweils beschäftigt wurden.

3) Darüber hinaus kann der zukünftige Erfolg der übernommenen Unternehmung auch dadurch beeinträchtigt werden, daß die Entlassung ihrer bisherigen Beschäftigten mit einem Verlust zahlreicher Kundenkontakte einhergeht: So stellt sich im Rahmen dauerhafter Geschäftsbeziehungen unter Umständen ein Vertrauensverhältnis zwischen den Abnehmern des Betriebes und den mit ihnen jeweils kommunizierenden Unternehmungsangehörigen[68] ein; es kann dazu führen, daß ein Teil oder die Gesamtheit der Kunden des Akquisitionsobjektes ihren entlassenen Ansprechpartnern zu deren neuen Arbeitgebern folgen, falls diese denselben relevanten Markt wie die übernommene Gesellschaft bedienen und somit in Konkurrenz zu ihr stehen.[69] Auch die Höhe der aufgrund eines solchen Verlustes an Kundenkontakten entstehenden Zahlungsstromminderungen wird von dem Bewertungsgutachter meist nur im Rahmen größerer Bandbreiten prognostiziert werden können. Berücksichtigen sollte er bei der Abschätzung derartiger Kolli-

---

66 Vgl. hierzu auch PRITCHETT, Managing the Shockwaves (1985), S. 87.

67 Vgl. zum Zusammenhang zwischen Lernprozessen und Produktivitätssteigerungen insbesondere MOCHTY, Industrielle Produktion (1996), Sp. 1074-1085; ADAM, Produktions-Management (1997), S. 479-482.

68 In einem solchen Kundenkontakt werden dabei in aller Regel Mitarbeiter stehen, die im Vertriebsbereich der Gesellschaft tätig sind. Dennoch ist es auch denkbar, daß Beschäftigte anderer Abteilungen in längerfristige Kommunikationsbeziehungen zu Abnehmern eintreten. Als Beispiel sei hier die dauerhafte Zusammenarbeit zwischen Kunden und der Forschungs- und Entwicklungsabteilung der Unternehmung genannt, die das Ziel verfolgt, auf die speziellen Wünsche der Nachfrager zugeschnittene Innovationen zu realisieren.

69 Vgl. hierzu auch PRITCHETT, Managing the Shockwaves (1985), S. 87, der zu Recht darauf hinweist, daß sich derartige Kontaktverluste nicht allein auf die Kundschaft beschränken müssen, sondern beispielsweise auch politische Entscheidungsträger oder Lieferanten betreffen können.

sionswirkungen im weiteren Sinne, daß sie ceteris paribus tendenziell um so höher ausfallen werden, je länger die vorhandenen Geschäftsbeziehungen bereits bestehen und je schlechter die Abnehmer die Qualität der von dem Übernahmeobjekt angebotenen Güter einschätzen können. Letzterer Punkt ist dabei insofern von Bedeutung, als die Kunden auf ihr Vertrauen gegenüber ihren Ansprechpartnern in der Unternehmung um so mehr angewiesen sind, je schwieriger ihnen die abschließende Beurteilung der Eigenschaften der von ihnen nachgefragten Leistungen fällt.[70]

4) Nimmt die Erwerberin im Rahmen ihrer Strategie der Kulturbeseitigung keine Entlassung des gesamten Personals vor, da sie einen Teil der Angehörigen des Übernahmeobjektes auch weiterhin beschäftigen möchte, kann es durch ihre tiefen Eingriffe in die Gegebenheiten des akquirierten Betriebes bei dessen verbleibenden Mitarbeitern zu erheblichen Motivationsverlusten und Widerständen kommen.[71] Das Ausmaß der daraus resultierenden Beeinträchtigungen des zukünftigen Zahlungsstromes wird dabei ceteris paribus tendenziell um so größer sein, je mehr Altpersonal die Käuferunternehmung in der übernommenen Gesellschaft beläßt und je umfangreicher diese Mitarbeiter an der Zielerreichung des Bewertungssubjektes mitwirken.

5) Eine weitere Quelle sekundärer negativer Verbundeffekte kann die mit der Entlassung des Personals bezweckte Beseitigung der in dem akquirierten Betrieb bislang gültigen Basisannahmen, Werte und Normen selbst sein: Besaß das Übernahmeobjekt eine Unternehmungskultur, die effektivere Lösungsmechanismen zur Bewältigung der Probleme der externen Adaption und internen Integration aufwies als die seiner Konkurrenten, verliert es diesen Wettbewerbsvorteil aufgrund des Exodus seiner Beschäftigten.[72] Indiz für einen derartigen kulturbedingten Konkurrenzvorteil können dauerhaft höhere Erfolge sein, die das Übernahmeobjekt in der Vergangenheit gegenüber seinen Wettbewerbern unter sonst gleichen Bedingungen erzielt hat. Nichtsdestotrotz wird der Bewertungsgutachter die aus der Beseitigung einer überlegenen Unternehmungskultur resultierenden zukünftigen Erfolgsminderungen allerdings nur innerhalb größerer Bandbreiten prognostizieren können.

---

[70] Derartige, in bezug auf ihre Qualität vom Nachfrager nicht abschließend beurteilbare Güter werden im Rahmen der Neuen Institutionenökonomie daher als „Vertrauensgüter" bezeichnet. Als Beispiele für ein derartiges Vertrauensgut können die Leistung eines Steuerberaters oder die Reparatur von Kraftfahrzeugen angeführt werden. Vgl. hierzu insbesondere DARBY/KARNI, Optimal Amount of Fraud (1973), S. 67-88; KAAS, Informations- und Unsicherheitsprobleme im Markt (1990), S. 543; ders., Institutionenökonomische Theorie des Konsumentenverhaltens (1994), S. 248 f.

[71] Vgl. auch PRITCHETT, Managing the Shockwaves (1985), S. 87 f.

[72] Vgl. hierzu ebenfalls PRITCHETT, Managing the Shockwaves (1985), S. 88.

6) Nicht zuletzt ist es ebenfalls möglich, daß die von der Käuferunternehmung vollzogenen Entlassungen des Personals des Akquisitionsobjektes eine Schädigung ihres Bildes in der Öffentlichkeit verursachen, die sich in einer entsprechenden Verschlechterung ihrer Position an den Absatzmärkten niederschlägt.[73] Die damit einhergehenden Beeinträchtigungen der Zukunftserfolge des durch die Übernahme entstehenden Unternehmungsverbundes werden sich dabei ceteris paribus tendenziell als um so gravierender darstellen, je mehr Menschen aufgrund der Kulturpolitik der Erwerberin ihren bisherigen Arbeitsplatz verlieren und je stärker die davon Notiz nehmende Öffentlichkeit mit dem Kundenkreis des Unternehmungsverbundes deckungsgleich ist. Eine derartige Identität zwischen den von den Entlassungen Kenntnis erlangenden Personen und den Abnehmern des Unternehmungsverbundes ist in diesem Zusammenhang insofern von Bedeutung, als das Bewertungssubjekt keinerlei Umsatzeinbußen befürchten muß, wenn sich sein Bild innerhalb eines Personenkreises verschlechtert, der keine Absatzmarktpartner dieser Gesellschaft beinhaltet.[74]

Die sich im Rahmen der Kulturbeseitigungsstrategie an die Entlassungen des Altpersonals anschließenden Einstellungen neuer Beschäftigter können kumulativ auf zwei verschiedenen Wegen zu dem Auftreten von Kollisionswirkungen im weiteren Sinne führen. Strebt der Bewertungsgutachter danach, die gesamten, durch die Kulturpolitik ausgelösten sekundären negativen Verbundeffekte zu prognostizieren, muß er – neben den bereits geschilderten, aus dem Exodus der bisherigen Angehörigen des Akquisitionsobjektes resultierenden möglichen Zahlungsstromminderungen – auch diese Quellen zukünftiger Erfolgsbeeinträchtigungen entsprechend berücksichtigen:

1) Aus den vorzunehmenden Neueinstellungen ergeben sich insofern sekundäre negative Verbundeffekte, als die Beschaffung von Arbeitskräften mit Suchkosten einhergeht, die die aus dem Übernahmeobjekt zu erzielenden Zahlungsüberschüsse entsprechend verringern. Als Beispiele derartiger Suchkosten können die von der Käuferunternehmung zu leistenden Entgelte für die Veröffentlichung von Stellenanzeigen oder die Aufwendungen für die Durchführung von Auswahlseminaren angeführt werden. Die Gesamthöhe dieser zukünftigen Erfolgsbe-

---

73 Vgl. auch PRITCHETT, Managing the Shockwaves (1985), S. 88. Strenggenommen kann eine derartige Negativentwicklung des Rufes der Käuferunternehmung nicht nur ihren Güterabsatz beeinträchtigen, sondern unter Umständen auch auf andere Bereiche ausstrahlen: Denkbar ist beispielsweise auch, daß sich durch die umfangreichen Entlassungen die Stellung der Erwerberin an den Arbeitsmärkten verschlechtert.

74 So wird beispielsweise ein Bewertungssubjekt in aller Regel keine Absatzprobleme aufgrund einer Rufschädigung zu befürchten haben, wenn es einen kanadischen Zuliefererbetrieb erwirbt und dort aufgrund einer Strategie der Kulturbeseitigung Massenentlassungen vornimmt, die von dem Unternehmungsverbund produzierten Güter aber ausschließlich in Ländern Osteuropas vermarktet werden.

einträchtigungen wird der Bewertungsgutachter in der Regel vergleichsweise genau abschätzen können, da die Käuferunternehmung in der Lage ist, ihre Vorgehensweise der Personalsuche bereits im Vorfeld festzulegen, und sie sich meist auch ein Bild über die mit diesen Aktivitäten verbundenen Aufwendungen machen kann – wie beispielsweise durch ihre Erfahrungen aus früheren Einstellungsvorgängen oder mittels der Analyse der am Markt geltenden Preise bestimmter Suchmaßnahmen.

2) Hat das Bewertungssubjekt die gewünschte Anzahl von Beschäftigten eingestellt, müssen die Mitglieder der Käuferunternehmung diese Neuzugänge mit ihren zukünftigen Aufgabenstellungen und Tätigkeitsbereichen vertraut machen, ihnen die in dem Unternehmungsverbund bestehenden Strukturen und Prozesse vermitteln und sie über die gültigen Basisannahmen, Werte und Normen ins Bild setzen, um eine entsprechende Sozialisation zu erreichen. Die Notwendigkeit einer derartigen Einarbeitung des hinzugekommenen Personals in die Gegebenheiten ihres zukünftigen Wirkungskreises kann dabei insofern zu sekundären negativen Verbundeffekten führen, als die Angehörigen der Erwerberin durch sie eine zusätzliche Belastung erfahren, die sich – unter der Annahme einer in der Käuferunternehmung herrschenden Vollbeschäftigung – beispielsweise niederschlagen kann in einer geringeren Produktivität oder zu bezahlenden Überstunden dieser Arbeitskräfte. Derartige Beeinträchtigungen des in der Zukunft zu erzielenden Zahlungsstromes werden sich dabei ceteris paribus tendenziell als um so umfangreicher darstellen, je höher der Grad an Erklärungsbedürftigkeit ist, den die von dem neuen Personal zu bewältigenden Problemstellungen aufweisen.

Einen graphischen Überblick über die herausgearbeiteten Quellen sekundärer negativer Verbundeffekte im Rahmen der Strategie der Kulturbeseitigung gibt auf der Folgeseite Abbildung 28.

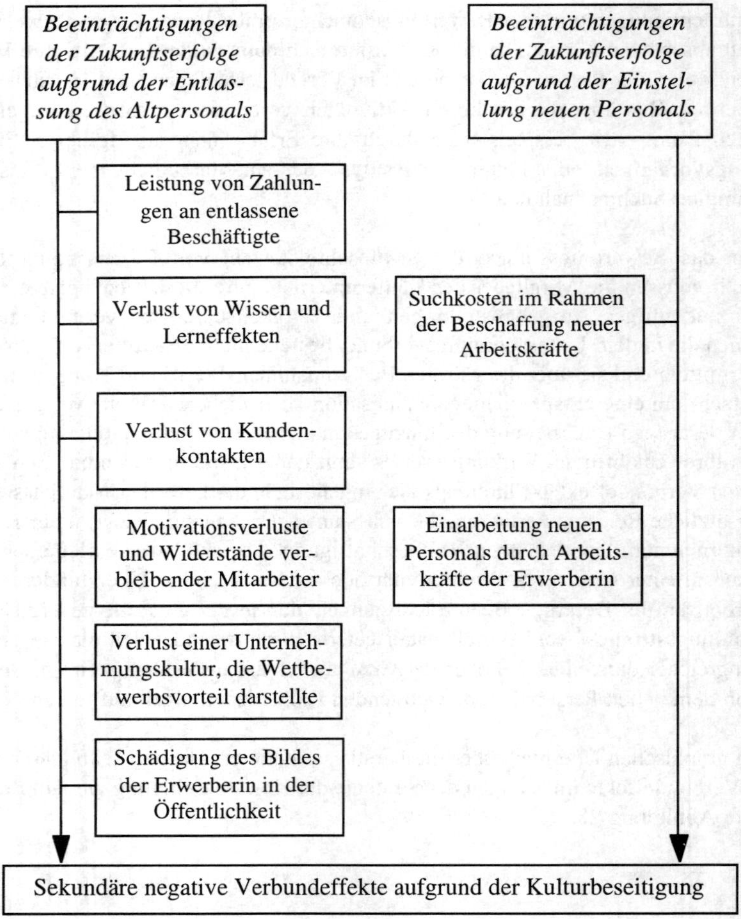

Abbildung 28: Die Quellen sekundärer negativer Verbundeffekte im Rahmen der Strategie der Kulturbeseitigung

5.2.2 Die Verbundeffekte aufgrund der Kulturtrennung

Sucht die akquirierende Gesellschaft den im Rahmen der Unternehmungsübernahme entstehenden primären negativen Verbundeffekten mittels einer Strategie der Kulturtrennung zu begegnen, vermeidet sie die gezeigten, im Rahmen einer Kulturbeseitigung auftretenden Zukunftserfolgsminderungen: So kommt es bei der Kulturtrennung weder zu einer Entlassung der Beschäftigten des Akquisitionsobjektes noch zu der Notwendigkeit der Einstellung neuen Personals; die mit diesen Vorgängen einhergehenden sekundären negativen Verbundeffekte unterbleiben damit entsprechend. Nichtsdestotrotz kann sich die Erwerberin auch aufgrund einer Kulturpolitik in Form einer Kulturtrennung erheblichen Kollisionswirkungen im weiteren Sinne gegenübersehen. Die im Zuge einer solchen Strategie auftretenden Erfolgsbeeinträchtigungen können sich dabei kumulativ auf drei verschiedenen Wegen entwikkeln; strebt der Bewertungsgutachter danach, das Gesamtausmaß der sekundären negativen Verbundeffekte zu prognostizieren, muß er sein Augenmerk entsprechend auf jeden dieser möglichen Entstehungspfade richten:

1) Verfolgt die Käuferunternehmung mit ihrem Akquisitionsvorhaben das Ziel, zusammen mit dem übernommenen Betrieb positive Synergiewirkungen zu realisieren, ist sie im Rahmen der Strategie der Kulturtrennung gezwungen, davon in mehr oder minder großem Umfang Abstand zu nehmen.[75] So wird die Erwerberin – je nach Intensität der von ihr angestrebten Kulturtrennung – vollständig oder zumindest teilweise auf diejenigen Verbundvorteile verzichten müssen, deren Verwirklichung entsprechende Eingriffe in die Gegebenheiten des Übernahmeobjektes voraussetzt. Dem Bewertungssubjekt entgehen auf diese Weise Zahlungsstrombestandteile in Form von synergiebedingten Erlöserhöhungen und/oder Kostenreduktionen, so daß diese unterlassene Erfolgsrealisation als eine mit der Strategie der Kulturtrennung einhergehende Kollisionswirkung im weiteren Sinne zu interpretieren ist. Als ein Beispiel für positive Verbundeffekte, auf die die Käuferunternehmung im Rahmen ihrer Kulturpolitik verzichten muß, können jene Kostensenkungen angeführt werden, die sich aus der Zusammenlegung und Zentralisation einzelner Bereiche der Übernahmeparteien, wie der Beschaffung, der Fertigung oder dem Absatz, ergäben. Realisierbar bleiben für das Bewertungssubjekt trotz einer Strategie der Kulturtrennung allerdings nach wie vor jene Synergievorteile, die auch ohne größere Eingriffe in das Akquisitionsobjekt erzielt werden können. Zu nennen ist in diesem Zusammenhang beispielsweise die – bereits in Kapitel III.1.3 erläuterte – Möglichkeit, zyklisch schwankende Einkommensströme der akquirierten und akquirierenden Gesellschaft gegenseitig zu kompensieren, falls die jeweiligen Absatzentwicklungen beider Übernahmeparteien verschiedenen saisonalen oder konjunkturellen Rhythmen unterworfen sind. Ein weiteres Beispiel für die von der Strategie der Kulturtrennung unbeeinträchtigt bleibenden Verbundvorteile stellt eine mit der Akquisition einhergehende, aus dem gewachsenen Unternehmungsumfang resultierende gestiegene Kreditwürdigkeit beider Übernahmeparteien dar, die sie in die Lage versetzt, an den Finanzmärkten Fremdkapital zu besseren Konditionen aufzunehmen, als es ihnen vor dem Zusammenschluß möglich war.

---

75 Vgl. ferner auch FREUND, Integration übernommener Unternehmen (1991), S. 496.

2) Darüber hinaus muß die Erwerberin im Rahmen der mit der Strategie der Kulturtrennung einhergehenden Vermeidung von Eingriffen in den übernommenen Betrieb verstärkt auch von solchen Maßnahmen Abstand nehmen, die die Steigerung des Einzelerfolges des Akquisitionsobjektes zum Ziel haben. Ebenso wie im Falle des bereits dargestellten Verzichts auf die Nutzung von Synergiepotentialen entgehen dem Bewertungssubjekt auch auf diese Weise Zahlungsstrombestandteile, da mögliche Verbesserungen der Erlöse und Senkungen der Kosten der erworbenen Gesellschaft aufgrund der Unterlassung der dafür notwendigen Eingriffe nicht verwirklicht werden können. Die dadurch nicht realisierten Erfolgselemente sind folglich ebenfalls als mit der Strategie der Kulturtrennung einhergehende sekundäre negative Verbundeffekte anzusehen. Als Beispiel für eine derartige Unterlassung einzelerfolgssteigernder Eingriffe in die Gegebenheiten des Akquisitionsobjektes kann der Verzicht auf eine Rechtsformänderung sein: Ausgegangen werden soll von einem Bewertungssubjekt, das eine zum Verkauf stehende Aktiengesellschaft im Anschluß an die erfolgte Übernahme in eine Personenhandelsgesellschaft umzuwandeln plant, um auf diese Weise die in der Zukunft anfallenden Kosten für die Prüfung und Veröffentlichung von Jahresabschluß und Lagebericht sowie die Vergütungen der Aufsichtsratsmitglieder einzusparen. Strebt die Käuferunternehmung danach, eine Strategie der Kulturtrennung zu verfolgen, wird sie in aller Regel Abstand von einem derartigen Rechtsformwechsel nehmen müssen, da er unter anderem mit erheblichen Einschränkungen der Mitbestimmungsmöglichkeiten der Arbeitnehmer des Bewertungsobjektes einhergeht. Die der Erwerberin dadurch entgehenden Kostenreduktionen stellen aus der Kulturpolitik resultierende Beeinträchtigungen der Zukunftserfolge dar, so daß der Bewertungsgutachter sie im Rahmen seiner Abschätzung des Gesamtausmaßes der sekundären negativen Verbundeffekte entsprechend zu berücksichtigen hat.

3) In Kapitel II.1.4 wurde bereits dargestellt, daß sich der Zukunftserfolgswert im Falle einer Fortführungsabsicht des präsumtiven Käufers im Grundsatz aus der Diskontierung zweier Zahlungsströme ergibt: Zum einen sind dies jene Überschüsse, die sich aus dem *betriebsnotwendigen* Vermögen des Bewertungsobjektes ergeben, und zwar sowohl aus dem unternehmerischen Zusammenwirken dieser Positionen als auch – im Falle einer geplanten zukünftigen Einstellung der betrieblichen Tätigkeit der übernommenen Gesellschaft – aus ihrer sich daran anschließenden Liquidation. Zum anderen gehen jene Zahlungsüberschüsse in die Wertfindung ein, die das Bewertungssubjekt durch eine Veräußerung des *nicht betriebsnotwendigen* Vermögens des Akquisitionsobjektes zu erzielen hofft, falls dieses im Besitz derartiger Aktiva ist. Der Zukunftserfolgswert ZEW der zu übernehmenden Gesellschaft ergibt sich im Falle einer endlichen Lebensdauer des Bewertungsobjektes über die Perioden $t = (1, ..., T)$, einer Liquidation des nicht betriebsnotwendigen Vermögens über die Perioden $t = (1, ..., N)$, einem Kal-

kulationszinsfuß i, Zahlungsüberschüssen aufgrund des betriebsnotwendigen Vermögens in der Periode t in Höhe von e_t^{bnV} und Zahlungsüberschüssen aufgrund des nicht betriebsnotwendigen Vermögens in der Periode t in Höhe von e_t^{nbnV} folglich aus:

$$ZEW = \sum_{t=1}^{T} e_t^{bnV} \cdot (1+i)^{-t} + \sum_{t=1}^{N} e_t^{nbnV} \cdot (1+i)^{-t} .$$

Problematisch kann die dargestellte Erfolgserzielung mittels einer Liquidation nicht betriebsnotwendigen Vermögens allerdings dann werden, wenn die Käuferunternehmung eine Strategie der Kulturtrennung zu realisieren sucht: Haben die betreffenden Aktiva für die Angehörigen des Akquisitionsobjektes einen unternehmungskulturellen Symbolcharakter, stellt die Veräußerung dieser Positionen durch die Erwerberin einen massiven Eingriff in das Gefüge der Grundannahmen, Werte und Normen des übernommenen Betriebes dar, der der Zielsetzung der Kulturtrennung vollständig zuwiderläuft. Als Beispiel für eine derartige Situation kann eine Gesellschaft angeführt werden, die ihr Personal nicht allein mittels der Gewährung rein monetärer Größen zu motivieren sucht, sondern auch durch die Zurverfügungstellung sozialer Einrichtungen, wie Werkswohnungen und Sportstätten. Liquidiert die Käuferunternehmung solche Betriebsbestandteile, werden die Mitglieder des Akquisitionsobjektes dies in aller Regel als eine der eigenen Kultur entgegenlaufende Maßnahme interpretieren und ihr entsprechend mit Unverständnis und Ablehnung gegenüberstehen.

Der geschilderte Sachverhalt beinhaltet damit letztendlich die Konsequenz, daß die Käuferunternehmung – sucht sie eine Strategie der Kulturtrennung zu verfolgen – zunächst bestrebt sein sollte, sich über die jeweilige kulturelle Bedeutung der einzelnen nicht betriebsnotwendigen Vermögensteile des Übernahmeobjektes Klarheit zu verschaffen. Im Anschluß daran hat das Bewertungssubjekt dann folglich in einem mehr oder minder großen Umfang von der Veräußerung jener als nicht betriebsnotwendig angesehenen Positionen Abstand zu nehmen, die für die Beschäftigten der akquirierten Gesellschaft von entsprechender Symbolkraft sind, um die Zielerreichung seiner Kulturpolitik nicht zu gefährden. Durch die Unterlassung einer Liquidation derartiger Aktiva entgehen der Erwerberin folglich zukünftige Zahlungsüberschüsse in einer bestimmten Höhe; der Verzicht auf diese Erfolgsbestandteile ist daher ebenfalls als ein mit der Strategie der Kulturtrennung einhergehender sekundärer negativer Verbundeffekt zu interpretieren und durch den Bewertungsgutachter bei der Ermittlung des Gesamtausmaßes der Kollisionswirkungen im weiteren Sinne entsprechend zu berücksichtigen.

Zusammenfassend kann damit festgehalten werden, daß die Kulturpolitik in Form der Kulturtrennung insbesondere in solchen Übernahmesituationen geeignet erscheint, in denen die Erwerberin keine oder nur geringe Verbundvorteile zu realisieren sucht, die entsprechende Eingriffe in den übernommenen Betrieb voraussetzen. Auch im Falle des Akquisitionszieles einer Vereinnahmung des Einzelerfolges erscheint eine derartige kulturpolitische Vorgehensweise um so angebrachter, je weniger Umgestaltungen die Käuferunternehmung innerhalb des Bewertungsobjektes zum Zwecke der Effektivitätssteigerung vorzunehmen gedenkt. Nicht zuletzt fallen die mit der Strategie der Kulturtrennung einhergehenden Kollisionswirkungen im weiteren Sinne ceteris paribus um so geringer aus, je weniger nicht betriebsnotwendiges Vermögen der übernommene Betrieb in seinem Besitz hält, das am Markt zwar erhebliche Liquidationserlöse erzielen würde, von dem Bewertungssubjekt aber aufgrund seiner unternehmungskulturellen Symbolkraft nicht veräußert werden sollte. Eine graphische Veranschaulichung der herausgearbeiteten Quellen sekundärer negativer Verbundeffekte im Rahmen der Strategie der Kulturtrennung gibt Abbildung 29.

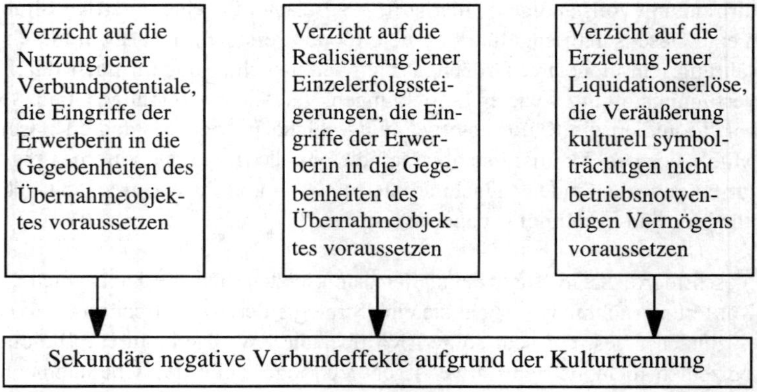

Abbildung 29: Die Quellen sekundärer negativer Verbundeffekte im Rahmen der Strategie der Kulturtrennung

5.2.3 Die Verbundeffekte aufgrund der Kulturanpassung

Ist die Käuferunternehmung bestrebt, die aus dem Kulturzusammentreffen resultierenden Kollisionswirkungen im engeren Sinne mit Hilfe einer Strategie der Kulturanpassung zu verringern, vermeidet sie auf diese Weise die bereits dargestellten, im

Zuge einer Kulturtrennung auftretenden Beeinträchtigungen der zukünftigen Zahlungsüberschüsse. Ähnliches gilt in bezug auf die Erfolgsminderungen aufgrund der Kulturbeseitigung; auch ihnen sieht sich das Bewertungssubjekt im Grundsatz nicht gegenüber, wenn es eine Kulturanpassung zu verwirklichen sucht. Hier sind allerdings bestimmte Ausnahmen zu berücksichtigen: So können einige der bei der Kulturbeseitigung möglichen Ursachen sekundärer negativer Verbundeffekte unter gewissen Umständen auch im Rahmen einer Kulturpolitik in Form der Kulturanpassung von Bedeutung sein, wie im weiteren noch zu zeigen sein wird. Insgesamt kann die Strategie der Kulturanpassung Kollisionswirkungen im weiteren Sinne kumulativ auf zwei Entstehungswegen zeitigen. Will der Bewertungsgutachter die Gesamthöhe der durch eine derartige Kulturpolitik ausgelösten Zukunftserfolgsbeeinträchtigungen abschätzen, hat er folglich beide dieser Quellen einer entsprechenden Analyse zu unterziehen:

1) Die Käuferunternehmung sieht sich infolge der Kulturanpassung stets mit jenen sekundären negativen Verbundeffekten konfrontiert, die sich unmittelbar aus den von ihr eingeschlagenen Aktivitäten zur Veränderung der vorhandenen kulturellen Muster ergeben. Möchte sich die Erwerberin beispielsweise der – bereits in Kapitel IV.4.3.4.2 dargestellten – Instrumente der Integrationsteams und Kulturseminare bedienen, muß sie entsprechende Aufwendungen tätigen, um derartige Vorhaben verwirklichen zu können: So ist – unter Umständen mit Hilfe einer hinzugezogenen Personalberatungsgesellschaft – ein Konzept zu erarbeiten im Hinblick darauf, welche Grundannahmen, Werte und Normen vermittelt werden sollen und auf welche Weise dies zu geschehen hat; des weiteren sind entsprechende Räumlichkeiten, Informationsmedien und ähnliches bereitzustellen, um die geplanten Aktivitäten durchführen zu können. Darüber hinaus erfahren die von der Kulturveränderung betroffenen Beschäftigten der Übernahmeparteien durch ihre Einbindung in die Seminare und Integrationsteams eine zusätzliche Belastung, die sich – im Falle einer in den Betrieben herrschenden Vollbeschäftigung – in einer abnehmenden Produktivität oder zu entgeltenden Überstunden niederschlagen kann. Auch die Anwendung spezieller, die Kulturveränderung fördernder Sanktionssysteme geht regelmäßig mit bestimmten Erfolgsbeeinträchtigungen einher: Erstens bedarf die Entwicklung derartiger Regelwerke eines gewissen Mitteleinsatzes; zweitens führt eine materiell ausgerichtete Positivsanktionierung kulturkonformen Verhaltens der Unternehmungsangehörigen zu der Entstehung entsprechender Auszahlungsgrößen. Zu beachten ist, daß der Bewertungsgutachter bei der Prognose des Ausmaßes der geschilderten Zahlungsstromminderungen nicht nur Klarheit in bezug auf die konkrete Ausgestaltung der geplanten Kulturveränderungsmaßnahmen gewinnen muß, sondern sich darüber hinaus auch kundig zu machen hat, über wie viele Perioden die Käuferunternehmung

diese Aktivitäten durchführen sollte, um die von ihr gewünschte Anpassung der Grundannahmen, Werte und Normen der Übernahmeparteien zu erreichen.[76]

Weiteren sekundären negativen Verbundeffekten sieht sich die Erwerberin gegenüber, wenn sie sich von jenen Beschäftigten trennt, die die Rolle von „Kulturopponenten" innehaben, also der angestrebten Kulturveränderung besonders ablehnend gegenüberstehen und aufgrund ihrer Stellung innerhalb der Gruppe der Betriebsangehörigen in der Lage sind, in diesem Sinne auch auf andere Mitarbeiter einzuwirken. Ein derartiges Vorgehen birgt für die Käuferunternehmung die Notwendigkeit, entsprechende Überbrückungsgelder, Abfindungen oder ähnliches an die ausscheidenden Arbeitskräfte zu zahlen, soweit die arbeitsrechtlichen Bestimmungen des Sitzlandes der betroffenen Gesellschaft dies vorschreiben; sollen die im Zuge der Entlassungen entstehenden Vakanzen durch neues Personal gefüllt werden, muß die Erwerberin darüber hinaus Mittel bereitstellen, um die gewünschten Arbeitskräfte zu beschaffen[77] und sie mit ihren zukünftigen Aufgabenstellungen und Tätigkeitsbereichen vertraut zu machen. Die Strategie der Kulturanpassung weist diesbezüglich eine gewisse Gemeinsamkeit mit der Kulturbeseitigung auf, denn die sich aufgrund der Entlassung von Kulturopponenten einstellenden Kollisionswirkungen im weiteren Sinne entsprechen bezüglich ihrer Entstehungswege im Grundsatz jenen Erfolgsbeeinträchtigungen, die infolge einer Kulturbeseitigung auftreten können. Der Unterschied zwischen der Kulturbeseitigung und der Kulturanpassung besteht freilich darin, daß im Rahmen der ersteren das gesamte Personal oder zumindest die Mehrzahl der Beschäftigten des übernommenen Betriebes entlassen wird, wogegen es im Falle der Kulturanpassung – falls überhaupt – nur zum Ausscheiden jener begrenzten Anzahl von Arbeitskräften im Akquisitionsobjekt und/oder in der Erwerberin kommt, die die Rolle von Kulturopponenten innehaben. Im Gegensatz zur Kulturbeseitigung führt die Kulturanpassung daher auch nicht oder in nur vergleichsweise geringem Maße zu Erfolgsminderungen, die sich aus einem Verlust an Wissen, Lerneffekten und Kundenkontakten oder einer Schädigung des Rufes der Erwerberin ergeben.

2) Neben den dargestellten, unmittelbar mit der Durchführung kulturverändernder Aktivitäten einhergehenden Zahlungsstrombeeinträchtigungen kann es darüber hinaus auch zu sekundären negativen Verbundeffekten kommen, wenn die Kulturanpassung zu der Eliminierung kultureller Muster führt, die ihren Trägern

---

[76] Zu der Problematik, die notwendige Dauer der kulturverändernden Maßnahmen abzuschätzen, vgl. die Ausführungen in Kapitel IV.4.3.4.2.

[77] Die Suche nach geeigneten Arbeitskräften zur Besetzung der vakanten Stellen muß sich dabei selbstverständlich nicht auf den unternehmungsexternen Arbeitsmarkt beschränken, sondern kann sich auch auf den Kreis der von den Übernahmeparteien bereits beschäftigten Personen erstrecken.

überlegene Lösungsmechanismen für die Probleme der externen Adaption und internen Integration bereitstellten und damit einen gewichtigen Wettbewerbsvorteil der betreffenden Gesellschaft ausmachten. In dieser Hinsicht weist die Kulturanpassung also ebenfalls Gemeinsamkeiten mit der Strategie der Kulturbeseitigung auf, denn auch bei letzterer können Erfolgsminderungen durch den Verlust einer Unternehmungskultur entstehen, die eine besondere Stärke der betroffenen Gesellschaft darstellte. Dennoch sind in bezug auf eine derartige Entstehung sekundärer negativer Verbundeffekte bestimmte Unterschiede zwischen beiden Kulturpolitikformen zu konstatieren:

Kann es im Falle der Kulturbeseitigung lediglich zu dem Verlust einer überlegenen Kultur des *Akquisitionsobjektes* kommen, ist es infolge der Kulturanpassung möglich, daß der übernommene Betrieb, die Käuferunternehmung oder sogar beide Übernahmeparteien ihre kulturbedingten Wettbewerbsvorteile einbüßen müssen – je nachdem, ob die Grundannahmen, Werte und Normen nur einer der beiden Übernahmeparteien an die Unternehmungskultur der anderen Partei angepaßt werden oder eine Transformation der kulturellen Muster beider Gesellschaften in eine neue gemeinsame Kultur des Unternehmungsverbundes stattfindet. Des weiteren hat die mit den beiden Strategien einhergehende Eliminierung vorteilhafter kultureller Lösungsmechanismen auch jeweils unterschiedliche Ursachen: So resultiert der Verlust einer kulturbedingten Wettbewerbsstärke im Rahmen der Strategie der Kulturbeseitigung aus einer Entlassung des kulturtragenden Personals, wogegen er im Rahmen der Kulturanpassung durch eine entsprechende Beeinflussung dieser Beschäftigten hervorgerufen wird. Im Hinblick auf die von dem Bewertungsgutachter vorzunehmende Prognose des Ausmaßes der durch die Eliminierung einer überlegenen Unternehmungskultur entstehenden Zahlungsstrombeeinträchtigungen gilt für die Kulturanpassung freilich, daß eine derartige Abschätzung ebenso wie im Falle der Kulturbeseitigung außerordentlich schwierig ist und im Regelfall allenfalls innerhalb größerer Bandbreiten vorgenommenen werden kann.

Eine graphische Darstellung der herausgearbeiteten Quellen sekundärer negativer Verbundeffekte aufgrund einer Kulturpolitik in Form der Kulturanpassung gibt Abbildung 30 auf der folgenden Seite.

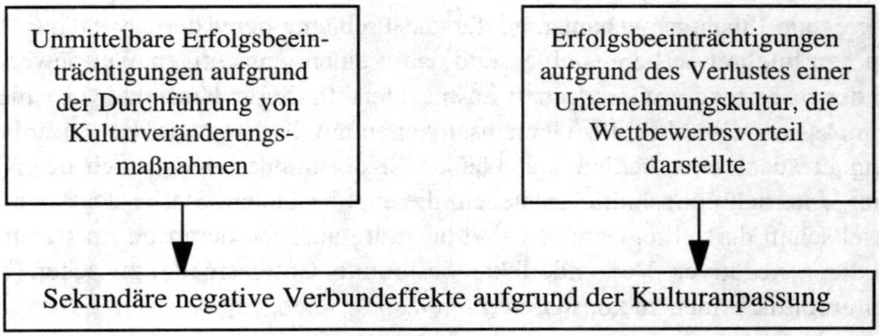

Abbildung 30: Die Quellen sekundärer negativer Verbundeffekte im Rahmen der Strategie der Kulturanpassung

Ist es dem Bewertungsgutachter gelungen, die in diesem Kapitel und den vorangegangenen Abschnitten IV.4.2 und IV.4.3 dargestellten, aus dem Kulturzusammentreffen resultierenden negativen Verbundeffekte primärer und sekundärer Art zumindest innerhalb von Bandbreiten abzuschätzen, müssen diese Prognosen einen entsprechenden Eingang in die Ermittlung der Grenze der Konzessionsbereitschaft des Bewertungssubjektes finden. Wie dies im einzelnen zu geschehen hat, soll im folgenden eingehender herausgearbeitet werden.

6. Der Einfluß der Kultursynergie auf den Entscheidungswert

6.1 Der Einfluß der Kultursynergie bei Konfliktlösungsirrelevanz der Kulturpolitik

6.1.1 Die Kulturpolitik als nicht konfliktlösungsrelevanter Sachverhalt

Es wurde bereits in Kapitel II.1.2 dargestellt, daß das Merkmal der Dimensionalität eines Kauf/Verkaufs- oder Fusionskonfliktfalles die Anzahl der konfliktlösungsrelevanten Sachverhalte beschreibt, die in der betrachteten Verhandlungssituation vorliegen, also jener Parameter, deren Extensionen letztendlich für eine Einigung zwischen den Konfliktparteien von Bedeutung sind. Unterschieden werden kann dabei zwischen *originären* konfliktlösungsrelevanten Sachverhalten, das heißt Parametern, die das Entscheidungsfeld des Bewertungssubjektes unmittelbar verändern, und *derivativen* konfliktlösungsrelevanten Sachverhalten, unter denen Parameter zu verstehen sind, die lediglich dazu dienen, Ausprägungen der originären Sachverhalte zu begründen und somit nur mittelbar entscheidungsfeldverändernd wirken. Derivative Sachverhalte stehen damit in einer Mittel-Zweck-Beziehung zu originären Sachverhalten; das Verhältnis zwischen den einzelnen originären Parametern zeichnet sich dagegen durch Komplementarität aus, denn die konfligierenden Parteien unterliegen dem Zwang, im Hinblick auf die jeweiligen Ausprägungen der bestehenden originären konfliktlösungsrelevanten Sachverhalte eine Verständigung herbeizuführen, um einen Konsens bezüglich des Eigentumsüberganges des Bewertungsobjektes zu erzielen.

Derartige originäre konfliktlösungsrelevante Sachverhalte können sich – neben beispielsweise der Höhe des zu zahlenden Preises, dem Ausmaß der Verantwortung des Verkäufers in bezug auf Umweltaltlasten oder dem Umfang des zu übernehmenden Betriebes – ebenfalls aus der Kulturproblematik einer Unternehmungsakquisition ergeben: So ist es denkbar, daß Aktivitäten, die der präsumtive Käufer im Rahmen der von ihm angestrebten Kulturpolitik durchzuführen gedenkt, wie die Entlassung des Personals der übernommenen Gesellschaft oder die Durchführung von Kulturveränderungsmaßnahmen, zusätzlich zu dem für das Bewertungsobjekt zu leistenden Entgelt einen eigenständigen Verhandlungsgegenstand darstellen, über dessen Extension die Konfliktparteien zu einer Einigung gelangen müssen, um einen Vertragsabschluß zu erzielen.

Im folgenden Abschnitt IV.6.1.2 soll daher zunächst dargestellt werden, inwiefern die Kultursynergie bei der Entscheidungswertbestimmung zu berücksichtigen ist für den Fall, daß es sich bei den kulturpolitischen Maßnahmen der Käuferunternehmung *nicht* um einen konfliktlösungsrelevanten Sachverhalt handelt; darauf aufbau-

und wird in dem sich anschließenden Kapitel IV.6.2 analysiert, welche Konsequenzen sich für die Bestimmung der Grenze der Konzessionsbereitschaft ergeben, wenn die Kulturpolitik der Erwerberin einen eigenständigen Verhandlungsgegenstand darstellt, über dessen Ausprägungen sich die konfligierenden Parteien entsprechend verständigen müssen, um den angestrebten Eigentumsübergang der Gesellschaft realisieren zu können.

6.1.2 Die Ermittlung des Entscheidungswertes bei Konfliktlösungsirrelevanz der Kulturpolitik

In den Kapiteln IV.2 und IV.3 wurde herausgearbeitet, daß es aufgrund des Zusammentreffens der Kulturen von Käuferunternehmung und Akquisitionsobjekt zu primären und sekundären negativen Verbundeffekten kommt, die jeweils zu einer Verringerung der aus dem Bewertungsobjekt resultierenden Zahlungsströme und damit seines Zukunftserfolgswertes führen. Stellt ZEW_{KKS} den Zukunftserfolgswert unter der Prämisse dar, daß es zu keinerlei negativen Kultursynergien zwischen den Übernahmeparteien kommt, so gilt für den Zukunftserfolgswert ZEW bei Wertminderungen in Form von primären negativen Verbundeffekten $ZEWM_{PNV}$ und Wertminderungen in Form von sekundären negativen Verbundeffekten $ZEWM_{SNV}$ folglich:

$$ZEW = ZEW_{KKS} - ZEWM_{PNV} - ZEWM_{SNV}$$

Werden die Wertbeeinträchtigungen in Form von primären und sekundären negativen Verbundeffekten $ZEWM_{PNV}$ und $ZEWM_{SNV}$ zu einer einzigen Größe aggregiert, erhält man entsprechend die gesamte Zukunftserfolgswertminderung $ZEWM_{ANV}$, die aus der Kollision der Basisannahmen, Werte und Normen der Übernahmeparteien resultiert. Der Zukunftserfolgswert ZEW stellt sich damit dar als:

$$ZEW = ZEW_{KKS} - ZEWM_{ANV}$$

Stellt die Kultur keinen konfliktlösungsrelevanten Sachverhalt dar, bedeutet dies für das Bewertungssubjekt, daß es grundsätzlich in der Lage ist, die von ihm nach der erfolgten Übernahme durchzuführenden kulturpolitischen Aktivitäten frei zu wählen. Eine nach Gewinnmaximierung strebende, rational handelnde Käuferunternehmung wird sich dann entsprechend für jenes kulturpolitische Maßnahmenbündel entscheiden, das die gesamte, durch das Kulturzusammentreffen hervorgerufene Zukunftserfolgswertminderung $ZEWM_{ANV}$ minimiert und den Zukunftserfolgswert – der ihre Preisobergrenze darstellt – damit entsprechend maximiert. Im Hinblick auf den in der Abbildung 31 exemplarisch gezeigten Kurvenverlauf wird die Erwerberin folglich bestrebt sein, das kulturpolitische Vorgehen K_1 zu realisieren, da es mit der geringstmöglichen Zukunftserfolgswertminderung $ZEWM_1$ einhergeht; alle anderen, dem Bewertungssubjekt offenstehenden kulturpolitischen Aktivitätskombinationen – und im übrigen auch die Alternative der Unterlassung jeglicher Kulturpolitik – würden in diesem Beispiel zu umfangreicheren Beeinträchtigungen des Wertes des Akquisitionsobjektes führen.

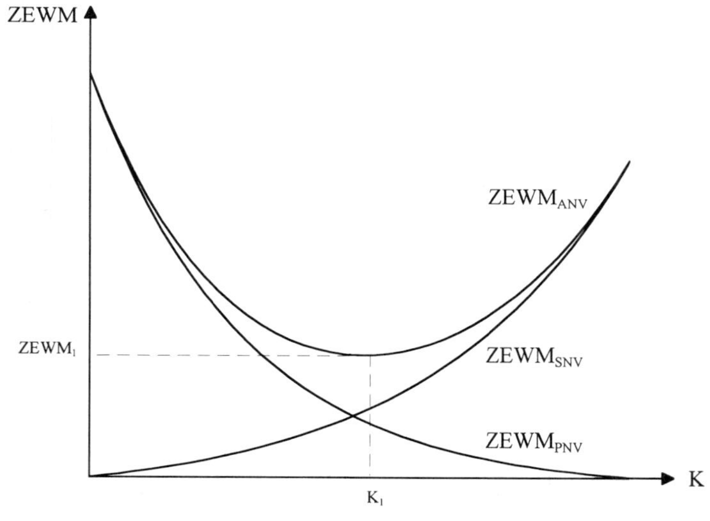

Abbildung 31: Die optimale Kulturpolitik des Bewertungssubjektes

Für den Bewertungsgutachter bedeutet dies folglich im Ergebnis, daß die Kultursynergie für den Fall, daß die Kulturpolitik keinen konfliktlösungsrelevanten Sachverhalt in der Verhandlungssituation zwischen den Übernahmeparteien darstellt, in Höhe von $ZEWM_1$ bei der Entscheidungswertfindung zu berücksichtigen ist – in demjenigen Ausmaß also, das sich aus der für das Bewertungssubjekt optimalen kulturpolitischen Aktivitätskombination ergibt.

Als wenig durchdacht erscheinen vor dem Hintergrund der erarbeiteten Ergebnisse die kulturpolitischen Ratschläge SIEGHOLDS: So vertritt er den Standpunkt, daß eine „Integration [...] eher langsamer ablaufen [solle], insbesondere die Angleichung der Kulturen über Organigrammänderungen, Änderungen im Lohn- und Gehaltssystem und ähnliches" und es „nicht Ziel der Akquisition sein [dürfe], die alte Kultur [des Akquisitionsobjektes] möglichst schnell zu zerstören, um dann Neues aufzubauen"[78]. Ergänzend fügt er hinzu, die übernommene Gesellschaft solle „andererseits [...] auch nicht auf Dauer ein Fremdkörper [innerhalb des Verbundes mit der Erwerberin] bleiben"[79]. Nicht nachvollziehbar ist eine derartige Position deshalb, weil in den vorangegangenen Ausführungen gezeigt wurde, daß die für eine Käuferunternehmung optimale Kulturpolitik nicht allgemein, ohne Bezugnahme auf die betreffende Übernahmesituation bestimmt werden kann. Die für die Erwerberin jeweils beste kulturpolitische Vorgehensweise ergibt sich vielmehr aus dem Minimum der von dem Bewertungsgutachter für die betrachtete Akquisition abgeschätzten, auf den speziellen Gegebenheiten dieses einzelnen Unternehmungskaufes beruhenden $ZEWM_{ANV}$-Kurve und stellt damit eine rein individuelle, fallbezogene Lösung dar. So kann – entgegen der Meinung SIEGHOLDS – durchaus eine Kulturpolitik des Bewertungssubjektes angebracht sein, die eine schnelle Kulturanpassung, eine umfassende Kulturbeseitigung oder eine dauerhafte Kulturtrennung zum Ziel hat, falls diese Lösung mit der voraussichtlich geringsten Zukunftserfolgswertminderung in Form von primären und sekundären negativen Verbundeffekten einhergeht.

6.2 Der Einfluß der Kultursynergie bei Konfliktlösungsrelevanz der Kulturpolitik

6.2.1 Die Kulturpolitik als konfliktlösungsrelevanter Sachverhalt

Wie bereits in Kapitel IV.6.1.1 erläutert, handelt es sich bei der Kulturpolitik des präsumtiven Käufers dann um einen originären konfliktlösungsrelevanten Sachverhalt, wenn die von ihm nach der Unternehmungsübernahme zu vollziehenden Aktivitäten zur Verringerung der Kulturkollisionswirkungen einen eigenständigen Verhandlungsgegenstand darstellen, über dessen jeweilige Ausprägungen die beiden konfligierenden Parteien zu einem Konsens gelangen müssen, um einen Abschluß des an-

---

[78] SIEGHOLD, Acquisitions (1989), S. 166 f.

[79] SIEGHOLD, Acquisitions (1989), S. 167.

gestrebten Kaufvertrages realisieren zu können. Denkbar ist eine Konfliktlösungsrelevanz der Kulturpolitik insbesondere im Hinblick auf die folgenden drei Gesichtspunkte:

1) Zu einer eigenständigen Einigungsdimension kann die Frage werden, ob es der erwerbenden Gesellschaft möglich sein wird, sich im Anschluß an die Unternehmungsübernahme von Angehörigen des Akquisitionsobjektes zu trennen und, wenn ja, welches Ausmaß derartige Entlassungen maximal annehmen dürfen: Ist das Bewertungssubjekt aufgrund der Vertragsausgestaltung gezwungen, jegliche Kündigungen zu unterlassen, sieht es sich damit der Situation gegenüber, von der Realisierung einer Kulturpolitik in Form der Kulturbeseitigung vollständig Abstand nehmen zu müssen. Des weiteren kann ein derartiges Kontraktelement die Verfolgung einer Strategie der Kulturanpassung einschränken, denn es verbietet der Käuferunternehmung, sich von im Akquisitionsobjekt beschäftigten Kulturopponenten zu trennen[80]. Gleiches gilt im Grundsatz für eine zahlenmäßige Begrenzung der Entlassungen: Liegt sie unterhalb der für die Erzielung der Kulturbeseitigung notwendigen „kritischen Masse"[81], bleibt der Erwerberin die Verwirklichung einer solchen Kulturpolitik auch in diesem Falle verwehrt. Darüber hinaus kann sich die im Zuge einer vollständigen Kündigungssperre eintretende Behinderung einer Strategie der Kulturanpassung – wenn auch in geringerem Maße – ebenfalls aufgrund einer quantitativen Beschränkung der Entlassungen einstellen, falls die Zahl der einer Veränderung der Basisannahmen, Werte und Normen entgegenstehenden Kulturopponenten innerhalb der übernommenen Gesellschaft die vertraglich vereinbarte Menge der Kündigungen übersteigt.

2) Ebenfalls konfliktlösungsrelevant wird die Kulturpolitik dann, wenn die von der Käuferunternehmung nach der Übernahme vollziehbare Änderung der kulturellen Artefakte des Akquisitionsobjektes einen eigenständigen Verhandlungsgegenstand der Konfliktparteien darstellt. So ist es beispielsweise möglich, daß der bisherige Unternehmungseigner bestrebt ist, die präsumtive Erwerberin vertraglich zu verpflichten, nach dem Eigentumsübergang die von dem Akquisitionsobjekt unterhaltenen sozialen Einrichtungen weiterhin bestehen zu lassen, von den Beschäftigten praktizierte Rituale – wie eine halbjährliche Auszeichnung besonders innovativer Mitarbeiter – auch in der Zukunft fortzuführen oder bestimmte positive Sanktionssysteme – wie eine Erfolgsbeteiligung der Arbeitnehmer[82] – beizubehalten. Denkbar ist der Wunsch des Verkäufers nach einer zumindest teilwei-

---

80 Zur Entlassung von Kulturopponenten als Instrument der Kulturanpassung vgl. die Darstellungen in Kapitel IV.4.3.4.2.

81 Im Hinblick auf die Problematik der „kritischen Masse" der Kündigungen im Rahmen der Kulturbeseitigung vgl. die Ausführungen in Kapitel IV.4.3.2.2.

82 Derartige Regelungen können freilich auch im Rahmen von Betriebsvereinbarungen festgeschrieben sein.

sen[83] Bewahrung der über die Zeit entstandenen kulturellen Artefakte des Bewertungsobjektes insbesondere dann, wenn er die in seiner Unternehmung gültigen Basisannahmen, Werte und Normen lange Zeit persönlich mitgeprägt hat oder es sich bei ihm sogar um den Gründer des Betriebes handelt, dessen eigene Vorstellungen den Ursprung der bestehenden kulturellen Muster darstellen.[84] Verpflichtet sich die Erwerberin im Rahmen einer entsprechenden Vertragsgestaltung gegenüber ihrem Kontraktpartner, die in der akquirierten Unternehmung existierenden Artefakte teilweise beizubehalten, hat dies im Hinblick auf die von ihr nach der Übernahme realisierbare Kulturpolitik folgende Konsequenzen: Erstens erfährt das Bewertungssubjekt eine Beschränkung in bezug auf die Verfolgung einer Strategie der Kulturanpassung; müssen bestimmte kulturelle Schöpfungen des Akquisitionsobjektes beibehalten werden, sind eine vollständige, umfassende Angleichung seiner Unternehmungskultur an die Basisannahmen, Werte und Normen der Erwerberin oder eine Transformation in Richtung eines für beide Übernahmeparteien neuen kulturellen Gefüges nicht erreichbar. Darüber hinaus beeinträchtigt eine derartige vertragliche Verpflichtung die Möglichkeit der Käuferunternehmung, eine Strategie der Kulturbeseitigung zu realisieren: Durch die Bewahrung gewisser Artefakte wird das – die bisherigen Beschäftigten des akquirierten Betriebes substituierende – neue Personal nicht nur mit den Basisannahmen, Werten und Normen der Erwerberin vertraut gemacht, sondern übernimmt zum Teil ebenfalls Elemente der tradierten, aus Sicht des Bewertungssubjektes unerwünschten Kultur der übernommenen Gesellschaft.

3) Im Gegensatz zu dem vorangegangenen Aspekt, bei dem im Mittelpunkt stand, inwieweit es der Käuferunternehmung untersagt wird, kulturelle Schöpfungen des Akquisitionsobjektes zu verändern oder zu beseitigen, kann sich die Konfliktlösungsrelevanz der Kulturpolitik ebenfalls aus der spiegelbildlichen Frage ergeben, in welchem Umfang es der Erwerberin nach der Übernahme gestattet sein wird, die bisherigen Artefakte des Bewertungsobjektes auch weiterhin bestehen zu lassen. So kann der Unternehmungseigner beispielsweise versuchen, die akquirierende Gesellschaft im Rahmen des Kaufvertrages zu verpflichten, nach der Übernahme eine Änderung der Firma des erworbenen Betriebes vorzunehmen, da er den bisherigen Namen der Unternehmung nicht weiterverwendet sehen möchte oder anderweitig zu verwerten sucht. Werden derartige Regelungen im Akquisitionskontrakt verankert, geht dies für das Bewertungssubjekt mit einer Beschneidung seiner möglichen kulturpolitischen Vorgehensweisen einher:

83 Ein Bestreben des Verkäufers, *alle* bestehenden Artefakte des Akquisitionsobjektes zu erhalten, stellt sich dagegen als wenig realistisch dar und wird in Vertragsverhandlungen auch kaum durchsetzbar sein, da eine derartige Regelung faktisch eine umfassende Beschränkung der Leitungsbefugnis der Erwerberin in bezug auf den übernommenen Betrieb darstellen würde.

84 Bezüglich der Prägung der Unternehmungskultur durch den Gründer des Betriebes und seine Führungskräfte vgl. die Erläuterungen in Kapitel II.2.5.

So ist es der Käuferunternehmung nicht mehr uneingeschränkt möglich, eine Strategie der Kulturtrennung zu betreiben, da das Personal der akquirierten Gesellschaft durch die geschilderten Vertragselemente Eingriffe in das Gefüge seiner kulturellen Artefakte erfährt.

Bildet sich in den Vertragsverhandlungen zwischen der Käufer- und Verkäuferseite eine neben der Preishöhe und gegebenenfalls weiteren Sachverhalten stehende Einigungsdimension „Kulturpolitik" heraus, die einen oder gar mehrere der drei herausgearbeiteten Gesichtspunkte betrifft, sieht sich der Bewertungsgutachter der Aufgabe gegenüber, den *mehrdimensionalen* Entscheidungswert seines Mandanten zu bestimmen. Wie er dabei im einzelnen vorzugehen hat, soll im folgenden eingehender betrachtet werden.

6.2.2 Die Ermittlung des Entscheidungswertes bei Konfliktlösungsrelevanz der Kulturpolitik

Grundsätzlich gilt für eine Verhandlungssituation, bei der die Parteien zu einer Einigung im Hinblick auf n konfliktlösungsrelevante Sachverhalte gelangen müssen, daß sich ihre jeweilige „Konzessionsgrenze in bezug auf den n-ten Sachverhalt dadurch bestimmen läßt, daß man hinsichtlich der (n – 1) anderen Sachverhalte eine bestimmte Konstellation vorgibt"[85]. Befindet sich der präsumtive Käufer mit dem Veräußerer des Betriebes in einer Vertragsverhandlung, die sich durch die beiden Einigungsdimensionen „Höhe des Kaufpreises" und „Ausgestaltung der Kulturpolitik" auszeichnet, bedeutet dies für den Bewertungsgutachter folglich, daß er ermitteln muß, wieviel sein Mandant auf der Basis verschiedener, von den Konfliktparteien festlegbarer kulturpolitischer Maßnahmenbündel jeweils maximal für das Akquisitionsobjekt zahlen könnte, um durch die Unternehmungsübernahme nicht einen geringeren Zielerfüllungsgrad zu erreichen, als es ihm ohne diese Handlung möglich gewesen wäre.[86]

Es wurde bereits in Kapitel IV.6.1.2 gezeigt, daß sich der Zukunftserfolgswert ZEW darstellen läßt als Zukunftserfolgswert ZEW_{KKS}, der sich ergibt unter der Prämisse, daß es zu keinerlei negativen Kultursynergien zwischen den Übernahmeparteien

---

[85] MATSCHKE, Ermittlung mehrdimensionaler Entscheidungswerte (1993), S. 17.

[86] Vgl. für das Weitere auch die von MATSCHKE, Ermittlung mehrdimensionaler Entscheidungswerte (1993), S. 17-24 gezeigte Bestimmung mehrdimensionaler Entscheidungswerte auf Basis des Zukunftserfolgswertverfahrens; die beiden dabei betrachteten Übernahmesituationen weisen ebenfalls jeweils zwei konfliktlösungsrelevante Sachverhalte auf, und zwar die Einigungsdimensionen „Preishöhe" und „Unternehmungsumfang" sowie „Preishöhe" und „Garantie einer Anzahl von Arbeitsplätzen".

kommt, abzüglich der gesamten Zukunftserfolgswertminderung $ZEWM_{ANV}$, die aus der Kulturkollision resultiert und in ihrer Höhe abhängig von der kulturpolitischen Vorgehensweise des Bewertungssubjektes ist:

$$ZEW = ZEW_{KKS} - ZEWM_{ANV}$$

Da der Zukunftserfolgswert des Übernahmeobjektes den Grenzpreis der Käuferunternehmung kennzeichnet, ergibt sich die von ihr maximal akzeptierbare Preishöhe P_G folglich aus:

$$P_G = ZEW_{KKS} - ZEWM_{ANV}$$

Der geschilderte Zusammenhang macht damit deutlich, daß der Umfang des von der Erwerberin für das Akquisitionsobjekt zahlbaren Entgeltes – als einer der beiden konfliktlösungsrelevanten Sachverhalte – abhängig ist von der Zukunftserfolgswertminderung, die sich aus dem Zusammentreffen der Kulturen der übernehmenden und übernommenen Unternehmung ergibt. Das von dem Bewertungssubjekt erwartete Ausmaß dieser kulturkollisionsbedingten Wertbeeinträchtigung ergibt sich wiederum aus der jeweiligen vertraglich vereinbarten Ausgestaltung der Kulturpolitik, also der Extension des zweiten konfliktlösungsrelevanten Sachverhaltes, auf den sich die beiden konfligierenden Parteien zu einigen haben. Verpflichtet sich die Käuferunternehmung gegenüber dem Veräußerer, eine Kulturpolitik zu betreiben, die nicht der für sie optimalen kulturpolitischen Vorgehensweise entspricht, muß sie bestrebt sein, im Gegenzug Zugeständnisse des Vertragspartners im Hinblick auf die Ausprägung des anderen konfliktlösungsrelevanten Sachverhaltes, also der Preishöhe, zu realisieren. Der von der Erwerberin in den Kaufverhandlungen mindestens zu fordernde Preisnachlaß ΔP_G ist dabei in bezug auf seine absolute Höhe gleich dem aus der suboptimalen kulturpolitischen Aktivitätskombination resultierenden Anstieg der kulturkollisionsbedingten Wertminderung $\Delta ZEWM$. Stellt $ZEWM^{opt}{}_{ANV}$ die Wertbeeinträchtigung dar, die sich aus der optimalen Kulturpolitik der akquirierenden Gesellschaft ergibt, und $ZEWM^{VK}{}_{ANV}$ diejenige, die infolge der zwischen den Konfliktparteien vereinbarten kulturpolitischen Vorgehensweise eintritt, gilt also:

$$\Delta ZEWM = ZEWM^{VK}{}_{ANV} - ZEWM^{opt}{}_{ANV}$$

Der von der Käuferunternehmung mindestens zu fordernde Preisnachlaß kann damit dargestellt werden als:

$$\Delta P_G = ZEWM^{VK}{}_{ANV} - ZEWM^{opt}{}_{ANV}$$

Eine Veranschaulichung der geschilderten Zusammenhänge soll anhand der in Abbildung 32 exemplarisch dargestellten Kurvenverläufe erfolgen.

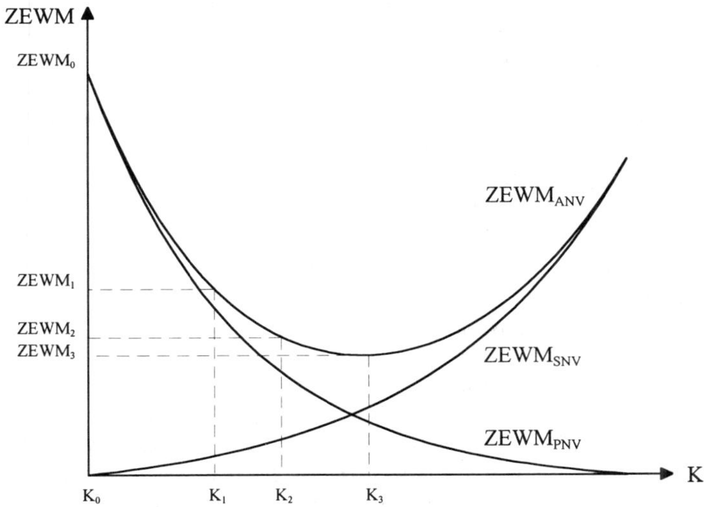

Abbildung 32: Die Wertbeeinträchtigungen infolge unterschiedlicher Extensionen des konfliktlösungsrelevanten Sachverhaltes „Kulturpolitik“

Der Abbildung soll eine Übernahmesituation zugrunde liegen, bei der neben dem Preis auch die jeweilige Ausgestaltung der Kulturpolitik einen konfliktlösungsrelevanten Sachverhalt darstellt. Dabei wird von einer Verhandlungssituation ausgegangen, bei der lediglich vier verschiedene Extensionen der Kulturpolitik, also vier unterschiedliche kulturpolitische Maßnahmenbündel zur Auswahl stehen, die mögliche Einigungslösungen darstellen: Zum einen ist dies die für die präsumtive Käuferunternehmung optimale Aktivitätskombination K_3, die mit einer Wertbeeinträchtigung in Höhe von $ZEWM_3$ einhergeht; zum anderen sind dies die aus Sicht der Erwerberin suboptimalen Vorgehensweisen K_2, die $ZEWM_2$ zeitigt, K_1, die $ZEWM_1$ verursacht sowie K_0, die Unterlassung jeglicher Kulturpolitik, aus der $ZEWM_0$ resultiert.

Gelingt es dem Bewertungssubjekt, sich mit dem Verkäufer hinsichtlich der Kulturpolitik auf die Extension K_3 zu einigen, stellt sich sein Grenzpreis – also die von ihm maximal hinnehmbare Ausprägung des anderen konfliktlösungsrelevanten Sachverhaltes – dar als $P_G = ZEW_{KKS} - ZEWM_3$. Verpflichtet sich die präsumtive Erwerberin gegenüber ihrem Vertragspartner dagegen, das Maßnahmenbündel K_2 zu realisieren, wird ihr der Veräußerer entsprechende Zugeständnisse in bezug auf die Höhe des zu leistenden Entgeltes machen müssen, um einen Kontraktabschluß zu erzielen: So senkt sich die Konzessionsgrenze des Bewertungssubjektes im Hinblick auf den Verhandlungsgegenstand „Preishöhe" um die Differenz $\Delta P_G = ZEWM_2 - ZEWM_3$; der von ihm höchstens für das Akquisitionsobjekt zahlbare Betrag liegt also bei $P_G = ZEW_{KKS} - ZEWM_2$. Vereinbaren die Konfliktparteien die Kulturpolitik K_1, verringert sich der Grenzpreis der Erwerberin um $\Delta P_G = ZEWM_1 - ZEWM_3$ und beläuft sich damit auf $P_G = ZEW_{KKS} - ZEWM_1$; erklärt sich die Käuferunternehmung bereit, K_0 zu realisieren, also jegliche kulturpolitischen Maßnahmen zu unterlassen, sinkt die von ihr maximal hinnehmbare Entgelthöhe um $\Delta P_G = ZEWM_0 - ZEWM_3$ und beträgt folglich $P_G = ZEW_{KKS} - ZEWM_0$.

Allgemein kann damit festgehalten werden, daß sich der auf den beiden konfliktlösungsrelevanten Sachverhalten „Kulturpolitik" und „Preishöhe" beruhende mehrdimensionale Entscheidungswert der präsumtiven Erwerberin zusammensetzt aus der zwischen den Übernahmeparteien vereinbarten kulturpolitischen Vorgehensweise K und dem an diese Extension der Kulturpolitik angepaßten Grenzpreis P_G, der sich ergibt aus:

$$P_G = ZEW_{KKS} - ZEWM^{VK}{}_{ANV}$$

Eine Verdeutlichung der geschilderten Zusammenhänge soll im folgenden mit Hilfe eines Zahlenbeispiels vorgenommen werden. Ausgegangen wird dabei von einer Verhandlungssituation, in deren Rahmen sich die beiden Übernahmeparteien neben der Höhe des für das Übernahmeobjekt zu zahlenden Preises auf eine von sieben verschiedenen kulturpolitischen Vorgehensweisen einigen müssen, wobei K_3 die für die Käuferunternehmung optimale Aktivitätskombination darstellt; bei den übrigen sechs Maßnahmenbündeln handelt es sich aus Sicht der Erwerberin dagegen um suboptimale Lösungen. Der von dem präsumtiven Käufer ermittelte Zukunftserfolgswert ZEW_{KKS} des Akquisitionsobjektes, der sich ergibt unter der Prämisse, daß es zu keinerlei negativen Kultursynergien zwischen den Übernahmeparteien kommt, beträgt 1600 Geldeinheiten. Wie sich der zweidimensionale Entscheidungswert der Erwerberin in der skizzierten Verhandlungssituation darstellt, zeigt im folgenden Abbildung 33.

Kulturpolitische Vorgehensweise K	ZEW_{KKS}	$ZEWM^{VK}_{ANV}$	Δ ZEWM	***Grenzpreis P_G***
K_1	1600	380	140	**1220**
K_2	1600	300	60	**1300**
K_3	1600	240	0	**1360**
K_4	1600	450	210	**1150**
K_5	1600	500	260	**1100**
K_6	1600	560	320	**1040**
K_7	1600	620	380	**980**

Abbildung 33: Der zweidimensionale Entscheidungswert der Käuferunternehmung

Eine graphische Darstellung des Entscheidungswertes der Käuferunternehmung und des – hier nicht hergeleiteten – Entscheidungswertes des Veräußerers findet sich in Abbildung 34. Die dabei vorgenommene Verbindung der Einzelpunkte mittels Linien dient aufgrund der mangelnden Kardinalskalierung der kulturpolitischen Vorgehensweise lediglich der Veranschaulichung des in der Verhandlungssituation bestehenden Einigungsbereiches.

Die Visualisierung der Entscheidungswerte beider Verhandlungsseiten macht deutlich, daß ein Vertragsabschluß lediglich auf der Grundlage der Aktivitätskombinationen K_1, K_2 oder K_3 erreicht werden kann, denn nur bei einer Einigung auf diese kulturpolitischen Vorgehensweisen liegt der jeweilige Grenzpreis des präsumtiven Käufers, also die von ihm gerade noch hinnehmbare Extension des zweiten konfliktlösungsrelevanten Sachverhaltes, über dem von dem Unternehmungseigner für das Akquisitionsobjekt mindestens zu fordernden Geldbetrag.

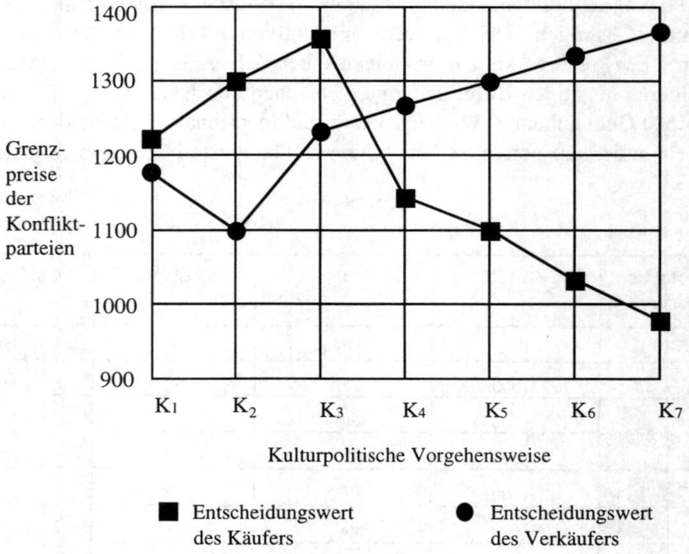

Abbildung 34: Die Entscheidungswerte der Konfliktparteien

Den bezüglich der Entgelthöhe größten Verhandlungsspielraum hätten die konfligierenden Parteien, wenn sie sich im Hinblick auf die zu realisierende Kulturpolitik auf das Maßnahmenbündel K_2 einigen könnten; paretooptimal sind damit all jene Kaufvertragsgestaltungen, die die Erwerberin zur Realisation der kulturpolitischen Vorgehensweise K_2 verpflichten und einen Einigungspreis P_E festschreiben, für den $1100 \leq P_E \leq 1300$ gilt. Ob Käufer und Verkäufer freilich in der Lage sind, innerhalb der Gesamtheit der zwischen ihnen möglichen Einigungslösungen jene Vertragsgestaltungen zu identifizieren, die sich durch Paretooptimalität auszeichnen, ist letztendlich abhängig von der jeweiligen Informationspolitik, die die konfligierenden Parteien im Rahmen ihrer Kontraktverhandlungen betreiben.[87]

[87] Vgl. zu dem Charakteristikum der Paretooptimalität möglicher Einigungslösungen MATSCHKE, Arbitriumwert (1979), S. 92-109; HINTZE, Vertragsgestaltung beim Unternehmenskauf (1992); ders., Paretooptimale Vertragsgestaltung (1992), S. 414-427; MATSCHKE, Ermittlung mehrdimensionaler Entscheidungswerte (1993), S. 19; ULRICH, Unternehmensbewertungen in den neuen Bundesländern (1995), S. 193-198.

V. Die Zusammenfassung der Ergebnisse

Für einen nach Gewinnmaximierung strebenden präsumtiven Erwerber ergibt sich der Wert einer zum Verkauf stehenden Unternehmung aus den zukünftigen Zahlungsüberschüssen, die er sich – bezogen auf ein Vergleichsobjekt – aus ihrem Eigentum verspricht. Die Höhe und zeitliche Struktur dieser Nettozahlungen sind dabei unter anderem abhängig von der Kultur des Betriebes, da sie ihren Trägern Lösungsmechanismen zur Bewältigung der Probleme der externen Adaption und internen Integration bereitstellt, damit Orientierungs-, Koordinations- und Motivationseffekte innerhalb der Gruppe der Unternehmungsangehörigen entfaltet und auf diese Weise sowohl die innerbetrieblichen Abläufe als auch das Verhalten der Unternehmung gegenüber ihrer Umwelt beeinflußt. Handelt es sich bei dem Erwerber um einen institutionellen Käufer, der das Akquisitionsobjekt nach erfolgter Übernahme integriert, kann es darüber hinaus zu einem Zusammentreffen der Kulturen von Käuferunternehmung und erworbener Gesellschaft kommen, das zu einem Nebeneinander unterschiedlicher Grundannahmen, Werte und Normen führt und sich damit ebenfalls auf den aus dem Akquisitionsvorhaben erzielbaren Erfolg auswirkt.

Die grundsätzliche Abhängigkeit des Übernahmeerfolges von der jeweiligen Kultur der erwerbenden und erworbenen Gesellschaft ist im Schrifttum bekannt, wird dort aber vollkommen losgelöst von der Frage der Wertbestimmung des Akquisitionsobjektes behandelt. Eine derartige Trennung beider Problembereiche ist freilich nicht nachvollziehbar: Da die Kultur den aus dem Übernahmeobjekt resultierenden Zahlungsstrom und somit den Grad der Zielerfüllung des Käufers beeinflußt, hat der präsumtive Erwerber diese Kulturwirkung im Rahmen seiner Entscheidungswertermittlung entsprechend zu beachten. Fraglich ist allerdings, wie dies realisiert werden kann, handelt es sich bei der Kultur doch um ein qualitatives Phänomen, dessen Ausstrahlung auf den Unternehmungserfolg nur schwierig zu quantifizieren ist. Die geschilderte Problematik stellt dabei den Ansatzpunkt der vorliegenden Arbeit dar: Sie unterzieht den Kultureinfluß auf den Übernahmeerfolg einer eingehenden Analyse und sucht – auf der Basis der dabei gewonnenen Ergebnisse – einen Weg herauszuarbeiten, auf dem die Wirkungen der Unternehmungskultur Eingang finden können in die Bestimmung der Konzessionsgrenze eines präsumtiven Käufers.

Zu diesem Zwecke werden zunächst die unterschiedlichen Ziele herausgearbeitet, die eine nach Gewinnmaximierung strebende Käuferunternehmung mit einer Akquisition verfolgen kann; dabei erfolgt eine Differenzierung in das Übernahmemotiv der Vereinnahmung des Einzelerfolges – mittels Fortführung ohne Restrukturierung, Fortführung mit Restrukturierung und Weiterveräußerung – sowie das Motiv der Realisierung von Verbundvorteilen, die in den Bereichen der Forschung und Entwicklung, der Beschaffung, der Fertigung, des Absatzes, der Finanzierung und der

Verwaltung möglich ist. Sucht ein Wirtschaftssubjekt vor dem Hintergrund einer oder mehrerer dieser Zielsetzungen eine Unternehmung zu erwerben, hat es einen mehrstufigen Akquisitionsprozeß zu durchlaufen, der sich aus den Phasen der Suche und Beurteilung des Übernahmeobjektes, der Vertragsverhandlungen sowie der Zielrealisierung zusammensetzt.

Im Anschluß an die Ziele und den Prozeß der Unternehmungsübernahme erfolgt eine Darstellung, inwiefern es sich bei der Kultur um einen Erfolgsfaktor im Rahmen der Akquisition handelt; dabei wird gezeigt, daß die aus dem Bewertungsobjekt fließenden Überschüsse sowohl von seiner eigenen Kultur als auch – im Falle eines institutionellen Käufers – durch das Zusammentreffen der kulturellen Muster der erworbenen und erwerbenden Unternehmung beeinflußt werden. Die Erfolgswirkungen einer solchen Kulturkollision ergeben sich dabei aufgrund eines Kulturschocks und der sich daran anschließenden Akkulturation des Personals des Akquisitionsobjektes, sind in aller Regel negativer Art und können aufgrund ihrer Entstehungsweise als Synergieeffekte charakterisiert werden.

Im Hinblick auf die Entscheidungswertermittlung gilt, daß der Einfluß der Kultur des zum Verkauf stehenden Betriebes im Rahmen der Vergangenheits- und Gegenwartsanalyse der Unternehmungsdaten eine indirekte Erfassung erfährt. Gründet die Prognose der Zahlungsüberschüsse auf den Ergebnissen dieser Analyseschritte, werden die Wirkungen der in dem Bewertungsobjekt gültigen Grundannahmen, Werte und Normen damit implizit beachtet; eine etwaige zusätzliche, gesonderte Berücksichtigung der Kultur der zu übernehmenden Gesellschaft bei der Erfolgsschätzung ist daher redundant und birgt die Gefahr einer Fehlprognose der zukünftigen Zahlungsströme in sich. Die indirekte Erfassung der Wirkungen der Kultur des Akquisitionsobjektes im Rahmen der Vergangenheits- und Gegenwartsanalyse relativiert dabei zugleich auch die Aussagekraft dieser Untersuchungsschritte in bezug auf Prognosezwecke: Kommt es infolge der Übernahme zu einer Kulturkollision, wird die Kultur des erworbenen Betriebes verändert oder beseitigt; die in der Vergangenheits- und Gegenwartsanalyse erfaßten Unternehmungsdaten spiegeln damit einen Kultureinfluß wider, der in dieser Form in der Zukunft nicht mehr gegeben sein wird.

Das Zusammentreffen der Kulturen von übernommener und übernehmender Gesellschaft findet dagegen keinen Eingang in die Vergangenheits- und Gegenwartsanalyse; seine – als negative Kultursynergie bezeichnete – Wirkung bedarf daher einer gesonderten Beachtung bei der Prognose der aus dem Akquisitionsobjekt resultierenden Zahlungsüberschüsse. Eine derartige Berücksichtigung der Kultursynergie im Entscheidungswert stellt dabei ein schlechtstrukturiertes, durch Wirkungs- und Bewertungsdefekte gekennzeichnetes Problem dar, das ausschließlich im Rahmen eines heuristischen Vorgehens gelöst werden kann. Zu diesem Zwecke wird die Wirkung des Kulturzusammentreffens in zwei Teileffekte differenziert, und zwar in die „primäre negative Verbundeffekte“ oder „Kollisionswirkungen im engeren Sinne“ genannten Erfolgsbeeinträchtigungen, die unmittelbar aus dem Kulturschock und der sich daran anschließenden Akkulturation resultieren, und in die als „sekundäre negative Verbundeffekte“ oder „Kollisionswirkungen im weiteren Sinne“ bezeichneten Zahlungsstromminderungen, die im Zuge der kulturpolitischen Aktivitäten der Käuferunternehmung entstehen.

Aufbauend auf der Unterscheidung der beiden kulturkollisionsbedingten Teilsynergien wird ein Modell entwickelt, das den Zusammenhang zwischen der von der Käuferunternehmung praktizierten Kulturpolitik und der Höhe der durch primäre und sekundäre negative Verbundeffekte verursachten Minderung des Zukunftserfolgswertes des Akquisitionsobjektes erläutert. Dabei wird gezeigt, daß der Bewertungsgutachter ein zweistufiges Vorgehen einschlagen muß, um die Kultursynergie im Entscheidungswert seines Mandanten zu berücksichtigen: Zunächst hat er das Ausmaß der durch die primären negativen Verbundeffekte ausgelösten Beeinträchtigungen des Zukunftserfolgswertes abzuschätzen, und zwar – ausgehend von der Annahme einer Unterlassung jeglicher Kulturpolitik – in Abhängigkeit wachsender kulturpolitischer Aktivitäten des Erwerbers; im Anschluß daran muß er prognostizieren, welche Wertminderungen aufgrund von Kollisionswirkungen im weiteren Sinne mit der jeweiligen Kulturpolitik der Käuferunternehmung einhergehen werden.

Sucht der Gutachter zu beurteilen, welchen primären negativen Verbundeffekten sich die Käuferunternehmung im Falle einer Unterlassung jeglicher kulturpolitischer Maßnahmen gegenübersehen wird, hat er den unter Abstraktion von jeglichen Kulturkollisionsproblemen prognostizierten Erfolg des Akquisitionsobjektes auf das Vorhandensein der Merkmale der Kulturrelevanz, des Kulturkontaktes und der Kulturdifferenzen abzuprüfen. Eine Beeinträchtigung in Form von primären negativen Verbundeffekten können dabei nur jene Zahlungsstromteile erfahren, bei denen alle drei dieser Kriterien kumuliert vorliegen. Das Ausmaß der Kollisionswirkungen im engeren Sinne wird dabei ceteris paribus tendenziell um so größer ausfallen, je umfangreicher das Personal des Akquisitionsobjektes an der Erzielung dieser Überschüsse mitwirkt, je stärker es dabei mit der Kultur der Käuferunternehmung konfrontiert wird und je größer die kulturellen Differenzen zwischen den Übernahmeparteien sind. Versucht der Bewertungsgutachter im Anschluß daran abzuschätzen, wie die prognostizierten primären negativen Verbundeffekte mittels einer Kulturpolitik des Erwerbers verringert werden können, muß er sich dabei an den verschiedenen, der Käuferunternehmung offenstehenden kulturpolitischen Strategien orientieren. Zu unterscheiden sind in diesem Zusammenhang die drei Grundstrategien der Kulturbeseitigung, der Kulturtrennung und der Kulturanpassung sowie diverse Kombinationsstrategien, die die Form einer Sukzessiv- oder Parallelstrategie annehmen können. Im Rahmen der Abschätzung der sekundären negativen Verbundeffekte, die der Bestimmung der Kollisionswirkungen im engeren Sinne folgt, hat der Bewertungsgutachter zu beachten, daß jede der drei Grundstrategien – und damit entsprechend auch jede der sich aus ihnen zusammensetzenden Kombinationsstrategien – auf mehreren, jeweils unterschiedlichen Wegen zu einer Beeinträchtigung der aus der Übernahme resultierenden Zukunftserfolge zu führen vermag. Alle diese Entstehungspfade bedürfen daher einer genauen Abprüfung, um das Gesamtausmaß der durch eine bestimmte kulturpolitische Aktivitätskombination hervorgerufenen Kollisionswirkungen im weiteren Sinne prognostizieren zu können.

Hat der Gutachter sowohl die auf primären als auch die auf sekundären negativen Verbundeffekten beruhenden Wertminderungen abgeschätzt, kann er diese Größen entsprechend aggregieren und erhält damit die gesamte, durch die Kulturkollision ausgelöste Beeinträchtigung des Zukunftserfolgswertes in Abhängigkeit von der jeweiligen kulturpolitischen Vorgehensweise seines Mandanten. In welcher konkreten Höhe diese Kultursynergie Eingang in die Bestimmung der Konzessionsgrenze des Käufers findet, ergibt sich dabei aus der jeweiligen Bedeutung der Kulturpolitik im Rahmen der Vertragsverhandlungen zwischen den Konfliktparteien: Stellt die kulturpolitische Vorgehensweise der akquirierenden Gesellschaft keinen konfliktlösungsrelevanten Sachverhalt dar, wird der Bewertungsgutachter das mit der optimalen Kulturpolitik einhergehende und damit geringstmögliche Ausmaß der Kultursynergie bei der Ermittlung des Entscheidungswertes seines Mandanten berücksichtigen. Handelt es sich bei der Kulturpolitik dagegen um einen eigenständigen Verhandlungsgegenstand, muß die Kultursynergie in derjenigen Höhe in die Konzessionsgrenzenbestimmung des präsumtiven Käufers einfließen, die sich aus der zwischen den Übernahmeparteien vereinbarten kulturpolitischen Aktivitätskombination ergibt.

Eine die herausgearbeiteten Ergebnisse widerspiegelnde Synopse im Hinblick auf die Kulturwirkungen und die Entscheidungswertermittlung gibt auf der Folgeseite Abbildung 35.

Kulturwirkung / ***Entscheidungswertermittlung***	**Wirkung der Kultur des Akquisitionsobjektes**	**Wirkung der Kulturkollision**	
		Kollisionswirkungen im engeren Sinne	**Kollisionswirkungen im weiteren Sinne**
Vergangenheits- und Gegenwartsanalyse	Implizit berücksichtigt, da sie sich in den vergangenen und gegenwärtigen Unternehmungsdaten niederschlägt.	Nicht berücksichtigt.	
Erfolgsprognose	Implizit berücksichtigt, wenn Prognose auf Erkenntnissen der Vergangenheits- und Gegenwartsanalyse basiert. Birgt Gefahr der Fehleinschätzung, da sich Wirksamkeit bisheriger Lösungsmechanismen der Kultur des Akquisitionsobjektes gegenüber zukünftigen Problemstellungen unter Umständen ändert oder es aufgrund der Kulturkollision zu einer Umgestaltung oder Beseitigung der Kultur des Akquisitionsobjektes kommen kann.	Zu berücksichtigen; Höhe abhängig von Mitwirkung des Personals des Akquisitionsobjektes an Zielerreichung des Bewertungssubjektes, Konfrontation des Personals des Akquisitionsobjektes mit kulturellen Artefakten der Käuferunternehmung, Differenzen zwischen den Kulturen der Übernahmeparteien sowie Art und Intensität der kulturpolitischen Aktivitäten der Erwerberin.	Zu berücksichtigen; Höhe abhängig von Art und Intensität der kulturpolitischen Aktivitäten der Erwerberin.
Kulturpolitik als nicht konfliktlösungsrelevanter Sachverhalt	Über Erfolgsprognose, die auf Erkenntnissen der Vergangenheits- und Gegenwartsanalyse beruht, implizit berücksichtigt.	Zu berücksichtigen in derjenigen Höhe, die sich aus der für den Käufer optimalen kulturpolitischen Vorgehensweise ergibt.	
Kulturpolitik als konfliktlösungsrelevanter Sachverhalt		Zu berücksichtigen in derjenigen Höhe, die sich aus der zwischen Käufer und Verkäufer vereinbarten kulturpolitischen Vorgehensweise ergibt.	

Abbildung 35: Die Kultur-Wert-Synopse

Zu beachten ist bei dem gezeigten Procedere der Berücksichtigung der Kultur im Entscheidungswert freilich, daß sich einige der kulturkollisionsbedingten Wirkungen nur vergleichsweise schwierig und daher lediglich innerhalb größerer Bandbreiten abschätzen lassen. Einer Prognoseproblematik unterliegt im Grundsatz jedoch jegliche Wertfindung, die sich auf zukünftige und damit unsichere Erfolgsgrößen stützt, so daß MELLEROWICZ[1] zu dem Schluß kommt: „Richtiges Bewerten geht über menschliche Fähigkeiten hinaus". Einer derartigen Position soll hier allerdings eine andere Sichtweise gegenübergestellt werden: „Richtig" zu bewerten kann nicht heißen, die der Bewertung zugrundeliegenden zukünftigen Erfolge genau vorauszusehen, sondern muß vielmehr bedeuten, die Erfolgsschätzungen und die sich anschließende Wertermittlung auf einem theoretisch schlüssigen Fundament vorzunehmen. Den Theoriebaustein in bezug auf die Kulturproblematik sucht diese Arbeit beizusteuern.

1 MELLEROWICZ, Wert der Unternehmung (1952), S. 147.

Literaturverzeichnis

ADAM, DIETRICH (Planung in schlechtstrukturierten Entscheidungssituationen), Planung in schlechtstrukturierten Entscheidungssituationen mit Hilfe heuristischer Vorgehensweisen, in: Betriebswirtschaftliche Forschung und Praxis 1983, S. 484 - 494.

ADAM, DIETRICH (Heuristische Planung), Planung, heuristische, in: SZYPERSKI, NORBERT (Hrsg.), Handwörterbuch der Planung, Stuttgart 1989, Sp. 1414 - 1419.

ADAM, DIETRICH (Produktions-Management), Produktions-Management, 8. A., Wiesbaden 1997.

ADAMER, MANFRED/HINTERHUBER, HANS H./KAINDL, GÜNTER (Unternehmungskultur), Unternehmungskultur in Österreich, in: Marketing-Zeitschrift für Forschung und Praxis 1992, S. 63 - 67.

ADOLF, RÜDIGER/CRAMER, JÜRGEN/OLLMANN, MICHAEL (Fusionen im Bankwesen), Synergien realistisch einschätzen: Fusionen im Bankwesen, in: Die Bank 1991, S. 4 - 9.

ALBERT, MICHAEL/SILVERMAN, MURRAY (Cultural Reality), Making Management Philosophy A Cultural Reality, Part 1: Get Started, in: Personnel 1984, January-February, S. 12 - 21.

ALLEN, ROBERT F. (Phases for Bringing About Cultural Change), Four Phases for Bringing About Cultural Change, in: KILMANN, RALPH H./SAXTON, MARY J./SERPA, ROY AND ASSOCIATES (Hrsg.), Gaining Control of the Corporate Culture, San Francisco/London 1985, S. 332 - 350.

ANSOFF, H. IGOR (Corporate Strategy), Corporate Strategy, New York/San Francisco/ Toronto/London/Sydney 1965.

ARBEITSKREIS „UNTERNEHMENSBEWERTUNG IM RAHMEN DER UNTERNEHMERISCHEN ZIELSETZUNG" (Unternehmungsbewertung als Entscheidungsgrundlage), Unternehmungsbewertung als Grundlage unternehmerischer Entscheidungen, in: Schmalenbachs Zeitschrift für betriebswirtschaftliche Forschung 1976, S. 99 - 121.

ATTWOOD, TOM (Corporate Culture), Corporate Culture: For or against you?, in: Management Accounting 1990, January, S. 26 - 29.

AULER, WILHELM (Unternehmung als Wirtschaftseinheit), Die Bewertung der Unternehmung als Wirtschaftseinheit, in: Welt des Kaufmanns 1926/27, S. 41 - 46.

BAETGE, JÖRG/KRUMBHOLZ, MARCUS (Akquisition und Unternehmensbewertung), Überblick über Akquisition und Unternehmensbewertung, in: BAETGE, JÖRG (Hrsg.), Akquisition und Unternehmensbewertung, Düsseldorf 1991, S. 1 - 30.

BALLWIESER, WOLFGANG (Komplexitätsreduktion bei einer prognose-orientierten Unternehmensbewertung), Möglichkeiten der Komplexitätsreduktion bei einer prognose-orientierten Unternehmensbewertung, in: Schmalenbachs Zeitschrift für betriebswirtschaftliche Forschung 1980, S. 50 - 73.

BALLWIESER, WOLFGANG (Die Wahl des Kalkulationszinsfußes bei der Unternehmensbewertung), Die Wahl des Kalkulationszinsfußes bei der Unternehmensbewertung unter Berücksichtigung von Risiko und Geldentwertung, in: Betriebswirtschaftliche Forschung und Praxis 1981, S. 97 - 114.

BALLWIESER, WOLFGANG (Unternehmensbewertung und Komplexitätsreduktion), Unternehmensbewertung und Komplexitätsreduktion, 3. A., Wiesbaden 1990.

BALLWIESER, WOLFGANG (Unternehmensbewertung), Methoden der Unternehmensbewertung, in: GEBHARDT, GÜNTHER/GERKE, WOLFGANG/STEINER, MANFRED (Hrsg.), Handbuch des Finanzmanagements, München 1993, S. 151-176.

BALLWIESER, WOLFGANG/LEUTHIER, RAINER (Grundprinzipien und Probleme der Unternehmensbewertung), Betriebswirtschaftliche Steuerberatung: Grundprinzipien, Verfahren und Probleme der Unternehmensbewertung (Teil I), in: Deutsches Steuerrecht 1986, S. 545 - 551.

BALLWIESER, WOLFGANG/LEUTHIER, RAINER (Grundprinzipien und Verfahren der Unternehmensbewertung), Betriebswirtschaftliche Steuerberatung: Grundprinzipien, Verfahren und Probleme der Unternehmensbewertung (Teil II), in: Deutsches Steuerrecht 1986, S. 604 - 610.

BATE, PAUL (Impact of Organizational Culture), The Impact of Organizational Culture on Approaches to Organizational Problem-Solving, in: Organization Studies 1984, S. 43 - 66.

BECK, PETER (Unternehmensbewertung bei Akquisitionen), Unternehmensbewertung bei Akquisitionen, Wiesbaden 1996.

BECKER, JOCHEN (Marketing-Konzeption), Marketing-Konzeption, 5. A., München 1993.

BELLINGER, BERNHARD/VAHL, GÜNTER (Unternehmensbewertung), Unternehmensbewertung in Theorie und Praxis, 2. A., Wiesbaden 1992.

BERNDT, HERMANN (Aufgabe des Beraters), Unternehmensbewertung als Aufgabe des Beraters, in: Buchführung, Bilanz, Kostenrechnung 1992, S. 423 - 438.

BERRY, JOHN W. (Cultural Change), Social and Cultural Change, in: TRIANDIS, HARRY C./BRISLIN, RICHARD W. (Hrsg.), Handbook of Cross-Cultural Psychology, Bd. V, Boston/London/Sydney/Toronto 1980, S. 211 - 279.

BEYER, JANICE M./TRICE, HARRISON M. (Organization's Rites), How an Organization's Rites Reveal Its Culture, in: Organizational Dynamics 1987, Spring, S. 5 - 24.

BLEICHER, KNUT (Management), Management von Spitzentechnologien, 2. Teil, in: Zeitschrift für Organisation 1983, S. 340 - 346.

BLEICHER, KNUT (Unternehmungspolitik und Unternehmungskultur), Unternehmungspolitik und Unternehmungskultur: Auf dem Wege zu einer Kulturpolitik der Unternehmung, in: Zeitschrift für Organisation 1984, S. 494 - 500.

BLEICHER, KNUT (Strukturen und Kulturen der Organisation), Strukturen und Kulturen der Organisation im Umbruch: Herausforderung für den Organisator, in: Zeitschrift für Organisation 1986, S. 97 - 108.

BLEX, W./MARCHAL, G. (Risiken im Akquisitionsprozeß), Risiken im Akquisitionsprozeß – Ein Überblick, in: Betriebswirtschaftliche Forschung und Praxis 1990, S. 85 - 103.

BÖCKEL, JENS-JÜRGEN (Diversifikationen durch Unternehmungserwerb), Diversifikationen durch Unternehmungserwerb, Wiesbaden 1972.

BÖRNER, DIETRICH (Unternehmensbewertung), Unternehmensbewertung, in: ALBERS, WILLI/BORN, KARL E./DÜRR, ERNST/HESSE, HELMUT/KRAFT, ALFONS/LAMPERT, HEINZ/ROSE, KLAUS/RUPP, HANS-HEINRICH/SCHERF, HARALD/SCHMIDT, KURT/WITTMANN, WALDEMAR (Hrsg.), Handwörterbuch der Wirtschaftswissenschaft, Bd. 8, Stuttgart/New York/Tübingen/Göttingen/Zürich 1980, S. 111 - 123.

BRETZKE, WOLF-RÜDIGER (Berücksichtigung des Risikos), Zur Berücksichtigung des Risikos bei der Unternehmungsbewertung, in: Schmalenbachs Zeitschrift für betriebswirtschaftliche Forschung 1976, S. 153 - 165.

BÜHNER, ROLF (Bestimmungsfaktoren von Unternehmenszusammenschlüssen), Bestimmungsfaktoren und Wirkungen von Unternehmenszusammenschlüssen, in: Wirtschaftswissenschaftliches Studium 1989, S. 158 - 165.

BÜHNER, ROLF/SPINDLER, HANS-JOACHIM (Synergieerwartungen), Synergieerwartungen bei Unternehmenszusammenschlüssen, in: Der Betrieb 1986, S. 601 - 606.

BUONO, ANTHONY F./BOWDITCH, JAMES L. (Human Side of Acquisitions), The Human Side of Mergers and Acquisitions, San Francisco/London 1989.

BUONO, ANTHONY F./BOWDITCH, JAMES L./LEWIS, JOHN W. (Anatomy of a Merger), When Cultures Collide: The Anatomy of a Merger, in: Human Relations 1985, S. 477 - 500.

BUONO, ANTHONY F./BOWDITCH, JAMES L./NURICK, AARON J. (Hidden Costs), The Hidden Costs of Organizational Mergers, in: LAROCQUE, ALAIN/BORDELEAU, YVAN/BOULARD, RENÉ/FABI, BRUNO/LAROUCHE, VIATEUR/RONDEAU, ALAIN (Hrsg.), Psychologie du travail et nouveaux milieux de travail, Québec 1986, S. 313 - 333.

BURCHERT, HEIKO (Transformation ehemals volkseigener Betriebe), Die Transformation der ehemals volkseigenen Betriebe, Aachen 1996.

BUSSE VON COLBE, WALTHER (Zukunftserfolg), Der Zukunftserfolg, Wiesbaden 1957.

BUSSE VON COLBE, WALTHER (Subjektive Unternehmungsbewertung), Objektive oder subjektive Unternehmungsbewertung?, in: Zeitschrift für Betriebswirtschaft 1957, S. 113 - 125.

BUSSE VON COLBE, WALTHER (Berücksichtigung von Synergien), Berücksichtigung von Synergien versus Stand-alone-Prinzip bei der Unternehmensbewertung, in: Zeitschrift für Unternehmens- und Gesellschaftsrecht 1994, S. 595 - 609.

CLARKE, CHRISTOPHER J. (Measuring Strategic Fit), Acquisitions – Techniques for Measuring Strategic Fit, in: Long Range Planning 1987, No. 3, S. 12 - 18.

COENENBERG, ADOLF G./SAUTTER, MICHAEL T. (Bewertung von Unternehmensakquisitionen), Strategische und finanzielle Bewertung von Unternehmensakquisitionen, in: Die Betriebswirtschaft 1988, S. 691 - 710.

DAFT, RICHARD L. (Symbols in organizations), Symbols in organizations: A dual-content framework for analysis, in: PONDY, LOUIS R./FROST, PETER J./MORGAN, GARETH/DANDRIDGE, THOMAS C. (Hrsg.), Organizational Symbolism, Greenwich/London 1983, S. 199 - 206.

DARBY, MICHAEL R./KARNI, EDI (Optimal Amount of Fraud), Free Competition and the Optimal Amount of Fraud, in: Journal of Law and Economics 1973, S. 67 - 88.

DE NOBLE, ALEX F./GUSTAFSON, LOREN T./HERGERT, MICHAEL (Post-merger Integration), Planning for Post-merger Integration – Eight Lessons for Merger Success, in: Long Range Planning 1988, No. 4, S. 82 - 85.

DEAL, TERRENCE E. (Grundstein für Spitzenleistungen), Unternehmenskultur, Grundstein für Spitzenleistungen, in: ALLGEMEINE TREUHAND AG (ATAG) (Hrsg.), Die Bedeutung der Unternehmenskultur für den künftigen Erfolg Ihres Unternehmens, Zürich 1984, S. 27 - 42.

DEAL, TERRENCE E./KENNEDY, ALLEN A. (Corporate Cultures), Corporate Cultures – The Rites and Rituals of Corporate Life, Reading 1982.

DESHPANDE, ROHIT/WEBSTER, FREDERICK E. (Organizational Culture), Organizational Culture and Marketing: Defining the Research Agenda, in: Journal of Marketing 1989, January, S. 3 - 15.

DIERKES, MEINOLF (Unternehmensführung), Unternehmenskultur und Unternehmensführung, in: Zeitschrift für Betriebswirtschaft 1988, S. 554 - 575.

DRUMM, HANS J. (Erfassung und Messung), Probleme der Erfassung und Messung von Unternehmungskultur, in: DÜLFER, EBERHARD (Hrsg.), Organisationskultur: Phänomen - Philosophie - Technologie, 2. A., Stuttgart 1991, S. 163 - 185.

DYER, W. GIBB (Cultural Evolution), The Cycle of Cultural Evolution in Organizations, in: KILMANN, RALPH H./SAXTON, MARY J./SERPA, ROY AND ASSOCIATES (Hrsg.), Gaining Control of the Corporate Culture, San Francisco/London 1985, S. 200 - 229.

EISENFÜHR, FRANZ (Beteiligungen mit Verbundeffekt), Preisfindung für Beteiligungen mit Verbundeffekt, in: Schmalenbachs Zeitschrift für betriebswirtschaftliche Forschung 1971, S. 467 - 479.

ENGELS, WOLFRAM (Betriebswirtschaftliche Bewertungslehre), Betriebswirtschaftliche Bewertungslehre im Licht der Entscheidungstheorie, Köln/Opladen 1962.

EVERLING, WOLFGANG (Verbundeffekt), Der Verbundeffekt und seine Erfassung, in: Betriebswirtschaftliche Forschung und Praxis 1963, S. 203 - 214.

FELDMAN, MARK L./MURATA, DOUGLAS K. (Mergers), Why mergers often go “pfft”, in: American Bankers Association Banking Journal 1991, August, S. 34 - 36.

FREIMUTH, JOACHIM (Organisationskultur), Organisationskultur, Ihre Bedeutung für den Erfolg von Unternehmungen, in: Wirtschaftswissenschaftliches Studium 1985, S. 89 - 92.

FREUND, WERNER (Integration übernommener Unternehmen), Die Integration übernommener Unternehmen, in: Die Betriebswirtschaft 1991, S. 491 - 498.

FREY, A./KOBI, JEAN-MARCEL/WISSMANN, P./WÜTHRICH, HANS A. (Unternehmenskultur), Wie gestaltet man eine starke Unternehmenskultur?, in: ALLGEMEINE TREUHAND AG (ATAG) (Hrsg.), Die Bedeutung der Unternehmenskultur für den künftigen Erfolg Ihres Unternehmens, Zürich 1984, S. 43 - 52.

GERPOTT, TORSTEN J. (Integration von internationalen Akquisitionen), Strategieadäquates Personalmanagement bei der Integration von internationalen Akquisitionen, in: Betriebswirtschaftliche Forschung und Praxis 1990, S. 414 - 432.

GILL, JOHN/FOULDER, IAN (Acquisition and the Aftermath), Managing A Merger, The Acquisition and the Aftermath, in: Personnel Management 1978, January, S. 14 - 17.

GOMEZ, PETER/WEBER, BRUNO (Akquisitionsstrategie), Akquisitionsstrategie – Die Führung des Übernahmeprozesses, in: Die Unternehmung 1989, S. 66 - 77.

GÖSCHE, AXEL (Unternehmensbewertung), Unternehmensbewertung und Preisbestimmung, in: FRANK, GERT-M./STEIN, INGO (Hrsg.), Management von Unternehmensakquisitionen, Stuttgart 1993, S. 179 - 185.

GREGORY, KATHLEEN L. (Culture Conflicts), Native-View Paradigms: Multiple Cultures and Culture Conflicts in Organizations, in: Administrative Science Quarterly 1983, S. 359 - 376.

GROVES-RAINES, MICHAEL/BRYANT, EDWARD (Human Resource Planning), Better Human Resource Planning Means Better Acquisitions, in: M & A Europe 1988, September/October, S. 37 - 43.

HASE, STEFAN (Integration), Integration akquirierter Unternehmen, Berlin 1996.

HEINEN, EDMUND (Betriebswirtschaftslehre und Unternehmenskultur), Entscheidungsorientierte Betriebswirtschaftslehre und Unternehmenskultur, in: Zeitschrift für Betriebswirtschaft 1985, S. 980 - 991.

HEINEN, EDMUND/DILL, PETER (Unternehmenskultur aus betriebswirtschaftlicher Sicht), Unternehmenskultur – Überlegungen aus betriebswirtschaftlicher Sicht – in: Zeitschrift für Betriebswirtschaft 1986, S. 202 - 218.

HERING, THOMAS (Investitionstheorie), Investitionstheorie aus der Sicht des Zinses, Wiesbaden 1995.

HERING, THOMAS (Unternehmensbewertung), Finanzwirtschaftliche Unternehmensbewertung, Habilitationsschrift, Greifswald 1999 (Im Druck).

HINTERHUBER, HANS H. (Wettbewerbsstrategie), Wettbewerbsstrategie, 2. A., Berlin/ New York 1990.

HINTERHUBER, HANS H./HOLLEIS, WILFRIED (Verbindung von Unternehmensstrategie und Unternehmenskultur), Gewinner im Verdrängungswettbewerb – Wie man durch die Verbindung von Unternehmensstrategie und Unternehmenskultur zu einem führenden Wettbewerber werden kann, in: Journal für Betriebswirtschaft 1988, Nr. 1/2, S. 2 - 19.

HINTERHUBER, HANS H./WINTER, LOTHAR G. (Corporate Identity), Unternehmungskultur und Corporate Identity, in: DÜLFER, EBERHARD (Hrsg.), Organisationskultur: Phänomen – Philosophie – Technologie, 2. A., Stuttgart 1991, S. 189 - 200.

HINTZE, STEFAN (Vertragsgestaltung beim Unternehmenskauf), Paretooptimale Vertragsgestaltung beim Unternehmenskauf, Hamburg 1992.

HINTZE, STEFAN (Paretooptimale Vertragsgestaltung), Paretooptimale Vertragsgestaltung beim Unternehmenskauf, in: Die Wirtschaftsprüfung 1992, S. 414 - 427.

HOFFMANN, FRIEDRICH (Gestaltung von Unternehmungskulturen), Erfassung, Bewertung und Gestaltung von Unternehmungskulturen, in: Zeitschrift für Organisation 1989, S. 168 - 173.

HOPFENBECK, WALDEMAR (Managementlehre), Allgemeine Betriebswirtschafts- und Managementlehre, 10. A., Landsberg a.L. 1996.

HÖRGER, HELMUT/KEMPER, NICOLAS (Mantelkauf), Mantelkauf bei Kapitalgesellschaften, in: Deutsches Steuerrecht 1990, S. 539 - 543.

HUNT, JOHN W./LEES, STAN/GRUMBAR, JOHN J./VIVIAN, PHILIP D. (Human Factor), Acquisitions – The Human Factor, London 1987.

INSTITUT DER WIRTSCHAFTSPRÜFER (Durchführung von Unternehmensbewertungen), Stellungnahme HFA 2/1983: Grundsätze zur Durchführung von Unternehmensbewertungen, in: Die Wirtschaftsprüfung 1983, S. 468 - 480.

JACOB, HERBERT (Unsicherheit bei Investitionsentscheidungen), Zum Problem der Unsicherheit bei Investitionsentscheidungen, in: Zeitschrift für Betriebswirtschaft 1967, S. 153 - 187.

JACOBS, OTTO H./SCHEFFLER, WOLFRAM (Unternehmensbewertung), Unternehmensbewertung, in: CHMIELEWICZ, KLAUS/SCHWEITZER, MARCELL (Hrsg.), Handwörterbuch des Rechnungswesens, 3. A., Stuttgart 1993, Sp. 1977 - 1988.

JAENSCH, GÜNTER (Wert und Preis), Wert und Preis der ganzen Unternehmung, Köln/Opladen 1966.

KAAS, KLAUS P. (Informations- und Unsicherheitsprobleme im Markt), Marketing als Bewältigung von Informations- und Unsicherheitsproblemen im Markt, in: Die Betriebswirtschaft 1990, S. 539 - 548.

KAAS, KLAUS P. (Institutionenökonomische Theorie des Konsumentenverhaltens), Ansätze einer institutionenökonomischen Theorie des Konsumentenverhaltens, in: FORSCHUNGSGRUPPE KONSUM UND VERHALTEN (Hrsg.), Konsumentenforschung, München 1994, S. 245 - 260.

KÄFER, KARL (Bewertung der Unternehmung), Zur Bewertung der Unternehmung, Nachdruck von Aufsätzen Karl Käfers aus den Jahren 1946 bis 1973 zum 98. Geburtstag des Autors, hrsg. von CARL HELBLING, Schriftenreihe der Treuhand-Kammer, Bd. 136, Zürich 1996.

KAHL, HANS-PETER (Synergieargument bei Unternehmenszusammenschlüssen), Das Synergieargument bei Unternehmenszusammenschlüssen, in: HANSMANN, KARL-WERNER/SCHEER, AUGUST-WILHELM (Hrsg.), Praxis und Theorie der Unternehmung, Wiesbaden 1992, S. 177 - 192.

KASPER, HELMUT (Kulturperspektive von Organisationen), Organisationskultur: Grundzüge der Kulturperspektive von Organisationen, in: Das Wirtschaftsstudium 1987, S. 441 - 447.

KIESER, ALFRED (Organisationskultur), Innovation und Organisationskultur, in: gdi impuls 1984, Nr. 4, S. 3 - 11.

KILMANN, RALPH H. (Closing Culture-Gaps), Five Steps for Closing Culture-Gaps, in: KILMANN, RALPH H./SAXTON, MARY J./SERPA, ROY AND ASSOCIATES (Hrsg.), Gaining Control of the Corporate Culture, San Francisco/London 1985, S. 351 - 369.

KITCHING, JOHN (Mergers), Why do mergers miscarry?, in: Harvard Business Review, November-December 1967, S. 84 - 101.

KITTNER, MICHAEL (Human Resources), „Human Ressources" (sic!) in der Unternehmensbewertung, in: Der Betrieb 1997, S. 2285 - 2290.

KLINGELHÖFER, HEINZ E. (Entsorgung und Produktion), Betriebliche Entsorgung und Produktion, Dissertation, Greifswald 1999 (Im Druck).

KNEPPER, KARL H. (Voraussetzung für den Verlustabzug), Rechtliche und wirtschaftliche Identität als Voraussetzung für den körperschaftsteuerlichen Verlustabzug, in: Deutsches Steuerrecht 1994, S. 1796 - 1799.

KOBI, JEAN-MARCEL/WÜTHRICH, HANS A. (Unternehmenskultur), Unternehmenskultur verstehen, erfassen und gestalten, Landsberg a.L. 1986.

KOCH, WALDEMAR (Bewertung von Unternehmungen), Die Bewertung von Unternehmungen, in: Der deutsche Volkswirt 1939, S. 1363 - 1365.

KÖRTING, MAX (Hochzeit), Hochzeit – und dann?, in: Personalführung 1989, S. 371 - 376.

KRÜGER, WILFRIED (Management), Management von Akquisitionsprojekten, in: Zeitschrift für Organisation 1988, S. 371 - 377.

KRYSTEK, ULRICH (Entwicklung und Kultur der Unternehmung), Entwicklung und Kultur der Unternehmung werden durch Krisen verändert, in: Zeitschrift für Organisation 1989, S. 186 - 193.

KRYSTEK, ULRICH (Unternehmungskultur als kritischer Erfolgsfaktor), Unternehmungskultur als kritischer Erfolgsfaktor von Akquisitionen, in: STEHLE, HEINZ/RÖSSLE, WERNER/LEUZ, NORBERT (Hrsg.), Jahrbuch für Betriebswirte 1991, Stuttgart 1991, S. 135 - 143.

KRYSTEK, ULRICH (Akquisition), Unternehmungskultur und Akquisition, in: Zeitschrift für Betriebswirtschaft 1992, S. 539 - 565.

KRYSTEK, ULRICH/MINKE, MARTINA (Strategische Allianzen), Strategische Allianzen, Unternehmenskultur: Die Kulturen müssen zusammenpassen, in: Gablers Magazin 1990, Nr. 9, S. 30 - 35.

KRYSTEK, ULRICH/ZUR, EBERHARD (Kultur und Strategie), Verträglichkeit von Kultur und Strategie, in: Gablers Magazin 1990, Nr. 10, S. 17 - 21.

KÜTING, KARLHEINZ (Verbundeffekte im Rahmen der Unternehmungsbewertung), Zur Bedeutung und Analyse von Verbundeffekten im Rahmen der Unternehmungsbewertung, in: Betriebswirtschaftliche Forschung und Praxis 1981, S. 175 - 189.

LAUX, HELMUT/FRANKE, GÜNTER (Bewertung von Unternehmungen), Zum Problem der Bewertung von Unternehmungen und anderen Investitionsgütern, in: Unternehmensforschung 1969, S. 205 - 223.

LEVINSON, HARRY (Merger Failures), A psychologist diagnoses merger failures, in: Harvard Business Review 1970, March-April, S. 139 - 147.

LIPP, WOLFGANG (Kulturtypen), Kulturtypen, kulturelle Symbole, Handlungswelt, in: Kölner Zeitschrift für Soziologie und Sozialpsychologie 1979, S. 450 - 484.

LOHSE, DIETER (Wirtschaftskriminalität), Wirtschaftskriminalität, Stand der Problematik und mögliche Konsequenzen aus Wirtschaftsprüfersicht, in: Wirtschaftsprüferkammer-Mitteilungen 1996, S. 144 - 150.

LORSCH, JAY W. (Invisible Barrier to Change), Strategic Myopia: Culture as an Invisible Barrier to Change, in: KILMANN, RALPH H./SAXTON, MARY J./SERPA, ROY AND ASSOCIATES (Hrsg.), Gaining Control of the Corporate Culture, San Francisco/London 1985, S. 84 - 102.

LUTZ, HARALD (Konsens und Dissens), Zum Konsens und Dissens in der Unternehmensbewertung, in: Betriebswirtschaftliche Forschung und Praxis 1981, S. 146 - 155.

LUTZ, HARALD/MATSCHKE, MANFRED J. (Bewertung von Sacheinlagen), Zur Bewertung von Sacheinlagen bei Gründung und Kapitalerhöhung unter dem Aspekt des Gläubigerschutzes, in: Die Wirtschaftsprüfung 1992, S. 741 - 748.

MARTIN, JOANNE/SIEHL, CAREN (Culture and Counterculture), Organizational Culture and Counterculture: An Uneasy Symbiosis, in: Organizational Dynamics 1983, Autumn, S. 52 - 64.

MATENAAR, DIETER (Organisationskultur), Vorwelt und Organisationskultur, in: Zeitschrift für Organisation 1983, S. 19 - 27.

MATSCHKE, MANFRED J. (Kompromiß als betriebswirtschaftliches Problem), Der Kompromiß als betriebswirtschaftliches Problem bei der Preisfestsetzung eines Gutachters im Rahmen der Unternehmungsbewertung, in: Schmalenbachs Zeitschrift für betriebswirtschaftliche Forschung 1969, S. 57 - 77.

MATSCHKE, MANFRED J. (Schiedsspruchwert der Unternehmung), Der Arbitrium- oder Schiedsspruchwert der Unternehmung – Zur Vermittlerfunktion eines unparteiischen Gutachters bei der Unternehmungsbewertung –, in: Betriebswirtschaftliche Forschung und Praxis 1971, S. 508 - 520.

MATSCHKE, MANFRED J. (Gesamtwert der Unternehmung), Der Gesamtwert der Unternehmung als Entscheidungswert, in: Betriebswirtschaftliche Forschung und Praxis 1972, S. 146 - 161.

MATSCHKE, MANFRED J. (Entscheidungswert), Der Entscheidungswert der Unternehmung, Wiesbaden 1975.

MATSCHKE, MANFRED J. (Argumentationswert), Der Argumentationswert der Unternehmung – Unternehmungsbewertung als Instrument der Beeinflussung in der Verhandlung, in: Betriebswirtschaftliche Forschung und Praxis 1976, S. 517 - 524.

MATSCHKE, MANFRED J. (Argumentationsfunktion), Die Argumentationsfunktion der Unternehmungsbewertung, in: GOETZKE, WOLFGANG/SIEBEN, GÜNTER (Hrsg.), Moderne Unternehmungsbewertung und Grundsätze ihrer ordnungsmäßigen Durchführung, Köln 1977, S. 91 - 103.

MATSCHKE, MANFRED J. (Arbitriumwert), Funktionale Unternehmungsbewertung, Bd. II, Der Arbitriumwert der Unternehmung, Wiesbaden 1979.

MATSCHKE, MANFRED J. (Unternehmungsbewertung in dominierten Konfliktsituationen), Unternehmungsbewertung in dominierten Konfliktsituationen am Beispiel der Bestimmung der angemessenen Barabfindung für den ausgeschlossenen oder ausscheidungsberechtigten Minderheits-Kapitalgesellschafter, in: Betriebswirtschaftliche Forschung und Praxis 1981, S. 115 - 129.

MATSCHKE, MANFRED J. (Bewertung ertragsschwacher Unternehmungen), Die Bewertung ertragsschwacher Unternehmungen bei der Fusion, in: Betriebswirtschaftliche Forschung und Praxis 1984, S. 544 - 565.

MATSCHKE, MANFRED J. (Geldentwertung), Geldentwertung und Unternehmensbewertung, in: Die Wirtschaftsprüfung 1986, S. 549 - 555.

MATSCHKE, MANFRED J. (Unternehmungsbewertung), Unternehmungsbewertung: Anlässe und Konzeptionen, in: CORSTEN, HANS (Hrsg.), Lexikon der Betriebswirtschaftslehre, München/Wien 1992, S. 867 - 870.

MATSCHKE, MANFRED J. (Wertarten nach Art ihrer Ermittlung), Unternehmungsbewertung: Wertarten nach der Art ihrer Ermittlung, in: CORSTEN, HANS (Hrsg.), Lexikon der Betriebswirtschaftslehre, München/Wien 1992, S. 870 - 875.

MATSCHKE, MANFRED J. (Wertarten nach ihrer Aufgabenstellung), Unternehmungsbewertung: Wertarten nach ihrer Aufgabenstellung, in: CORSTEN, HANS (Hrsg.), Lexikon der Betriebswirtschaftslehre, München/Wien 1992, S. 876 - 877.

MATSCHKE, MANFRED J. (Ermittlung mehrdimensionaler Entscheidungswerte), Einige grundsätzliche Bemerkungen zur Ermittlung mehrdimensionaler Entscheidungswerte der Unternehmung, in: Betriebswirtschaftliche Forschung und Praxis 1993, S. 1 - 24.

MATSCHKE, MANFRED J. (Konzeptionen), Unternehmensbewertung, Konzeptionen, in: LÜCK, WOLFGANG (Hrsg.), Lexikon der Betriebswirtschaft, 5. A., Landsberg a.L. 1993, S. 1240 - 1241.

MATSCHKE, MANFRED J./MUCHEYER, HEINZ (Argumentation in der Preisverhandlung), Die Nutzung der traditionellen Unternehmungsbewertungsverfahren zur Argumentation in der Preisverhandlung, in: GOETZKE, WOLFGANG/ SIEBEN, GÜNTER (Hrsg.), Moderne Unternehmungsbewertung und Grundsätze ihrer ordnungsmäßigen Durchführung, Köln 1977, S. 157 - 183.

MATUSCHKA, ALBRECHT GRAF (Risiken von Akquisitionen), Risiken von Unternehmensakquisitionen, in: Betriebswirtschaftliche Forschung und Praxis 1990, S. 104 - 113.

MCLEAN, ROBERT J. (Acquisitions), How to make acquisitions work, in: Chief Executive 1985, April, S. 43 - 46.

MEEK, V. LYNN (Organizational Culture), Organizational Culture: Origins and Weaknesses, in: Organization Studies 1988, S. 453 - 473.

MEFFERT, HERIBERT/HAFNER, KAY (Unternehmenskultur und Unternehmensführung), Unternehmenskultur und marktorientierte Unternehmensführung – Bestandsaufnahme und Wirkungsanalyse –, Arbeitspapier Nr. 35 der Wissenschaftlichen Gesellschaft für Marketing und Unternehmensführung e.V., Münster 1987.

MEINIG, WOLFGANG (Lebenszyklen), Lebenszyklen, in: TIETZ, BRUNO/KÖHLER, RICHARD/ZENTES, JOACHIM (Hrsg.), Handwörterbuch des Marketing, 2. A., Stuttgart 1995, Sp. 1392 - 1405.

MELLEROWICZ, KONRAD (Wert der Unternehmung), Der Wert der Unternehmung als Ganzes, Essen 1952.

MEYER, FRIEDRICH-WILHELM (Zugewinnausgleich bei freiberuflicher Praxis), Unternehmensbewertung im Zugewinnausgleich bei freiberuflicher Praxis, Berlin 1996.

MOCHTY, LUDWIG (Industrielle Produktion), Lernen in der industriellen Produktion, in: KERN, WERNER/SCHRÖDER, HANS-HORST/WEBER, JÜRGEN (Hrsg.), Handwörterbuch der Produktionswirtschaft, 2. A., Stuttgart 1996, Sp. 1074 - 1085.

MÖLLER, WOLF-PETER (Erfolg von Unternehmenszusammenschlüssen), Der Erfolg von Unternehmenszusammenschlüssen, München 1983.

MOXTER, ADOLF (Grundsätze), Grundsätze ordnungsmäßiger Unternehmensbewertung, 2. A., Wiesbaden 1983.

MÜLLER-STEWENS, GÜNTER (Personalwirtschaftliche Problemfelder), Personalwirtschaftliche und organisationstheoretische Problemfelder bei Mergers & Acquisitions, in: ACKERMANN, KARL-FRIEDRICH/SCHOLZ, HARTMUT (Hrsg.), Personalmanagement für die 90er Jahre: neue Entwicklungen – neues Denken – neue Strategien, Stuttgart 1991, S. 157-171.

MÜNSTERMANN, HANS (Gesamtwert des Betriebes), Der Gesamtwert des Betriebes, in: Schweizerische Zeitschrift für Kaufmännisches Bildungswesen 1952, S. 181 - 193 und 209 - 219.

MÜNSTERMANN, HANS (Wert und Bewertung), Wert und Bewertung der Unternehmung, Wiesbaden 1966.

NAHAVANDI, AFSANEH/MALEKZADEH, ALI R. (Acculturation in Acquisitions), Acculturation in Mergers and Acquisitions, in: Academy of Management Review 1988, S. 79 - 90.

NEUBERGER, OSWALD/KOMPA, AIN (Krisenmanager), Macher, Gärtner, Krisenmanager, in: Psychologie Heute 1986, September, S. 64 - 71.

NIEHUES, KARL (Unternehmensbewertung), Unternehmensbewertung bei Unternehmenstransaktionen, in: Betriebs-Berater 1993, S. 2241 - 2250.

OLBRICH, CHRISTIAN (Unternehmensbewertung bei Inflation), Zur Unternehmensbewertung bei Inflation, in: Die Wirtschaftsprüfung 1979, S. 583 - 588.

OLBRICH, CHRISTIAN (Unternehmensbewertung), Unternehmensbewertung, Ein Leitfaden für die Praxis, Herne/Berlin 1981.

OLBRICH, CHRISTIAN (Bewertung beim Zugewinnausgleich), Zur Unternehmensbewertung beim Zugewinnausgleich, in: Die Wirtschaftsprüfung 1982, S. 247 - 250.

ORTH, MANFRED (Gewerbeverlustvortrag), Gewerbeverlustvortrag nach einem Gesellschafterwechsel in Personengesellschaften, in: Der Betrieb 1994, S. 1313 - 1315.

OSSADNIK, WOLFGANG (Aufteilung von Synergieeffekten), Die Aufteilung von Synergieeffekten bei Fusionen, Stuttgart 1995.

OSSADNIK, WOLFGANG (Synergie-Controlling), Synergie-Controlling als Instrument des Shareholder Value-Konzepts, in: Deutsches Steuerrecht 1997, S. 1822 - 1824

PAUSENBERGER, EHRENFRIED (Akquisitionsplanung), Akquisitionsplanung, in: SZYPERSKI, NORBERT (Hrsg.), Handwörterbuch der Planung, Stuttgart 1989, Sp. 18 - 26.

PILTZ, DETLEV J. (Unternehmensbewertung in der Rechtsprechung), Die Unternehmensbewertung in der Rechtsprechung, 3. A., Düsseldorf 1994.

PORTER, MICHAEL E. (Competitive Advantage), From competitive advantage to corporate strategy, in: Harvard Business Review 1987, May-June, S. 43 - 59.

PRITCHETT, PRICE (Managing the Shockwaves), After the Merger: Managing the Shockwaves, Dallas 1985.

PÜMPIN, CUNO (Unternehmenskultur und Unternehmenserfolg), Unternehmenskultur, Unternehmensstrategie und Unternehmenserfolg, in: ALLGEMEINE TREUHAND AG (ATAG) (Hrsg.), Die Bedeutung der Unternehmenskultur für den künftigen Erfolg ihres Unternehmens, Zürich 1984, S. 11 - 26.

PÜMPIN, CUNO/KOBI, JEAN-MARCEL/WÜTHRICH, HANS A. (Strategische Profilierung), Unternehmenskultur, Basis strategischer Profilierung erfolgreicher Unternehmen, in: SCHWEIZERISCHE VOLKSBANK (Hrsg.), Die Orientierung, Nr. 85, Bern 1985.

PÜMPIN, CUNO/WÜTHRICH, HANS A. (Betrieblicher Wert), Die Marketing-Kultur als betrieblicher Wert von strategischer Bedeutung, in: Thexis 1985, Nr. 4, S. 22 - 25.

REINEKE, ROLF-DIETER (Akkulturation von Akquisitionen), Akkulturation von Auslandsakquisitionen, Wiesbaden 1989.

REIßNER, STEFAN (Synergiemanagement), Synergiemanagement und Akquisitionserfolg, Wiesbaden 1992.

RIEBEL, PAUL (Kuppelproduktion), Die Kuppelproduktion, Köln/Opladen 1955.

ROLLBERG, ROLAND (Strategische Unternehmensführung), Lean-Management und CIM aus Sicht der strategischen Unternehmensführung, Wiesbaden 1996.

RUHNKE, KLAUS (Ermittlung der Preisobergrenze bei Akquisitionen), Unternehmensbewertung: Ermittlung der Preisobergrenze bei strategisch motivierten Akquisitionen, in: Der Betrieb 1991, S. 1889 - 1894.

SACKMANN, SONJA A. (Unsichtbare Einflußgröße), Organisationskultur: Die unsichtbare Einflußgröße, in: Gruppendynamik 1983, S. 393 - 406.

SACKMANN, SONJA A. (Organizational Knowledge), Culture and Subcultures: An Analysis of Organizational Knowledge, in: Administrative Science Quarterly 1992, S. 140 - 161.

SALES, AMY L./MIRVIS, PHILIP H. (Issues in Acquisition), When cultures collide: Issues in acquisition, in: KIMBERLY, JOHN R./QUINN, ROBERT E. (Hrsg.), New Futures: The Challenge of Managing Corporate Transitions, Homewood 1984, S. 107 - 133.

SATHE, VIJAY (Implications of Corporate Culture), Implications of Corporate Culture: A Manager's Guide to Action, in: Organizational Dynamics 1983, Autumn, S. 5 - 23.

SATHE, VIJAY (Change Corporate Culture), How to Decipher and Change Corporate Culture, in: KILMANN, RALPH H./SAXTON, MARY J./SERPA, ROY AND ASSOCIATES (Hrsg.), Gaining Control of the Corporate Culture, San Francisco/ London 1985, S. 230 - 261.

SAUTTER, MICHAEL T. (Analyse von Akquisitionen), Strategische Analyse von Unternehmensakquisitionen, Frankfurt a.M./Bern/New York/Paris 1989.

SCHEIN, EDGAR H. (Role of the Founder), The Role of the Founder in Creating Organizational Culture, in: Organizational Dynamics 1983, Summer, S. 13 - 28.

SCHEIN, EDGAR H. (Awareness of Organizational Culture), Coming to a New Awareness of Organizational Culture, in: Sloan Management Review 1984, Winter, S. 3 - 16.

SCHEIN, EDGAR H. (Culture), How Culture Forms, Develops, and Changes, in: KILMANN, RALPH H./SAXTON, MARY J./SERPA, ROY AND ASSOCIATES (Hrsg.), Gaining Control of the Corporate Culture, San Francisco/London 1985, S. 17 - 43.

SCHEIN, EDGAR H. (Corporate Cultured), Are You Corporate Cultured?, in: Personnel Journal 1986, November, S. 83 - 96.

SCHEIN, EDGAR H. (Culture and Leadership), Organizational Culture and Leadership, 2. A., San Francisco 1992.

SCHMALENBACH, EUGEN (Werte von Anlagen und Unternehmungen), Die Werte von Anlagen und Unternehmungen in der Schätzungstechnik, in: Zeitschrift für handelswissenschaftliche Forschung 1917/18, S. 1 - 20.

SCHOLZ, CHRISTIAN (Unternehmenskultur), Unternehmenskultur (Corporate Culture), in: Das Wirtschaftsstudium 1986, S. 223 - 224.

SCHREYÖGG, GEORG (Konsequenzen starker Unternehmenskulturen), Zu den problematischen Konsequenzen starker Unternehmenskulturen, in: Schmalenbachs Zeitschrift für betriebswirtschaftliche Forschung 1989, S. 94 - 113.

SCHWARTZ, HOWARD/DAVIS, STANLEY M. (Matching Culture and Strategy), Matching Corporate Culture and Business Strategy, in: Organizational Dynamics 1981, Summer, S. 30 - 48.

SCHWEIGER, DAVID M./IVANCEVICH, JOHN M./POWER, FRANK R. (Managing Human Resources), Executive Actions For Managing Human Resources Before And After Acquisition, in: Academy of Management Executive 1987, No. 2, S. 127 - 138.

SEIDEL, GERRIT R. (Erfolgsfaktoren bei Unternehmensübernahmen), Kritische Erfolgsfaktoren bei Unternehmensübernahmen, Wiesbaden 1995.

SETHIA, NIRMAL K./VON GLINOW, MARY A. (Managing the Reward System), Arriving at Four Cultures by Managing the Reward System, in: KILMANN, RALPH H./SAXTON, MARY J./SERPA, ROY AND ASSOCIATES (Hrsg.), Gaining Control of the Corporate Culture, San Francisco/London 1985, S. 400 - 420.

SHIRLEY, ROBERT C. (Human Side of Merger Planning), The Human Side of Merger Planning, in: Long Range Planning 1977, No. 2, S. 35 - 39.

SIEBEN, GÜNTER (Bewertungs- und Investitionsmodelle), Bewertungs- und Investitionsmodelle mit und ohne Kapitalisierungszinsfuß, in: Zeitschrift für Betriebswirtschaft 1967, S. 126 - 147.

SIEBEN, GÜNTER (Heterogene Ziele), Die Bewertung von Unternehmen auf Grund von Erfolgsplänen bei heterogenen Zielen, in: BUSSE VON COLBE, WALTHER/MEYER-DOHM, PETER (Hrsg.), Unternehmerische Planung und Entscheidung, Bielefeld 1969, S. 71 - 100.

SIEBEN, GÜNTER (Entscheidungswert in der Funktionenlehre), Der Entscheidungswert in der Funktionenlehre der Unternehmungsbewertung, in: Betriebswirtschaftliche Forschung und Praxis 1976, S. 491 - 504.

SIEBEN, GÜNTER (Beratungsfunktion), Die Beratungsfunktion der Unternehmungsbewertung, in: GOETZKE, WOLFGANG/SIEBEN, GÜNTER (Hrsg.), Moderne Unternehmungsbewertung und Grundsätze ihrer ordnungsmäßigen Durchführung, Köln 1977, S. 57 - 71.

SIEBEN, GÜNTER (Funktionen der Bewertung), Funktionen der Bewertung ganzer Unternehmen und von Unternehmensanteilen, in: Das Wirtschaftsstudium 1983, S. 539 - 542.

SIEBEN, GÜNTER (Unternehmensbewertung), Unternehmensbewertung, in: WITTMANN, WALDEMAR/KERN, WERNER/KÖHLER, RICHARD/KÜPPER, HANS-ULRICH/WYSOCKI, KLAUS VON (Hrsg.), Handwörterbuch der Betriebswirtschaft, 5. A., Stuttgart 1993, Sp. 4315 - 4331.

SIEBEN, GÜNTER/LUTZ, HARALD (Akquisition und Planung), Akquisition und strategische Planung, in: GOETZKE, WOLFGANG/SIEBEN, GÜNTER (Hrsg.), Unternehmensakquisitionen, Betriebswirtschaftliche und juristische Gestaltungsfragen, Köln 1981, S. 13 - 30.

SIEBEN, GÜNTER/SCHILDBACH, THOMAS (Bewertung ganzer Unternehmungen), Zum Stand der Entwicklung der Lehre von der Bewertung ganzer Unternehmungen, in: Deutsches Steuerrecht 1979, S. 455 - 461.

SIEBEN, GÜNTER/SIELAFF, MEINHARD (Hrsg.) (Unternehmensakquisition), Unternehmensakquisition, Berichte des Arbeitskreises »Unternehmensakquisition«, Stuttgart 1989.

SIEBEN, GÜNTER/ZAPF, BERNHARD (Hrsg.) (Grundlage unternehmerischer Entscheidungen), Unternehmensbewertung als Grundlage unternehmerischer Entscheidungen, Stuttgart 1981.

SIEGHOLD, GRALF (Acquisitions), Mergers & Acquisitions in Deutschland und in der Schweiz, Bamberg 1989.

SIEHL, CAREN/LEDFORD, GERALD/SILVERMAN, RICHARD/FAY, PETER (Postmerger Integration), Postmerger Integration, Preventing Culture Clashes from Botching a Merger, in: Mergers and Acquisitions 1988, March/April, S. 51 - 57.

SIELAFF, MEINHARD (Steuerbemessungsfunktion), Die Steuerbemessungsfunktion der Unternehmensbewertung, in: GOETZKE, WOLFGANG/SIEBEN, GÜNTER (Hrsg.), Moderne Unternehmungsbewertung und Grundsätze ihrer ordnungsmäßigen Durchführung, Köln 1977, S. 105 - 119.

SILVERZWEIG, STAN/ALLEN, ROBERT F. (Corporate Culture), Changing the Corporate Culture, in: Sloan Management Review 1976, Spring, S. 33 - 49.

SORG, PETER (Sozialplan), Sozialplan, in: GAUGLER, EDUARD/WEBER, WOLFGANG (Hrsg.), Handwörterbuch des Personalwesens, 2. A., Stuttgart 1992, Sp. 2089 - 2098.

SPECKBACHER, GERHARD (Shareholder Value), Shareholder Value und Stakeholder Ansatz, in: Die Betriebswirtschaft 1997, S. 630 - 639.

SPECKBACHER, GERHARD (Corporate Governance-Debatte), Das Shareholder Value-Konzept im Lichte der Corporate Governance-Debatte, in: Wirtschaftswissenschaftliches Studium 1998, S. 95 - 97.

SPIELBERGER, KARL (Krisenunternehmen), Kauf von Krisenunternehmen, Wiesbaden 1996.

STAEHLE, WOLFGANG H. (Management), Management, Eine verhaltenswissenschaftliche Perspektive, 7. A., München 1994.

STEINMANN, HORST/SCHREYÖGG, GEORG (Management), Management, Grundlagen der Unternehmensführung, 3. A., Wiesbaden 1993.

SUTTON, CLIVE J. (Economics), Economics and corporate strategy, Cambridge/New York/Melbourne 1980.

THEISINGER, KARL (Bewertung der Unternehmung), Die Bewertung der Unternehmung als Ganzes, in: Bankwissenschaft 1933, S. 161 - 176.

TRICE, HARRISON M./BEYER, JANICE M. (Organizational Rites), Using Six Organizational Rites to Change Culture, in: KILMANN, RALPH H./SAXTON, MARY J./ SERPA, ROY AND ASSOCIATES (Hrsg.), Gaining Control of the Corporate Culture, San Francisco/London 1985, S. 370 - 399.

ULRICH, PETER (Systemsteuerung), Systemsteuerung und Kulturentwicklung, in: Die Unternehmung 1984, S. 303 - 325.

ULRICH, RÜDIGER (Unternehmensbewertungen in den neuen Bundesländern), Das Ungewißheitsproblem bei Unternehmensbewertungen in den neuen Bundesländern, München 1995.

UMBERG, THEODOR (Bewertung von Kohlezechen), Die Bewertung von Kohlezechen unter Berücksichtigung der Wertschwankungen während des Krieges und nachher, in: Zeitschrift für handelswissenschaftliche Forschung 1922, S. 256 - 359.

VIEL, JAKOB/BREDT, OTTO/RENARD, MAURICE (Bewertung von Unternehmungen), Die Bewertung von Unternehmungen und Unternehmungsanteilen, 5. A., Zürich 1975.

WÄCHTER, HARTMUT (Personalwirtschaftliche Voraussetzungen von Unternehmenszusammenschlüssen), Personalwirtschaftliche Voraussetzungen und Folgen von Unternehmenszusammenschlüssen, in: Betriebswirtschaftliche Forschung und Praxis 1990, S. 114 - 128.

WAGENHOFER, ALFRED (Bestimmung von Argumentationspreisen), Die Bestimmung von Argumentationspreisen in der Unternehmensbewertung, in: Schmalenbachs Zeitschrift für betriebswirtschaftliche Forschung 1988, S. 340 - 359.

WALDECKER, PETER (Alternativen in der Unternehmensentwicklung), Strategische Alternativen in der Unternehmensentwicklung, Wiesbaden 1995.

WALTER, GORDON A. (Culture Collisions), Culture Collisions in Mergers and Acquisitions, in: FROST, PETER J./MOORE, LARRY F./LOUIS, MERYL R./LUNDBERG, CRAIG C./MARTIN, JOANNE (Hrsg.), Organizational Culture, Beverly Hills/London/New Delhi 1985, S. 301 - 314.

WEBER, EBERHARD (Berücksichtigung von Synergieeffekten), Berücksichtigung von Synergieeffekten bei der Unternehmensbewertung, in: BAETGE, JÖRG (Hrsg.), Akquisition und Unternehmensbewertung, Düsseldorf 1991, S. 97 - 115.

WILKINS, ALAN L. (Organizational Stories), Organizational stories as symbols which control the organization, in: PONDY, LOUIS R./FROST, PETER J./MORGAN, GARETH/DANDRIDGE, THOMAS C. (Hrsg.), Organizational Symbolism, Greenwich/London 1983, S. 81 - 92.

WILKINS, ALAN L. (Culture Audit), The Culture Audit: A Tool for Understanding Organizations, in: Organizational Dynamics 1983, Autumn, S. 24 - 38.

WILKINS, ALAN L./DYER, W. GIBB (Theories of Culture Change), Toward Culturally Sensitive Theories of Culture Change, in: Academy of Management Review 1988, S. 522 - 533.

WILKINS, ALAN L./PATTERSON, KERRY J. (Cultur-Change Projects), You Can't Get There From Here: What Will Make Cultur-Change Projects Fail, in: KILMANN, RALPH H./SAXTON, MARY J./SERPA, ROY AND ASSOCIATES (Hrsg.), Gaining Control of the Corporate Culture, San Francisco/London 1985, S. 262 - 291.

WÜTHRICH, HANS A. (Schlüsselgröße strategischen Managements), Unternehmenskultur: Schlüsselgröße des strategischen Managements, in: io Management Zeitschrift 1984, S. 415 - 417.

ZIMMERER, CARL (Ertragswertgutachten), Ertragswertgutachten, Eine Polemik, in: Die Betriebswirtschaft 1988, S. 417 - 420.

ZIMMERER, CARL (Beratung bei Akquisitionen), Beratung bei Unternehmensakquisitionen, in: BAETGE, JÖRG (Hrsg.), Akquisition und Unternehmensbewertung, Düsseldorf 1991, S. 45 - 58.

ZIMMERER, CARL (Unternehmensakquisition), Unternehmensakquisition, in: WITTMANN, WALDEMAR/KERN, WERNER/KÖHLER, RICHARD/KÜPPER, HANS-ULRICH/WYSOCKI, KLAUS VON (Hrsg.), Handwörterbuch der Betriebswirtschaft, 5. A., Stuttgart 1993, Sp. 4294 - 4306.

Gesetzesverzeichnis

Bürgerliches Gesetzbuch (BGB) vom 18. August 1896 (RGBl., S. 195), zuletzt geändert durch das Justizmitteilungsgesetz und Gesetz zur Änderung kostenrechtlicher Vorschriften und anderer Gesetze vom 18. Juni 1997 (BGBl. I, S. 1430).

Grundgesetz (GG) vom 23. Mai 1949 (BGBl., S. 1), zuletzt geändert durch das Gesetz zur Änderung des Grundgesetzes vom 3. November 1995 (BGBl. I, S. 1492).

Handelsgesetzbuch (HGB) vom 10. Mai 1897 (RGBl., S. 219), in der Fassung der Bekanntmachung vom 19. Dezember 1985 (BGBl. I, S. 2355), zuletzt geändert durch das Umwandlungsgesetz (UmwG) vom 28. Oktober 1994 (BGBl. I, S. 3210).

Körperschaftsteuergesetz (KStG) vom 22. Februar 1996 (BGBl I, S. 340), zuletzt geändert durch das Jahressteuergesetz 1997 vom 20. Dezember 1996 (BGBl. I, S. 2049).

Umwandlungsgesetz (UmwG) vom 28. Oktober 1994 (BGBl. I, S. 3210).

Umwandlungssteuergesetz (UmwStG) vom 28. Oktober 1994 (BGBl. I, S. 3267), zuletzt geändert durch das Jahressteuergesetz 1997 vom 20. Dezember 1996 (BGBl. I, S. 2049).